國家古籍整理出版專項經費資助項目

李贄全集續編

張建業 主編

龍谿王先生語録鈔

李超 郭道平 整理 韓喬治 校訂

首都師範大學出版社

圖書在版編目(CIP)數據

龍谿王先生語録鈔/(明)王畿撰;(明)李贄評;張建業主編;李超,郭道平整理. —北京:首都師範大學出版社,2023.12

(李贄全集續編)

ISBN 978-7-5656-7934-6

Ⅰ.①龍… Ⅱ.①王…②李…③張…④李…⑤郭… Ⅲ.①儒家-研究-中國-明代 Ⅳ.①B222.05

中國國家版本館 CIP 數據核字(2023)第 233769 號

李贄全集續編/張建業 主編

龍谿王先生語録鈔

李超 郭道平 整理 韓喬治 校訂

項目統籌 楊林玉 責任編輯 韓喬治 楊林玉

責任印製 李 然 封面設計 王征發

首都師範大學出版社出版發行

地 址 北京西三環北路 105 號

郵 編 100048

電 話 68418523(總編室) 68982468(發行部)

網 址 http://cnupn.cnu.edu.cn

印 刷 中煤(北京)印務有限公司

經 銷 全國新華書店

版 次 2023 年 12 月第 1 版

印 次 2023 年 12 月第 1 次印刷

開 本 710mm×1000mm 1/16

印 張 19.25

字 數 230 千

定 價 80.00 元

目録

卓吾先生批評龍谿王先生語録鈔卷五……一四二

書

卓吾先生批評龍谿王先生語録鈔卷七……二二〇

序

祭文

點校説明

王龍谿，本名王畿（公元一四九八——一五八三年），字汝中，號龍谿，以號行天下。浙江山陰人，是陽明心學之説創立後的重要傳人。王陽明在正德十六年（公元一五二一年）平定寧王朱宸濠之亂立功後，爲避免遭妒而在進京途中上疏乞求回鄉省親，遂於浙江山陰老家度過六年的閒暇時光，也恰是在此時培養了一大批陽明學説的追隨弟子，其中山陰王龍谿與餘姚錢德洪並爲王陽明首弟子。那時陽明學説漸熾，慕名到山陰求學者竟多到「夜無臥處」，在以「教授師」身份指導入門者蕩滌舊見、接應新知的工作中，龍谿因「性格渾厚，隨機啟發，士多樂從」的品行和口才脱穎而出，在這樣的磨練中，龍谿對陽明學説有了更爲深透的領悟，這也是「天泉證道」一樁公案的思想基礎。陽明身後，龍谿只有短暫的十年仕宦生涯，因其無意官場，「孳孳以講學淑人爲務」，貫穿在他四十五歲之後的四十餘年生涯中，無日不講學，周流天下，講舍林立，成爲中晚明陽明學發展的核心人物。龍谿堅守「學須自證自悟」的觀念，在闡發陽明學説的歷程中，最重要的成就即在於對良知學説的突破和發揚，他範圍三教，不再視佛道爲異端，雖以儒家成聖之學作爲學説體系之根基，卻能從釋道兩家多所取益，形成「以有爲體，以無爲用」的「有無之境」説，「最能夠反映陽明思想的内在要求和精神指向」，亦是將儒學引向民間化與宗教化的一個明證。

晚於龍谿近三十歲的李贄，被後世目爲心學異端與狂狷之士，稱自己一生苦難經歷「將大地爲墨，難盡寫也」，他四十歲之後，在京爲官期間才偶然接觸到陽明心學，自此點破靈臺，並發而不可收，以其獨特行事方式踐行對心學的體認，批判精神貫穿一生。他敢於將孔子拉下神壇，卻推崇龍谿備至。聞龍谿歿後揮筆寫出「聖代儒宗，人天法眼，白玉無瑕，黄金百煉」的告文來抒其褒崇之意。李贄對龍谿最爲盛讚的是其心學造詣與講學之功，「非直斯文之未喪，實見吾道之大明」。將六經、《論語》《孟子》指斥爲「懵懂弟子，記憶師説」之流的李贄，卻將龍谿之作視若珍寶，在喜得《王龍谿全集》並讀之忘倦後，稱其「世間講學諸書，明快透髓，自古至今未有如龍谿先生者」。可以想見，在中晚明融合三教思潮的影響下，李贄從龍谿書中找到了開啟自家新知的導航明燈。李贄雖然給予龍谿至高的評價和推崇，並不意味著他完全追隨了龍谿的心學道路，他在整理龍谿語録鈔的過程中，實是爲自己的精神道路尋找他山之石：「龍谿先生集共二十卷，無一卷不是爲學之書，卷凡數十篇，無一篇不是論學之言。」從此段話中即可看出，李贄對待龍谿著作的真實態度，仍然是將其視作爲學和論學的一家之言。

《卓吾先生批評龍谿王先生語録鈔》共八卷，明萬曆二十六年（公元一五九八年）李贄編，爲《四庫全書存目叢書》集部第九十九冊所收。本次選用的版本爲《續修四庫全書》中所收《卓吾先生批評龍谿王先生語録鈔》（據湖北省圖書館藏明萬曆刻本影印）；其中少數影印不清晰的地方，對照了國家圖書館藏的原刻本；在標點時，參考了《王畿集》（吴震編校，鳳凰出版社，二〇〇七年），當然也有不少調整；李贄這一評點本，和《王畿集》對照，有一些異文（有的應是明顯《王畿集》有誤字），可以勘誤。

李超，郭道平

二〇二二年四月

龍谿王先生集抄序

温陵李贄曰：《龍谿王先生集》共二十卷，無一卷不是談學之書；卷凡數十篇，無一篇不是論學之言。夫學問之道，一言可蔽。卷若積至二十，篇或累至數十，能無贅乎？然讀之忘倦，卷卷若不相襲，覽者唯恐易盡，何也？蓋先生學問融貫，温故知新，若滄洲瀛海，根於心，發於言，自時出而不可窮，自然不厭而文且理也，而其誰能贅之歟？故予嘗謂先生此書，前無往古，今無將來，後有學者可以無復著書矣，蓋逆料其決不能條達明顯一過於斯也。而刻板貯于紹興官署，印行者少，人亦罕讀。又先生少壯至老，一味和柔，大同無我，無新奇可喜之行，故俗士亦多不悦先生之爲人，而又肯讀先生之書乎？學無真志，皮相相矜，卒以自誤。雖先生萬語千言，亦且奈之何哉！

今春，予偕焦弱侯放舟南邁，過滄州，見何泰寧。泰寧視龍谿爲鄉先生，其平日厭飫先生之教爲深，熟讀先生之書已久矣，意欲復梓行之，以嘉惠山東、河北數十郡人士，即索先生《全集》于弱侯所。弱侯載兩船書，一時何處覓索？泰寧乃約是秋專人來取，而命予圈點其尤精且要者，曰：「吾先刻其精者，以誘之令讀，然後梓其全以付天下後世。夫先生之書，一字不可輕擲，不刻其全則有滄海遺珠之恨；然簡袠浩繁，將學者未覽先厭，又不免有束書不觀之嘆。必先後兩梓，不惜所費，然後先生之教大行。蓋先生之學，具在此書。若苟得其意，則一言可畢，何用二十卷？苟不肯讀，則終篇亦難，又何必二十卷也？但在我後人，不得不冀其如此而讀，如此而終篇，又如此而得意於一言之下也。」泰寧之言如此，其用意如之何？秋九月，滄州使者持泰寧手〔扎〕〔札〕，果來索書白下。適予與弱侯咸在舘。弱侯遂付書，又命予書數語，述泰寧初志，并付之。計新春二三月，予可以覽新刻矣。將見泰寧學問，從此日新而不能已，斷斷乎其必有在於是！斷斷乎其必有在於是！時萬曆戊戌歲冬孟日。

卓吾先生批評龍谿王先生語録鈔卷一

新安後學　吴可期　吴可善　校正

天泉證道紀

陽明夫子之學，以良知爲宗。每與門人論學，提四句爲教法：「無善無惡心之體，有善有惡意之動，知善知惡是良知，爲善去惡是格物。」學者循此用功，各有所得。（痴人説夢）緒山錢子謂：「此是師門教人定本，一毫不可更易。」先生謂：「夫子立教隨時，謂之權法，未可執定。體用顯微只是一機，心意知物只是一事。若悟得心是無善無惡之心，意即是無善無惡之意，知即是無善無惡之知，物即是無善無惡之物。蓋無心之心則藏密，無意之意則應圓，無知之知則體寂，無物之物則用神。天命之性，粹然至善，神感神應，其機自不容已，無善可名。惡固本無，善亦不可得而有也。是謂無善無惡。若有善有惡，則意動於物，非自然之流行，着於有矣。自性流行者，動而無動；着於有者，動而動也。意是心之所發。若是有善有惡之意，則知與物一齊皆有，心亦不可謂之無矣。」緒山子謂：「若是，是壞師門教法，非善學也。」先生謂：「學須自證自悟，不從人脚跟轉。若執着師門權法，以爲定本，未免滯於言詮，亦非善學也。」時夫子將有兩廣之行，錢子謂曰：「吾二人所見不同，何以同人？盍相與就正夫子？」晚坐天泉橋上，因各以所見請質。夫子曰：「正要二子有此一問。吾教法原有此兩種：四無之説，爲上根人立教；四有之説，爲中根以下人立教。上根之人，悟得無善無惡心體，便從無處立根基，意與知物，皆從無生，一了百當，即本體便是工夫，易簡直截，更無剩欠，頓悟之學也。中根以下之人，未嘗悟得本體，未免在有善有惡上立根基，心與知物，皆從有生，須用爲善去惡工夫，隨處對治，使之漸漸入悟，從有以歸於無，復還本體。及其成功一也。世間上根人不易得，只得就中根以下人立教，通此一路。汝中所見，是接上根人教法；德洪所見，是接中根以下人教法。汝中所見，我久欲發，恐人信不及，徒增躐等之病，故含蓄到今。此是傳心秘藏，顔子、明道所不敢言者。今既已説破，亦是天機該發泄時，豈容復秘？然此中不可執着。若執四無之見，不通得衆人之意，只好接上根人，中根以下人無從接授。若執四有之見，認定意是有善有惡的，只好接中根以下人，上根人亦無從接授。但吾人凡心未了，雖已得悟，不妨隨時用漸修工夫。不如此，不足以超凡入聖，所謂上乘兼修中下也。汝中此意，正好保任，不宜輕以示人，概而言之，反成漏泄。德洪却須進此一格，始爲玄通。德洪資性沉毅，汝中資性明朗，故其所得，亦各因其所近。若能互相取益，使吾教法上下皆通，始爲善學耳。」自此海内相傳天泉證悟之論，道脉始歸于一云。

有善惡，安得根基？隨處對治，安得入悟？真權法，非實究竟也。

中根人到底是中根人也，安用接之？蓋爲善去惡，非人所能强，雖朝廷用黜陟勸戒之，而善者自善、不善者自不善故也。

冲元會紀

先生曰：「自先師提出本體工夫，人人皆能談本體、説工夫，其實本體工夫須有辨。自聖人分上説，只此知便是本體，便是工夫，便是致；自學者分上説，須用致知的工夫，以復其本體。博學、審問、慎思、明辨、篤行，五者廢其一，非致也。世之議者，或以致良知爲落空，其亦未之思耳。」

「先師嘗謂人曰：『戒慎恐懼是本體，不覩不聞是工夫。』戒慎恐懼若非本體，於本體上便生障礙；不覩不聞若非工夫，於一切處盡成支離。蓋工夫不離本體，本體即是工夫，非有二也。」

「今人講學，以神理爲極精，開口便説性説命；以日用飲食、聲色財貨爲極粗，人面前便不肯出口。不知講解得性命到入微處，一種意見終日盤桓其中，只是口説，縱令宛轉歸己，亦只是比擬卜度，與本來性命生機了無相干，終成俗學。此句切 若能於日用貨色上料理經綸，時時以天則應之，超脱得浄，如明珠混泥沙而不污，乃見定力。極精的是極粗的學問，極粗的是極精的學問。精精粗粗，其機甚微。非真實用工之人，不易辨也。」

「吾人今日講學，未免説話太多，亦是不得已。只因吾人許多習聞舊見纏繞，只得與剖析分疏。譬諸樹木被藤蔓牽纏，若非剪截解脱，本根生意終不條達。但恐吾人又在言語上承接過去，翻滋見解，爲病更甚。須知默成而信。孔門惟顔子爲善學。吾人既要學顔子，須識病痛，斬除得浄。不然，只是騰口説，與本根生意原無交涉也。」

「朋友中有守一念靈明處，認爲戒懼工夫，纔涉言語應接，所守工夫便覺散緩。此是分了内外。一念靈明無内外，無方所；戒慎恐懼亦無内外，無方所。識得本體原是變動不居，不可以爲典要，雖終日變化云爲，莫非本體之周流，自無此病矣。」

「吾人學問，自己從入處，便是感動人樣子。從言語入者，感動人處至言語而止；從意想入者，感動人處至意想而止；從解悟入者，感動人處至解悟而止。若能離此數者，默默從生機而入，感動人處方是日新。以機觸機，默相授受，方無止法。此顔子所以如愚而未見其止也。」

「吾人今日講學，先要一切世情淡得下，此是吾人立定脚跟第一義。《中庸》結末開口説箇淡字，正是對病藥方。淡原是心之本體，有何可厭？知心體是淡，便無許多醲釅勞攘，便自明白，便能知幾，可與入德，直入至無喜無怒、無聲無臭。只是淡到極處，立心爲己，便是達天德根基。若起頭清脱不出，到底夾帶包藏，只在世情上揀得一件好題目做，與孔門闇然日章家法，奚翅千里！」

與梅純甫問答

純甫梅子問狂狷鄉愿之辨。先生曰：「古今人品之不同，如九牛毛。孔子不得中行而思及于狂，又思及于狷，若鄉愿則惡絶之甚，則以爲德之賊。何啻九牛毛而已乎？狂者之意，説他便是聖人了。攷其行有不掩，雖是受病處，然其心事光明超脱，不作些子蓋藏迴護，亦便是得力處。若能克念，時時嚴密得來，即爲中行矣。狷者雖能謹守，未辨得必做聖人之志。以其知耻不苟，可使激發開展，以入于道，故聖人思之。若夫鄉愿，不狂不狷，初間亦是要學聖人。只管學成彀套，居之行之，象了聖人忠信廉潔；同流合污，不與世間立異，象了聖人混俗包荒。聖人則善者好之，不善者惡之，尚有可非可刺。鄉愿之善，既足以媚君子；好合同處，又足以媚小人。比之聖人，更覺完全無破綻。譬如紫色之奪朱、鄭聲之亂雅，更覺光彩艷麗。苟非心靈開霽、天聰明之盡者，無以發其神奸之所由伏也。夫聖人所以爲聖，精神命脉全體内用，不求知于人，故常常自見己過，不自滿假，日進于無疆。鄉愿惟以媚世爲心，全體精神盡從外面照管，故自以爲是，而不可與入堯舜之道。學術邪正路頭，分決在此。自聖學不明，世鮮中行，不狂不狷之習，淪浹人之心髓。吾人學聖人者，不從精神命脉尋討根究，只管學取皮毛支節，趨避形迹，免於非刺，以求媚于世，方且傲然自以爲是，陷于鄉愿之似而不知，其亦可哀也已。所幸吾人學取聖人殼套，尚有未全，未至做成真鄉愿，猶有可救可變之機。苟能自反，一念知耻，即可以入于狷；一念知克，即可以入于狂；一念隨時，即可以入于中行。入者主之，出者奴之，勢使然也。顧乃不知决擇而安於其所惡者，不安于其所思者，亦獨何心哉？」

維揚晤語

荆川唐子開府維揚，邀先生往會。時已有病，遇春汛，日坐治堂，命將遣師，爲海防之計。一日退食，笑謂先生曰：「公看我與老師之學有相契否？」先生曰：「子之力量，固自不同。若説良知，還未致得在。」荆川曰：「我平生佩服陽明之教，滿口所説，滿紙所寫，那些不是良知？公豈欺我耶！」先生笑曰：「難道不是良知？只未致得真良知，未免攙和。」荆川憤然不服，云：「試舉看？」先生曰：「適在堂遣將時，諸將校有所稟呈，辭意未盡，即與攔截，發揮自己方略，令其依從，此是攙入意見，心便不虛，非真良知也。將官將地方事體請問，某處該如何設備，某事却如何追攝，便引證古人做過勾當，某處如此處，某事如此處，自家一點圓明，反覺凝滯，此是攙入典要，機便不神，非真良知也。及至議論未合，定着眼睛，沉思一回，又與説起，此等處認作沉幾研慮，不知此已攙入擬議安排，非真良知也。有時奮（掉）〔棹〕鼓激，厲聲抗言，使若無所容，自以爲威嚴不可犯，不知此是攙入氣魄，非真良知也。有時發人隱過，有時揚人隱行，有時行不測之賞、加非法之罰，自以爲得好惡之正，不知自己靈根已爲搖動，不免有所作，非真良知也。他如製木城、造銅面、畜獵犬，不論勢之所便、地之所宜，一一令其如法措置，此是攙入格套，非真良知也。嘗曰：『我一一經營，已得勝算。猛將如雲，不如着一病都堂在陣。』此是攙入能所佛，非真良知也。若是真致良知，只宜虚心應物，使人人各得盡其情，能剛能柔，觸機而應，迎刃而解，更無些子攙入。譬之明鏡當臺，妍媸自辨，方是經綸手段。纔有些子才智伎倆與之相形，自己光明反爲所蔽。口中説得十分明白，紙上寫得十分詳盡，只成播弄精魂，非真實受用也。」荆川憮然曰：「吾過矣！友道以直諒爲益，非虚言也。」

復陽堂會語

或曰：「『君子以文會友，以友輔仁』，何謂也？」先生曰：「文者道之顯。言語、威儀、典詞、藝術，一切可循之業，皆所謂文也。仁者與物同體，烱然油然，生生不容已之機，所謂仁也。孔門之學，惟務求仁。辨志敬業，親師取友，無非保合充養，以復其生生之機。言語所以立誠，威儀所以定命，稽訓所以畜德，游藝所以博趣，無往而非學，則亦無往而非仁也。會友以文而不本於輔仁，則亦徒會而已，君子弗貴也。」

或曰：「仁道，夫子所罕言。學貴有漸，水進木升，始無淩節之患。其在今日，莫先于開發耻心。有耻始能懲往事而興善端，所謂『知耻近乎勇』，『力行以求之，近仁之方也』。」先生曰：「然哉！耻之於人大矣。有所不爲不欲者，良知也；無爲無欲者，致知也。是能充其羞惡之心，而義不可勝用。故曰：『如此而已矣。』知此則人心可正，風俗可變，而治化可成。今日之會，始不爲虚。會友輔仁之要，莫切於此；辨志敬業，取諸此而已。此尤吾人對病之至藥也。」

三山麗澤録

遵巖王子曰：「仲尼終歲周流，隨地講習，上則見其邦君，中則交其公卿大夫，下則進其凡民，如丈人、漁父之屬，皆有意焉。故光輝所及，在鄉滿鄉，在國滿國。先生之出遊，亦似之。」先生曰：「鳥獸不可與同群，非斯人而誰與！此原是孔門家法。吾人不論出處潛見，取友求益，原是吾人分内事。予豈敢望古人之光輝，傲然以教人傳道爲事？取友求益，竊有志焉。若夫人之信否，與此學之明與不明，則存乎所遇，非人所能强也。至於閉門踰垣，踽踽然潔身獨行，自以爲高，則又非予之初心。」

遵巖子曰：「學不厭，誨不倦，教學相長也。」先生曰：「然。吾人之學，原與物同體。誨人倦時，即學有厭處。成己即所以成物，只是一事，非但相長而已也。孔子有云：『默而識之。』此是千古學脉，虞廷謂之道心之微。學而非默，則涉於聲臭；誨人非默，則墮於言詮。故曰：『何有於我哉？』非自謙之辭，乃真語也。若于此悟得及，始可與言聖學。」

遵巖子曰：「千古聖賢之學，只一『知』字盡之。《大學》誠正修身以齊家治國平天下，只在致知。《中庸》誠身以悦親信友、獲上治民，只在明善。明善即致知也。雙江云『格物無功夫』，吾有取焉。」先生曰：

「此正毫釐之辨。若謂格物有功夫，何以曰『盡于致知』？若謂格物無功夫，何以曰『在于格物』？物是天下國家之實事，由良知感應而始有。『致知在格物』，猶云欲致良知，在天下國家實事上致之云爾。知外無物，物外無知。如離了悦親信友、獲上治民，更無明善用力處。亦非外了明善，另有獲上治民、悦親信友之功也。以意逆之，可不言而喻矣！」

遵巖子問曰：「荆川謂：『吾人終日擾擾，嗜慾相混，精神不得歸根。須閉關静坐一二年，養成無欲之體，方爲聖學。』此意何如？」先生曰：「吾人未嘗廢静坐。若必藉此爲了手，未免等待，非究竟法。聖人之學，主于經世，原與世界不相離。古者教人，只言藏修游息，未嘗專説閉關静坐。若日日應感，時時收攝，精神和暢充周，不動于欲，便與静坐一般。况欲根潜藏，非對境則不易發，如金體被銅鉛混雜，非遇烈火則不易銷。若以見在感應不得力，必待閉關静坐，養成無欲之體，始爲了手，不惟蹉却見在功夫，未免喜静厭動，與世間已無交涉，如何復經得世？獨修獨行，如方外人則可。（佛）大修行人，於塵勞煩惱中作道場。吾人若欲承接堯舜姬孔學脉，不得如此討便宜也。」

遵巖子曰：「孔子六十而耳順，此六經中未嘗道之語。不曰目與口鼻，惟曰耳順，何謂也？」先生曰：「目以精用，口鼻以氣用，惟耳以神用。（自佛經來）目有開闔，口有吐納，鼻有呼吸，惟耳無出入。佛家謂之圓通觀，順逆相對。孔子五十而知天命，能與太虛同體，方能以虚應世，隨聲所入，不聽之以耳，而聽之以神，更無好醜簡擇，故謂之耳順。此等處更無巧法，惟是終始一志，消盡渣滓，無有前塵，自能神用無方，自能忘順逆。」

遵巖子居鄉，遇拂逆事，時有悄然不豫之色，甚至有怫然不平之氣，方信以爲同好惡、公是非，以問于先生。先生徐應之曰：「子甚麽聰明，何未之早達也？吾人處世，豈能事事平滿、無不足之嘆？所貴于隨緣順應，處之有道耳。只見在不平滿處，便是了心之法，方是當地洒然超脱受用。纔有悄然怫然之意，等待平滿時方稱心，吾之所自失者多矣。況人無皆非之理，惟在反己自修，一毫不起怨尤之心，方是孔門家法。故曰下學上達，知我其天。此便是古人自信之學。忘好惡，方能同好惡；忘是非，方能公是非。蓋好惡是非，原是本心自然之用。惟作好惡、任是非，始失其本心。所謂忘者，非是無記頑空。率其明覺之自然，隨物順應，一毫無所作、無所任，是謂忘無可忘。在知道者默而識之。」

遠齋子曰：「諸公每日相集講學固好，予却謂不在講學，只身體力行、實落做將去便是。」先生曰：「然。若是真行路人，遇三叉路口，便有疑。有疑不得不問，不得不講。惟坐謀所適，始無所疑，始不消講。若徒務口講而不務力行，則有所不可耳。」

蒙泉祁子請聞過。先生曰：「此是不自滿之心。安節自守，每事從簡，月計不足，歲計有餘，士民日受和平之福，只此便是寡過之道。要人説過，不如自己見過之明。苟有無心之失，不妨隨時省改。今人憚于改過，非但畏難，亦是體面放不下。勘破此關，終日應酬，可以洒然無累矣。」

遵巖子曰：「荆川隨處費盡精神，可謂潑撒。然自跳上蒲團，便如木偶相似，收攝保聚，可無滲漏。予則不能及。」先生曰：「此事非可强爲，須得其機要，有制煉魂魄之功始得，伏藏始無滲漏。荆川自謂得其機要，能煉虛空，亦曾死心入定，固是小得手處，然於致良知功夫終隔一塵。蓋吾儒致知以神爲主，養生家以氣爲主。戒慎恐懼是存神功夫，神住則氣自住，當下還虛，便是無爲作用。以氣爲主，是從氣機動處理會，氣結神凝，神氣含育，終是有作之法。」

好

仙家

楓潭萬子問曰：「古人『通晝夜之道而知』，何謂也？」先生曰：「千古聖學，只一知字盡之。知是貫徹天地萬物之靈氣。吾人日間欲念慌惚，或至牿亡；夜間雜氣紛擾，或至昏沉；便是不能通乎晝夜，便與天地不相似，便與萬物不相涉。時時致良知，朝乾夕惕，不爲欲念所擾、昏氣所乘，貞明不息，方是通乎晝夜之道而知。通乎晝夜，自能通乎天地萬物，自能範圍曲成。存此謂之存神，見此謂之見《易》，故神無方而易無體。是謂彌綸天地之道，是謂窮理盡性以至於命。」楓潭子喟然曰：「如此方是通乎晝夜之實學，非徒談説理道而已也。」

仙家

遵巖子問：「先師在軍中，四十日未嘗睡，有諸？」先生曰：「然。此原是聖學。古人有息無睡，故曰：『向晦入燕息。』世人終日擾擾，全賴後天渣滓厚味培養，方彀一日之用；夜間全賴一覺熟睡，方能休息。不知此一覺熟睡，陽光盡爲陰濁所陷，如死人一般。若知燕息之法，當向晦時，耳無聞，目無見，口無吐納，鼻無呼吸，手足無動静，心無私累。一點元神，與先天清氣相依相息，如爐中種火相似。比之後天昏氣所養，奚啻什百。」

遵巖子曰：「區區於道，實未有見。向因先生、將幾句精語蘊習在心，隨處引觸，得箇入處，只成見解，實未有得。」先生曰：「此是不可及處。他人便把此作實際受用，到底只成弄精魂。從言而入，非自己證悟。須打破自己無盡寶藏，方能獨往獨來、左右逢源，不傍人門户，不落知解。只從良知上朴實致將去，不以意識攙和其間，久久自當有得，不在欲速强探也。」

遵巖子問曰：「學術不出于孔氏之宗，宗失其統。而爲學者，其端有二，曰俗與禪。若夫老氏之學，則固吾儒之宗派，或失於矯則有之，非可以異端論也。」先生曰：「異端之説，見於孔氏之書。當時佛氏未入中國，其於老氏，尚往問禮，而有『猶龍』之嘆。莊子宗老而任狂，非可以異端名也。吾儒之學，自有異端。至於佛氏之家，遺棄物理，究心虛寂，始失於誕。然今日所病却不在此，惟在俗耳。世之儒者，不此之病，顧切切焉惟彼之憂，亦見其過計也已。良知者，千聖之絶學，道德性命之靈樞也。致知之學，原本虛寂，而未嘗離於倫物之感應。外者有節，而内者不誘，則固聖學之宗也。何偏之足病？故曰『致知在格物』，言格物所以致吾之知也。吾儒與二氏，毫釐之辨，正在於此。惟其狥於物感之迹，揣摸假借，不本於良知以求自得，始不免于俗學之支離，不可不察也。」

昧心

友人問：「佛氏雖不免有偏，然論心性甚精妙，乃是形而上一截理。吾人敘正人倫，未免連形而下發揮。然心性之學沉埋既久，一時難爲超脱，借路悟入，未必非此學之助。」先生曰：「此説似是而實非。本無上下兩截之分。吾儒未嘗不説虛，不説寂，不説微，不説密。此是千聖相傳之秘藏。從此悟入，乃是範圍三教之宗。自聖學不明，後儒反將千聖精義讓與佛氏。纔涉空寂，便以爲異學，不肯承當。不知佛氏所説，本是吾儒大路。反欲借路而入，亦可哀也。夫僊佛二氏，皆是出世之學。佛氏雖後世始入中國，唐虞之時，所謂巢許之流即其宗派。唐虞之時聖學明，巢許在山中如木石一般，任其自生自化，乃是堯舜一體中所養之物。蓋世間自有一種清虛恬淡不耐事之人，雖堯舜亦不以相强。只因聖學不明，漢之儒者强説道理，泥於刑名格式，執爲典要，失其變動周流之性體，反被二氏點檢訾議，敢於主張做大。吾儒不悟本來自有家當，反甘心讓之，尤可哀也已。先師嘗有『屋舍三間』之喻。唐虞之時，此三間屋舍原是本有家當，巢許輩皆其守舍之人。及至後世，聖學做主不起，僅守其中一間，將左右兩間甘心讓與二氏。及吾儒之學日衰，二氏之學日熾，甘心自謂不如，反欲假借存活。洎其後來，連其中一間岌岌乎有不能自存之勢，反將從而歸依之，漸至失其家業而不自覺。吾儒今日之事，何以異此？間有豪傑之士，不忍甘心於自失，欲行主張正學，以

只説巢、由則可。

排斥二氏爲己任，不能探本入微，務於内修，徒欲號召名義，以氣魄勝之，祇足以增二氏檢議耳。先師良知之學，乃三教之靈樞。于此悟入，不以一毫知識參乎其間，彼將帖然歸化。所謂經正而邪慝自無，非可以口舌争也。」

撫州擬峴臺會語

壬戌仲冬，先生自洪都趨撫州，元山曾子、石井傅子、偕所陳子率南華諸同志扳莅擬峴臺之會。諸生執簡以請曰：「撫爲吾象山先生首善之地，自信本心，以先立其大爲宗。逮朱陸同異之議起，晦且數百年。及陽明先師爲之表章，陸學始顯于世。兹遺言具在，請發師門未竟之意，以示大同而顯宗説，俾吾黨知所歸向，惠孰大焉？」先生曰：「諾。」遂條次其語答之。

象山先生曰：「顔子問仁之後，夫子許多事業皆分付顔子了。顔子没，夫子哭之曰『天喪予』，蓋夫子事業無傳矣。曾子雖能傳其脉，然『參也魯』，豈能望顔子之精藴？幸曾子傳之子思，子思傳之孟子。夫子之道，至孟子而一光。然夫子所分付顔子事業，亦竟不復傳也。」

先生曰：「師云：『顔子没而聖人之學亡。』此是險語。畢竟曾子、孟子所傳是何學，此須心悟，非言詮所能究也。略舉其似。曾子、孟子尚有門可入，有途可循，有繩約可守；顔子則是由乎不啟之扃，達乎無轍之境，固乎無藤之緘。曾子、孟子猶爲有一之可守，顔子則已忘矣。喟然一嘆，蓋悟後語。無高堅可着，無前後可據；欲罷而不能，欲從而無由。非天下之至神，何足以語此？」

此道與溺於利欲之人言猶易，與溺於意見之人言却難。道在心傳，是謂先天之學。纔涉意見，即屬後天。道不屬見，見不能及，著見即非道。

利欲溺人，如腐索纏縛，易於觧脱。意見如五色線，方以爲寶，觧之甚難。非志於道、一毫無所藉於外者，未易以語此也。

或問：「先生之學，當來自何處入？」象山曰：「不過切己自反，改過遷善。」

象山之學，自信本心，平生功夫嚴密如此。世人概以禪學目之，非惟不知象山，亦不知禪矣！

好

元晦欲去兩短、合兩長，吾以爲不可。既不知尊德性，焉有所謂道問學？「建安亦無朱元晦，青田亦無陸子静。」此是象山見得大處。千古聖學，只有箇尊德性。問學正是尊之之功。外德性别有問學，即是泛問，即是異學。

世有議象山者：「除了『先立乎其大者』一句，全無伎倆。」象山聞之曰：「誠然。」

復齋問象山曰：「吾弟在何處做工夫？」象山答曰：「在人情事勢物理上做工夫。」事勢物理，只在人情中。

世有議先師者：「除了『致良知』一句，更無伎倆。」先師嘆曰：「我原只有這些伎倆。」

後世言學者，須要立箇門户。此理所在，安有門户可立？又要各護門户，此尤鄙陋。學原爲了自己性命，默默自修自證。纔有立門户、護門户之見，便是格套起念，便非爲己之實學。

佛

二程見周茂叔後，「吟風弄月」而歸，有「吾與點也」之意。後來明道此意却存，伊川已失了。學者須識得「與點」之意，方是孔門學脉，方爲有悟。不然只成擔死版。伊川平生剛毅，力扶世教，以師道爲己任，明道自以爲有所不及。不知明道乃是巽言以教之，惜乎伊川未之悟也。學問到執己自是處，雖以明道爲兄，亦無如之何，况朋友乎？

秦不曾壞了道脉，至漢而大壞。（好）祖龍焚書，道脉未嘗壞。至漢，將聖門道學著爲典要，變動周流之旨遂不復見于世，是謂迹似情非，所以大壞。

吾於人情研究得到。或曰：「察見淵中魚，不祥。」然吾非苛察之。謂研究得到，有扶持之力耳。識人病痛極難。譬之秦越人治病，洞見五臟，量人元氣虛實、病情標本，以爲攻補、先後、淺深，方爲妙手。此所謂扶持之力也。

今世人淺之爲聲色臭味，進之爲富貴利達，進之爲文章技藝。又有一般人都不理會，却談學問。吾總以一言斷之曰：「勝心。」纔有勝心，即非謙受之益。縱使博學多聞，進退古今、表裏人物，徒增勝心耳。

或問：「先生談道，恐人將意見來會，不及釋子談禪，使人無所措其意見。」先生云：「吾雖如此談道，凡有虛見虛説皆來這裏使不得。所謂德行恒易以知險，恒簡以知阻也。談禪者雖爲艱難之説，其實反可寄托意見。（此未知禪）吾於百衆人前，開口見膽。」學者須自不落意見，方能勘破人意見。不然，只成泥裏洗土塊，彼此皆無清脱處。

或有説先生之教人專欲管歸一路者，先生曰：「吾亦只有此一路。」爲學貴於專一。人之根器不同，聖賢立教，淺深輕重，豈能一律齊得？然其要使之歸於一路而已。纔有別路可走，即是支離之學。

世人只管理會利害，皆自謂惺惺。曾知道名利如錦覆陷穽，使人貪而墮其中，到頭赢得大不惺惺去。

知利名如錦覆陷穽，此猶是利害上起對算。學者須務實，勝義以爲質，自無所貪著，方是惺惺漢。

韓退之倒做了，蓋欲因文而見道，「原性論」却將氣質做性説了。

孟子論性，亦不能離氣質。蓋性是心之生理，離了氣質，即無性可名。天地之性乃氣質之精華，豈可與氣質之性相對而言？韓子因文見道，出于料想，實未嘗知性也。

子夏之學，傳之後世猶有害。

孔子告子夏曰：「女爲君子儒，無爲小人儒。」謂之儒者，不是爲人爲利。篤信謹守，依彷末節細行以自律，必信必果，硜硜然是箇小家伎倆，所以謂之小人儒。孔門專務求仁，仁者與物同體。小人儒即非同體之學，所以傳之後世猶有害。不可不察也。切

伊川解「頻復，厲」：「過在失，不在復。」極是。

有失斯有復。聖人無復，以未嘗有失也。復爲卦名，六爻皆是求復之義。初爻不遠而復，復之善者也；二比於初以下仁，故爲休復；三不能仁守，故爲頻復；四應於初，不泥於陰，故爲獨復；五當位得中，故爲敦復；上六本欲求復而失其所主，是爲迷復。故曰：「反君道也。」若曰「迷而不復」，則非名卦之義矣。

束書不觀，游談無根。

吾人時時能對越上帝，無閒漫之時，然後可以無藉於書。書雖是糟粕，然千古聖賢心事賴之以傳，何病於觀？但泥於書而不得於心，是爲法華所轉，與游談無根之病，其間不能以寸。不可不察也。

古人統體，純是道義。後世賢者，處心處事，亦非盡無禮義。特其心先主乎利害，而以禮義行之耳。

禮義利害原非兩事。趨吉避凶，趨利避害，聖賢未嘗有異於人。但古人所論利害，與後世不同。故曰：「古人理會利害，便是禮義；後世理會禮義，却只是利害。」

夫子没，老氏之説出。至漢，其術益行。曹參避堂舍，蓋公言治道，貴清浄，而民自定；及入相，一遵何之約束。漢家之治，血脉在此。

文帝亦因黄老之術，見賈誼論治體，欲興禮樂，便以爲多事。

象山掌庫三年，所學大進，曰：「這方是執事敬。」

禪又如何，不屙屎乎？

象山之學，從人情物理磨煉出來，實非禪也。

有學者請問：「如何是窮理盡性以至於命？」象山曰：「吾友是泛然問，老夫不是泛然答。」

學者貴切問。若不以見在所見所疑請問，皆非爲己求益之道，只成閒圖度耳。

好

觀《春秋》《易》《詩》《書》，經聖人手，則知編《論語》者亦有病。

《論語》一書，多出于有子、曾子門人之手。微言隱義，間有存者。至如《鄉黨》一篇，只記得孔子皮膚影象。

好

若是傳神手筆，絶塵而奔，非步步趨趨所能及也。

天下若無着實師友，不是各執己見，便是恣情縱欲。

道義由師友有之。執己見，是無師承；恣情欲，是無嚴憚。

讀介甫書，見其凡事歸之法度，此是介甫敗壞天下處。堯舜三代雖有法度，何嘗專恃此？至言當時闢介甫者，無一人就法度中言其失，但云喜人同己、祖宗之法不可變。介甫才高，如何便服？或問：「介甫比商鞅何如？」答云：「商鞅是脚踏實地，亦不問王伯，立定規模，只要事成。介甫慕堯舜三代之名，不曾踏得實地，故所成就者，王不成、伯不就。」

介甫人品清高，一切勢利撼他不動。只是不知學，所以執己愈堅、害天下尤大。介甫自謂知學，莫枉他。

存養是主人，點檢是奴僕。存養是主人，點檢亦是主人。若識主點檢是奴僕，存養亦是奴僕。主人從來不出門，不見聲色也。學問得主，百體自然聽命。如主人在堂，奴僕自然不敢放縱。若只以點檢爲事，到底只成東滅西生，非存養本然之功也。

這裏是刀鋸鼎鑊的學問。須舍得性命，無些子可湊泊處，方是刀鋸鼎鑊工夫。佛也

學者要知所好。此道甚淡，人多不知好之，只愛事骨董。朋友相資，須助其知所好者。道如玄酒，天下之至味存焉。有滋味便是欲。人不好淡，却只好鬧熱。一切逐外，有精神可逞，皆鬧熱心也。

人心有消殺不得處，便是私意，便去引文牽義，爲證爲靠。切只是咽喉下不肯着此一刀，捨不得性命，所以牽引文義，容他出路。若當下捨得，不爲姑容，便是入微功夫。全是佛

算穩底人好，然又無病生病；勇往底人好，然又一概去了。然欲勇往底人較好，算穩底人，有難救者。

算穩底少過，自謂可以安頓此身，未嘗有必爲聖之志，須激勵他，始肯發心。不然，只成鄉黨自好者而已，所以難救。勇往底雖多過，却有爲聖之志，若肯克念慎終，便可幾也。好甚

獅子捉兔捉象，皆用全力。佛

聖賢遇事無大小，皆以全體精神應之。不然，便是執事不敬。善射者雖十步之近，亦必引滿而發，方是彀率。康節云：「唐虞揖讓三盃酒，湯武征誅一局棋。」須知三盃酒亦却用揖讓精神，一局棋亦却用征誅精神。

一友方侍坐，象山遽起，亦起。象山曰：「還用安排否？」

此即是良知無思無爲、自然之神應。

《皐陶謨》《洪範》《吕刑》，乃傳道書也。

皐陶兢業萬幾以代天工，洪範敬用五事以建皇極，吕刑敬忌以作元命，皆傳道之書。

象山曰：「吾講學，問者無不感發。獨朱益伯鶻突來問。答曰：『益伯過求，以利心聽，故所求在新奇玄妙。』」

所求在新奇玄妙，於平安本色、近裏之言便不耐聽，此利心也。近來學者，其病多坐在此。

人情物理之變，何可勝窮？稷之不能審於八音，夔之不能詳于五種，可以理揆。伏羲之時，未有堯之文章；唐虞之時，未有成周之禮樂。非伏羲之智不如堯，而堯舜之智不如周公。古之聖賢更續緝熙之際，尚可考也。

物有本末，事有終始。堯舜之智而不徧物，若其標末，雖古之聖人不能盡知也。王澤既竭，利欲日熾，先覺不作，民心横奔，浮文異端，轉相熒惑，而爲機變之巧者，又爲魑魅魍魎其間。後世耻一物之不知，亦耻非其耻而耻心亡矣。

古先聖賢無不由學。伏羲尚矣，猶以天地萬物爲師，俯仰遠近，觀取備矣，於是始作八卦。孔子自謂：「我非生而知之者，好古敏以求之者也。」人生而不（知）學，學而不求師，其可乎哉？

秦漢以來，學絶道喪，世不復有師。至宋始復有師。學道者不求師，與求而不能虚心以聽，是乃學者之罪。學者知求師矣，能虚心矣，所以導之者非其道，則師之罪也。先師首揭良知之教以覺天下，學者靡然宗之，此道似大明於世。凡在同門，得於見聞之所及者，雖良知宗説不敢有違，未免各以其性之所近，擬議攙和，紛成異見。有謂良知非覺照，須本於歸寂而始得；如鏡之照物，明體寂然而妍媸自辨；滯於照，則明反眩矣。有謂良知無見成，由於修証而始全；如金之在鑛，非火符（煆）〔鍛〕煉，則金不可得而成也。有謂良知是從已發立教，非未發無知之本旨。有謂良知本來無欲，直心以動，無不是道，不待復加銷欲之功。有謂學有主宰、有流行；主宰所以立性，流行所以立命，而以良知分體用。有謂學貴循序，求之有本末，得之無内外，而以致知别始終。此皆論學同異之見，差若毫釐，而其繆乃至千里，不容以不辨者也。寂者，心之本體。寂以照爲用。守其空知而遺照，是乖其用也。見入井之孺子而惻隱，見嘑蹴之食而羞惡，仁義之心，本來完具，感觸神應，不學而能也。若謂良知由修而後全，撓其體也。良知原是未發之中，無知而無不知。若良知之前復求未發，即爲沉空之見矣。古人立教，原爲有欲設。銷欲正所以復還無欲之體，非有所加也。主宰即流行之體，流行即主宰之用，體用一原，不可得而分，分則離矣。所求即得之因，所得即求之之證，始終一貫，不可得而别，别則支矣。

《書》曰：「思曰睿，睿作聖。」孟子曰：「思則得之。」爲道切近而優游。切近則不失己，優游則不滯物。

爲學但當實致其良知。此心於日用間，戕賊日少，光潤日著。聖賢垂訓，向以爲盤根錯節、未可遽解者，不過先得我心之同然，將涣然冰釋，怡然理順，有不加思而得者矣。若固滯於言語之間，欲以失己滯物之智，强探而力索之，方寸自亂，自蹶其本，非徒無益，而反害之。不可不慎也。

或問象山學從何受。象山曰：「因讀孟子而自得之。」

象山自信本心，終身受用在「先立乎其大者」一句公案。雖因言而入，所自得者多矣。其論格物，知在先，行在後，未離舊見。以爲人要有大志，常人汩没於聲色富貴間，良心善性都蒙蔽了。如何便解有志？須先有知識始得。先師所謂「議論開闔，時有異者」，皆此類也。蓋象山之學，得力處全在積累。因誦「涓流積至滄溟水，拳石崇成太華岑」，先師曰：「此只説得象山自家所見。須知涓流即是滄海，拳石即是泰山。」此是最上一機，所謂無翼而飛，無足而至，不由積累而成者也。非深悟無極之旨，未足以語此。

斗山會語

慨惟離索之久，思求助于四方。乃者千里遠涉，歷釣臺，登齊雲，涉紫陽，止于斗山之精廬。得與新安諸同志爲數日之會，其意固不在於山水間也。諸君各以用力之疎密，受病之淺深，次第質言，以求歸于一是之地。予不肖，何足以知之？

夫學，一而已矣，而莫先於立志。惟其立志不真，故用功未免間斷；用功不密，故所受之病未免於牽纏。是未可以他求也。諸君果欲此志之真，亦未可以虚見襲之及以勝心求之，須從本原上徹底理會，將無始以來種種嗜好、種種貪着、種種奇特技能、種種凡心習態，全體斬斷，令乾乾浄浄，從混沌中立根基，自此生天生地生大業，方爲本來生生真命脉耳。此志既真，然後工夫方有商量處。譬之真陽受胎，而收攝保任之力自不容緩也；真種投地，而培灌芟鋤之功自不容廢也。昔顔子之好學，惟在于不遷怒、不貳過，此與後世守書册、資見聞全無交涉。惟其此志常定，故能不遷；此志常一，故能不二。是從混沌中直下承當，先師所謂「有未發之中始能者」是也。佛語 顔子之學既明，則曾子、子思之説，可類推而得矣。夫顔子殁而聖學亡，諸君欲學顔子，須知顔子所學者何事。若舍身心性情而以勝心虚見求之，甚至以技能嗜好滑之，未見其善也。昔者秦越人，醫之神者也，值藥童子服勤既久，頗能傳其方，間以語諸人，人服，頗有効，而此童子者，則固未之能也。予不肖，何以異於是？甚麽心腸，天日可鑒也。諸君深信其方，務加修服，以去其病，而不以重不肖未能之疑，吾道幸矣！

水西會約題詞

嘉靖己酉夏，予既赴水西之會，浹旬，相告歸，復量諸友地理遠近，月訂小會，圖有終也。乞予一言，以識心期。夫道有本原，學有要領，而功有次第。真假毫釐之機，不可以不辨也。予與諸君旬日相會，此等處言之亦已詳矣，未審諸君果能信得及否。水漸木升，積累之次第，固非一蹴所能至。然由萌孽之生以達於千尋，由源泉混混以放于四海，其本末源委、長養流行之機，實非有二物也。今日良知之説，人孰不聞，然能實致其知者有幾？此中無玄玅可説，無奇特可尚。須將種種向外精神打併歸一，從一念獨知處朴實理會，自省自訟，時時見得有過可改，徹底掃蕩，以收廓清之效，方是入微工夫。若從氣魄上支持，知解上湊泊，格套上倚傍，傲然以爲道在於是，雖與世之營營役役、紛華勢利者稍有不同，其爲未得本原、無補于性命，則一而已。所望諸君，不以予之去來爲聚散，每會如所訂期，必須破冗一來，相摩相盪，相勸相規。爲性命之心重一分，爲世情之心自然輕一分。譬如魚之於水，相濡以沫，相煦以吻，終不若相忘于江湖之爲愈也。且今日之會，非有法制可以防閑，惟藉區區道義以爲之聯屬。二三百人之内，豈能人人盡發真志、盡有信心？亦藉中間十數諸友、舊有所聞者，虚心樂取，招揀翕聚，以爲之倡耳。一人倡之，十人從而和之，已而和之者益衆，雖欲此會之不興，不可得也。苟爲性命之心不切，不能包荒隱惡、涵育成就，以全吾同體之愛，徒欲以勝心相高，甚至忿争訐戾，動氣奮顔，而猶傲然以爲知學，圮族敗群，莫此爲甚，雖欲會之不廢，不可得也。吾人立身行己，自有法度。既爲此學，一切凡情俗態、良知有未安處，便須破除斬截，不可假借通融，放令出路。石翁有云：「名節者，衛道之藩籬。藩籬不固，其中鮮有存者。」語若分析，自今視之，未必非對症之藥，亦圖終之一助也。

道山亭會語

嘉靖辛亥秋，太平周子順之訪予山中，因偕之西遊，將歷觀東南諸勝。遇同志之區，則隨緣結會，以盡切劘之益。過蘇，值近沙方大夫開府吴中，聞予與順之至，集同志數十輩，會於道山亭下，延予二人往莅之。夫吴中多豪傑，聲華禮樂之盛，甲於東南。況雙江、緒山、沃洲、及齋諸公有事兹土，貞教闡化，後先相聞，流風有存者。登壇説法，則予豈敢當？若曰群處質言，相與訂舊學而覓新功，以就正有道，則固不肖之本心也。既如會，諸生懼其既別而或離也，乃圖爲月會之約，而屬言予，以導其所志。夫古今之言志者，大略有三，曰富貴、功名、道德。是雖老生之恒談，然約古今人品高下而論之，要無出於此者。古之所謂道德者，若孔、顔、思、孟是也；所謂功名者，若僑、向、奚、蠡是也；所謂富貴者，若儀、秦、衍、澤之徒是也。三者所志不同，而其所趨亦遠矣。道德者，至誠經綸而無所倚，達乎天矣；功名則務爲建立，以其實心取必於期會，而爵禄無以入其中；富貴則察知利害之形，役使天下之諸侯，有徒步而陟相位者。意氣赫然，震掉一世，方且以大丈夫目之，要皆非苟然者也。世降學絶，士鮮克以豪傑自命，聖賢不世出，道德之風蓋亦邈矣。下此而功名、而富貴，果能實心建立而忘爵禄否乎？果能明於利害而赫然震掉否乎？是未可知也。所趨既卑，故所見益陋。依傍假借，大抵名高而實下。今之所謂道德者，古之功名也；今之所謂功名者，古之富貴也；今之所謂富貴而已者，庸鄙攘竊，自比於乞墦穿窬之類，有儀、秦所不屑爲者而甘爲之，所趨益已下矣。若此者，其來有由。功利之毒，淪浹於人之心髓，本原潛伏，循習流注，以密制其命，雖豪傑有所不免，非一朝一夕之故矣。於此時而倡爲道德之説，何異奏雅樂於鄭衛之墟？亦見其難也已。所幸靈知之在人心，亘千百年而未嘗亡。故利欲騰沸之中，而炯然不容昧者，未嘗不存乎其間。譬諸寶鼎之淪於重淵，赤日之蔽於層雲，而精華光耀，初未嘗有所損污也。孟氏有曰：「所欲有甚於生，所惡有甚於死。」死生亦重矣，而所欲所惡有甚焉者，寧舍彼而取此，信乎靈知之果未嘗亡也。死生且然，况身外之功名富貴乎？然而世之以燕安失之者亦多矣！善學者，明於內外之故，察於輕重之機，識取夫炯然不容昧者而固守之，以進於道德之歸。譬諸探重淵而列鼎象，披層雲而覩日光，而功利之神奸魑魅，自無所遯其形。此端本澄源之功。君子之辨志，辨諸此而已矣。此志苟立，自能相應，自樂於親師取友，所以博習而論學者，自專且久，而無有

分得是

刺心妙論

異物之遷。是猶争名者之樂趨於朝，争利者之樂趨於市，勢使然也。不然，則日講時習，適以增其假竊之資而已矣，於身心竟奚益哉？孔子曰：「先進於禮樂，野人也；後進於禮樂，君子也。如用之，則吾從先進。」説者謂周末文勝，孔子欲損文以還於質，故林放之問，致辨於奢儉易戚之間，皆從先進之志也。夫吴聲華禮樂之盛，似矣。苟概以從先進之説，得無在所損乎否耶？千葉之花無實，九層之臺易圮，此無他，崇餙太高而發榮太繁故也。予聞之：淡薄所以明志。紛麗技巧，易失其本心。世未有浮華不黜而能完養其精實者也。昔者餒夫偶食穀而甘，即欲與衆嘗之，以共免於飢困之患，而其腹尚枵然未嘗飽也。今者則何以異此？吾人不以其偶食而遂忽其欲共嘗之心，不以其未嘗飽而并疑穀之不足以飽，則知所以養生矣。夫穀之味，冲腴而淡，異於肥甘。竊恐吾人厭飫之餘，溺於所養，而於此或有所不察耳。

滁陽會語

予赴南譙，取道滁陽，拜瞻先師新祠於紫微泉上。太僕巾石吕子以滁爲先師講學名區，相期同志與其雋士數十人，大會祠下。諸君謬不予鄙，謂晚有所聞，各以所得相質，以求印正。余德不類，何足以辱諸君之教？而先師平生所學之次第，則嘗聞之矣！請爲諸君誦之，而自取正焉。先師之學，凡三變而始入於悟，再變而所得始化而純。其少禀英毅淩邁，超俠不羈，於學無所不窺。嘗泛濫於詞章，馳騁於孫吴，雖其志在經世，亦才有所縱也。及爲晦翁格物窮理之學，幾至於殞，時苦其煩且難，自嘆以爲若於聖學無緣，乃始究心於老佛之學。築洞天精廬，日夕勤修，煉習伏藏，洞悉機要。其於彼家所謂見性抱一之旨，非惟通其義，蓋已得其髓矣。自謂嘗於静中，内照形軀如水晶宫，忘己忘物，忘天忘地，與空虚同體，光耀神奇，恍惚變幻，似欲言而忘其所以言，乃真境象也。及至居夷處困，動忍之餘，恍然神悟，不離倫物感應，而是是非非，天則自見。徵諸四子六經，殊言而同旨。始嘆聖人之學坦如大路，而後之儒者妄開逕竇，紆曲外馳，反出二氏之下，宜乎高明之士厭此而趨彼也。自此之後，盡去枝葉，一意本原。以默坐澄心爲學的，亦復以此立教。於《傳習録》中所謂「如鷄覆卵，如龍養珠，如女子懷胎，精神意思，凝聚融結，不復知有其他」，「顔子不遷怒貳過，有未發之中，始能有發而中節之和」，「道德言動，大率以收斂爲主，發散是不得已」，種種論説，皆其統體耳。一時學者，聞之翕然，多有所興起。然卑者或苦於未悟，高明者樂其頓便而忘積累，漸有喜静厭動、玩弄疎脱之弊。先師亦稍覺其教之有偏，故自滁、留以後，乃爲動静合一、工夫本體之説以救之。而入者爲主，未免加減迴護，亦時使然也。自江右以後，則專提「致良知」三字。默不假坐，心不待澄，不習不慮，盎然出之，自有天則，乃是孔門易簡直截根原。蓋良知即是未發之中，此知之前，更無未發；良知即是中節之和，此知之後，更無已發。此知自能收斂，不須更主於收斂；此知自能發散，不須更期於發散。收斂者，感之體，静而動也；發散者，寂之用，動而静也。知之真切篤實處即是行，真切是本體，篤實是工夫，知之外更無行；行之明覺精察處即是知，明覺是本體，精察是工夫，行之外更無知。故曰：「致知存乎心悟，致知焉盡矣。」逮居越以後，所操益熟，所得益化，信而從者益衆。時時知是知非，時時無是無非，開口即得本心，更無假借凑泊。如赤日麗空而萬象自照，如元氣運於四時而萬化自行，亦莫知其所以然也。晚年造履益就融釋，即一爲萬，即萬爲一，無一無萬，而一亦忘矣。先師平生經世事業震耀天地，世以爲不可及。要之，學成而才自廣，機忘而用自神，亦非兩事也。先師自謂：「良知二字，自吾從萬死一生中體悟出來。」多少積累在！但恐學者見太容易，不肯實致其良知，反把黄金作頑鐵用耳。先師在留都時，曾有人傳謗書，見之不覺心動，移時始化。因謂：「終是名根消煞未盡。譬之濁水澄清，終有濁在。」余嘗請問平藩事，先師云：「在當時，只合如此做。覺來尚有微動於氣所在。使今日處之，更自不同。」夫良知之學，先師所自悟，而其煎銷習心習氣、積累保任工夫，又如此其密。吾黨今日未免傍人門户，從言説知解承接過來，而其煎銷積累保任工夫，又復如此其疎。徒欲以區區虚見，影響緣餙，以望此學之明，譬如不務覆卵而即望其時夜，不務養珠而即望其飛躍，不務(㖙)〔煦〕育胎元而即望其脱胎神化，益見其難也已。慨自哲人既遠，大義漸乖，而微言日湮。吾人得於所見所聞，未免各以性之所近爲學，又無先師許大(鑪)〔爐〕冶陶鑄銷鎔以歸於一，雖於良知宗旨不敢有違，而擬議卜度、攙和補凑，不免紛成異説。而其最近似者，不知良知本來易簡，徒泥其所晦之迹，而未究其所悟之真，鬨然指以爲禪。同異毫釐之間，自有真血脈路，明者當自得之，非可以口舌争也。諸君今日所悟之虚實，與所得之淺深，質諸先師終身經歷次第，其合與否？所謂「如人飲水，冷煖自知」，以此求之，沛然有餘師矣！

水西同志會籍

寧國水西之有會，聞於四方久矣。予惟君子之學，莫先於辨志，莫要於求端。志者，心之所之也，之燕而燕，之越而越，跬步毫釐，南北千里，不可不慎也。夫志有二：有道誼之志，有功利之志。道誼者，純乎天則，無所爲而爲；功利則雜以世情，有所爲而爲也。蓋自聖學不傳，道誼之風日衰，功利之毒漸入於人之心髓，千百年于兹。世之豪傑，慨然自命，以爲有志於道誼，而終未免於功利之雜者，無他，醞習既久，則祓除爲難，淆淄既深，則澄濾不易，勢使然也。君子欲爲正本清源之學，亦求諸其端而已。端者，人心之知，志之所由以辨也。夫志有二，知亦有二：有德性之知，有聞見之知。德性之知求諸己，所謂良知也；聞見之知緣於外，所謂知識也。毫釐千里，辨諸此而已。在昔孔門，固已有二者之辨矣。孔子曰：「蓋有不知而作之者，我無是也。」言良知無所不知也。若多聞多見上擇識，未免從聞見而入，非其本來之知，知之次也。以多聞多見爲知之次，知之上者，非良知而何？其稱顏子曰：「有不善未嘗不知，知之未嘗復行。」以爲庶幾。夫庶幾者，幾於道也。顏子心如止水，纔動即覺，纔覺即化，不待還而後復，純乎道誼，一毫功利之私無所攖於其中，所謂知之上也。子貢、子張之徒，雖同學於聖人，然不能自信其心，未免從多聞多學而入。觀其貨殖干祿，已不免於功利之萌，所謂知之次也。顏子没而聖學亡。子貢、子張之學，相沿相習，淪浹于人之心髓，亦千百年于兹矣。吾人生于千百年之後，欲一洗千百年之陷習，以上窺絶學之傳，亦見其難也已。夫道誼、功利，非爲絶然二物。爲道誼者，未嘗無功，未嘗無利。但由良知而發，則無所爲而爲；由知識而發，則不能忘計謀之心，未免有所爲而爲。本源既殊，支流自别。道誼、功利所由以判。君子於其有所爲、無所爲之義辨之，學斯過半矣。吾人今日之所講，固自以爲道誼，若猶未免於爲功利之私，是餒夫説食、凡民擬聖。水西之會，聞于四方，將反爲貽笑之資，可惧也已！雖然，良知之與知識，其端甚微，其辨甚精，非夫豪傑之士，超然于二見之外，能轉識爲知者，何足以與此？是在不肖與諸君終始共圖之可也。

書休寧會約

吾人爲學，所大患者在於包裹心深，擔當力弱。若夫此學之脉路，本來易簡，有志者一言可以立決，正不必以爲患也。昔吾陽明先生講學山中，時一人資性警敏，與之語，易於領略，因其請，引以入見。先師漫然視之，屢問而多不答。吾惑焉。一人平時作事過當，不顧人非毁，見惡於鄉黨，因其悔請，亦引以入見。先師與之語，竟日忘倦，若有意於斯人者。吾惑焉。間以請問，先師曰：「某也資雖警捷，世情機心不肯放舍，使不聞學，猶有敗露悔改之時；若又使之有聞，見鮮愈多，趨避愈巧，覆藏愈密，一切圓融智慮，適足增其包藏而益其機變，爲惡將不可復悛矣。某也作事能不顧人非毁，原是有力量之人，特其狂心偶熾，一時銷歇不下，所患不能悔耳。今既知悔而來，得其轉頭，移此力量爲善，何事不辦？予所以與其進也。」後二人皆如所料。乃知先師教法，如秦越人視疾，洞見五臟，真神醫也。不肖千里遠來，求助于四方，承諸君不鄙，相會數日。中間豪傑之士，能不包裹、能擔當世界者，不敢謂盡無人。試平心各各自反，如前之説，亦或有一二似之否乎？不可不深以爲戒也。予之爲此言，心亦良苦。追憶曩相會時，復八九年矣，今所進益復何如？若不及時發憤，以圖遠業，竊恐後之視今，猶夫昔也。若夫此學之易簡，本心之靈不容自昧，一念自反，未有不自得者。惟諸君立真志，修實行，本諸一念之微，各安分限，以漸而入，譬之源泉之赴海，終有到時。在諸君勉之而已矣！

書婺源同志會約

或者曰：「婺源爲紫陽闕里。今日之論，不免有異同，盍諱諸？」予曰：「噫，鄙哉！是何待晦翁之薄，而視吾道之不廣也？夫道，天下之公道；學，天下之公學；公言之而已。今日之論，不能免於異同者，乃其入門下手之稍殊，至於此志之必爲聖人，則固未嘗有異也。蓋非同異不足以盡其變；非析異以歸於同，則無以會其全。道固如是，學固如是也。使千聖同堂而坐，其言論風旨亦不能以盡合。譬之五味相濟，各適其宜而止。若以水濟水，孰從而和之哉？今所論不同之大者，莫過於《大學》之先知後行，《中庸》之存養省察。晦翁以格致誠正，分知行爲先後；先師則以《大學》之要，惟在誠意，致知格物者，誠意之功，知行一也。既分知行爲先後，故須用敬以成其始終。先師則以誠即是敬，既誠矣，而復敬以成之，不幾於綴已乎？孔門括《大學》一書爲《中庸》首章。戒懼慎獨者，是格致以誠意之功也；未發之中與發而中節之和，是正心修身之事；中和位育，則齊家治國平天下之事也。若分知行爲先後，《中庸》首言慎獨，是有行而無知也；後分尊德性、道問學爲存心、致知，是有知而無行也。一人之言，自相矛盾，其可乎哉？晦翁既分存養省察，故以不覩不聞爲己所不知；獨爲人所不知，而以中和分位育。夫既己所不知矣，戒慎恐懼孰從而知之？既分中和位育矣，天地萬物孰從而二之？此不待知者而辨也。先師則以不覩不聞爲道體，戒慎恐懼爲修道之功。不覩不聞即是隱微，即所謂獨。存省一事，中和一道，位育一原，皆非有二也。晦翁隨處分而爲二，先師隨處合而爲一，此其大較也。至於《大學》致知，《中庸》未發之中，此古今學術尤有關係、不容不辨者也。夫良知之與知識，爭若毫釐，究實千里。同一知也，良知者，不由學慮而得，德性之知，求諸己也；知識者，由學慮而得，聞見之知，資諸外也。未發之中是千古聖學之的。中爲性體，戒懼者，修道復性之功也。故曰：戒慎恐懼而中和出焉。良知即是未發之中，譬如北辰之奠垣，七政由之以效靈，四時由之以成歲，運乎周天，無一息之停，而實未嘗一息離乎本垣，故謂之未發也。千聖舍此更無脉路可循，古今學術之同異，尤不容不辨者也。然此特晦翁早年未定之見耳。逮其晚年，超然有得，深悔平時所學虛内逐外，至謂『誑己誑人』，謂『延平先生嘗令體認未發已前氣象，此是本領功夫，當時貪着訓詁，未暇究察，辜負此翁耳』。其語象山有云：『所喜邇來工夫頗覺省力，無復向來支離之病。』其語門人有云：『向來全體精神用在故册子上，究竟一無實處，只管談王説覇，別作一項伎倆商量。』諸凡類此者，所謂《晚年定論》，載在《全書》，可考見也。學者蔽於舉業,無暇討求《全書》,徒泥早年未定之見,揣摸依倣,瑕瑜互相掩覆,使不得爲完璧,其薄待晦翁亦甚矣! 夫晦翁平生之志,在必爲聖人,而其制行之高,如太山喬嶽,一毫世情功利不足以動乎其中,故其學之足以信今而傳後,亦以此也。吾人未有必爲之志,未免雜於故習,行不足以孚於人,而嘵嘵然於分合異同之迹,譬之隋和之實,不幸綴於窶人垢衣之内,人孰從而信之? 雖然,此猶泥於迹也。今日之學,惟以發明聖修爲事,不必問其出於晦翁、出於先師,求諸其心之安而信焉可也。學者不因其人之窶,而并疑其寶之非真,斯善學也已。」

松原晤語

予不類,辱交于念菴子三十餘年。兄與荆川子齊雲别後,不出户者三年于兹矣。海内同志欲窺見顔色而不可得,皆疑其或偏于枯静,予念之不能忘。因兄屢書期會,壬戌冬仲,往赴松原新廬,共訂所學。至則見其身任均役之事,日與闆役之人執册布算,交涉紛紛,其門如市,耐煩忘倦,略無一毫厭動之意。夜則與予聯床趺坐,往復証悟,意超如也。自謂終日紛紛,未嘗敢憎厭,未嘗敢執着,未嘗敢放縱,未嘗敢褻侮,自朝至暮,惟恐一人不得其所。是心康濟天下可也,尚何枯静之足慮乎? 因舉乍見孺子入井怵惕,未嘗有三念之雜,乃不動于欲之真心,所謂良知也,與堯舜未嘗有異者也。若于此不能自信,亦幾於自誣矣。苟不用致知之功,不能時時保任此心,時時無雜念,徒認現成虚見,附和欲根,而謂即與堯舜相對,未嘗不同者,亦幾于自欺矣。蓋兄自謂終日應酬,終日收斂安静,無少奔放馳逐,不涉二境,不使習氣乘機潛發。難道工夫不得力? 然終是有收有制之功,非究竟無爲之旨也。至謂「世間無有現成良知,非萬死功夫,斷不能生」,

以此較勘世間虛見附和之輩，未必非對病之藥。若必以現在良知與堯舜不同，必待功夫修整而後可得，則未免於矯枉之過。曾謂：「昭昭之天與廣大之天，有差別否？」此區區每欲就正之苦心也。夫聖賢之學，致知雖一，而所入不同。從頓入者，即本體爲功夫，天機常運，終日兢業保任，不離性體，雖有欲念，一覺便化，不致爲累，所謂性之也。從漸入者，用功夫以復本體，終日掃蕩欲根，祛除雜念，以順其天機，不使爲累，所謂反之也。若其必以去欲爲主，求復其性，則頓與漸未嘗異也。稽之孔門，顔子竭才，不遠而復，便是性之樣子；仲雍居敬强恕，邦家無怨，便是反之樣子。吾人將何所法守耶？世間薰天塞地，無非欲海；學者舉心動念，無非欲根。而往往假托現成良知，騰播無動無静之説，以成其放逸無忌憚之私，所謂行盡如馳，莫之能止。此兄憂世耿耿苦心，殆有甚焉，吾輩所當時時服食者也。嘗憶荆川子與兄書有云：偶會方外一二人，其用心甚專，用力甚苦，以求脱離欲海，祛除欲根，益有慨于吾道之衰。蓋禪宗期于作佛，不坐化超脱則無功；道人期于成仙，不留形住世則無功。此二人者，皆不可以僞爲。聖賢與人同而異，皆可假托混帳，誤己誑人。以其世間功利之習心，而高談性命，傲然自以爲知學，不亦遠乎？甚矣，荆川子之苦心有類于兄也！

宛陵會語

近溪羅侯之守宣也，既施化于六邑之人，復哀六邑之彦，聚于宛陵，給之以舘餼，陶之以禮樂，六邑之風蹶然震動。甲子春暮，予以常期赴會宛陵，侯大集六邑之士友長幼千餘人，聚于至善堂中。先命歌童舉樂合歌，以興衆志。侯離席，率衆作而言曰：「昔象山訪晦菴于南康，開講白鹿，發明義利之辨，聞之至有感悟流涕者。今幸先生辱臨于兹，大衆雲集，宛陵之勝，不減於白鹿。先生之學，淵源有自，幸蘄一言，以詔多士。焉知不有聞而流涕者乎？」予避席，愧不敢當。侯請之再三，且曰：「孟軻氏有云『萬物皆備于我』，與孔門一體之義，何所當也？」予辭不得命，請以一體之説，與諸士共籌之。夫一體之謂仁，萬物皆備于我，非意之也。吾之目，遇色自能辨青黄，是萬物之色備于目也；吾之耳，遇聲自能辨清濁，是萬物之聲備于耳也；吾心之良知，遇父自能知孝，遇兄自能知弟，遇君上自能知敬，遇孺子入井自能知怵惕，遇臺下之牛自能知觳觫，推之爲五常，擴之爲百行，萬物之變，不可勝窮，無不有以應之，是萬物之變備于吾之良知也。夫目之能備五色，耳之能備五聲，良知之能備萬物之變，以其虚也。致虚則自無物欲之間，吾之良知自與萬物相爲流通，而無所凝滯。故曰：「反身而誠，樂莫大焉。」强恕而行者，不能無物欲之間，强以推之，知周乎萬物以達一體之良，故曰：「求仁莫近焉。」是其學雖有仁恕之分、安勉之異，其求復吾之虚體，以應萬物之變，則一而已。此千聖學脉也。後之儒者不明一體之義，不能自信其心，反疑良知涉虚，不足以備萬物，先取古人孝弟愛敬、五常百行之迹，指爲典要，揣摩依彷，執之以爲應物之則，而不復知有變動周流之義。是疑目之不能辨五色，而先塗之以丹雘；耳之不能辨五聲，而先聒之以宫羽。豈惟失却視聽之用，而且汩其聰明之體，其不至于聾且瞶者幾希！今世學術之弊，亦居然可見矣。陽明先師生于絶學之後，首發良知之旨以覺天下。學者苟能不泥于舊聞，務實致其良知，去物欲之間，以求復其虚體，其于萬物之感，當體具足，虚中而善應，不屑屑于典要，而自不過其則，如目遇色而明無不見也，如耳遇聲而聽無不聞也。是故致良知之外無學矣。幾希云者，良知之微也。

白鹿洞續講義

予赴吊念菴回，舟過彭蠡，入白鹿，展謁先生之祠。歷露臺，陟虚亭，周覽風泉、雲壑之勝。時霖雨初霽，四山飛瀑，勢如游龍，餘靄浮空，長林滴翠。夜集諸生，縱談玄理，灝氣滋生，卧聽流溪澌澌，沁徹心脾。達旦，泠然若有神以啟之者。明發，出洞，諸生復集城隅别舘，信宿証悟，興意超然。臨别，諸生請于予曰：「昔晦翁奉延象山開講白鹿，發明君子小人義利之辨，數百年傳以爲美談。其言所喻由于所習，所習由于所志，蓋因學者亟于進取，舉是以捄其弊。其於求端用力之方，未之詳及也。敢蘄一言，究竟斯旨，用示嘉惠，亦古今並美也。」顧予不肖，方期取法未能，敢云上下其論，以抵弗類？無已，請述所聞，與諸賢共籌之。先師云：「心之良知謂之聖。」良知者，性之靈也，至虚而神，至無而化，不學不慮，天則自然。揆其端，夫婦之愚可以與知；要其至，聖人有所不能盡。譬之日月麗天，貞明之體，終古不息，要在致之而已。致之之功，篤志時習，不失其初心而已。苟不失其初心，藴之而爲神明之德，發之而爲光輝之業，可以配天地、横四海而垂萬世。真修實悟，使自得之，非有假于外也，而其機存乎一念之微。義利之辨，辨諸此而已矣。是故怵惕于入井之孺子，而惻隱形焉，所謂義也；從而納交要譽，惡其聲而然，則失其初心而爲利矣。不屑不受于嘑蹴之食，而羞惡形焉，所謂義也；從而妻妾宫室、窮乏者德我而爲之，則失其初心而爲利矣。義也者，天下之公也；利也者，人心之私也。公私之間，君子小人之所由分也。志有所向而習隨之，習有所專而喻因之，機之不可以不辨也如此。夫人之情，亦非甘于爲小人而不樂于爲君子，特狃于其習而不自覺耳。有人於此，毁以爲小人，則怫然怒，是小人之不可爲，夫人而知之也；譽以爲君子，則忻然喜，是君子之不可不爲，夫人而知之也。知小人之不可爲矣，而吾所習與喻乃在于利，將欲逃小人之名不可得，是猶惡濕而居下也；知君子之不可不爲矣，而吾所習與喻乃不在于義，將欲成君子之名不可得，是猶羡喬而入谷也。象山以義利爲君子小人之辨，予顧切切然原其情之喜怒而諭之者，蓋欲學者實致其知，即夫情之所安而不溺于習之所勝，盡以君子望于人人，而不忍以小人薄待之也。夫心性虚無，千聖之學脉也。譬之日月之照臨，萬變紛紜而實虚也，萬象呈露而實無也。不虚則無以周流而適變，不無則無以致寂而通感。不虚不無，則無以入微而成德業。此所謂求端用力之地也。學者不能實致其知，究夫義利毫釐之辨，以決其君子小人之趣，則所謂志者或未免泥于典要，所謂習者或未免涉于思爲，而所謂喻者或未免狥于識解億測，皆非所以爲自得也，終亦滯於形器而已矣。求其神化自然，與貞明同體而不息，不可得也。不肖感諸賢祈懇之誠，聊述所聞，以爲交修之益。若曰以是並美前修而侈究竟之説，則予豈敢哉！

書進修會籍

蓮峰葉君嘗作《見一堂銘》，蓋取見道於一之意。君素抱經世之志，而化始於家。嘗欲示法和親，以敦睦爲己任。限於年，未就。公既殁，二子茂芝、獻芝乃作見一堂於雲莊之麓，謀於父兄子姪，倡爲進修會，以會一族之人，相與考德而問業，以興敦睦之化，承先志也。歲丁巳夏，予赴新安福田之會。二子既從予遊，復邀入雲莊，集其會中長幼若干人，肅於堂下而聽教焉。舉族興義好禮，顒顒若是，可謂盛矣。二子因出會籍，乞予申飭一言，用示將來。予惟進修之義，蓋取於《乾》九三之文言，而所以爲進修之的，更無待於他求，取諸庭訓而足矣。夫道一而已，學一而已。乾之爲德，剛健中正，純粹以精，天之德也。惟有欲以間之，始雜而二。忠信也者，無欲之本心也，惟無欲則可以達天德。故曰：「忠信所以進德也。」進必有業，始能有所持循。持循之則惟在言行，而言又行之顯也。故修省言辭，所以立己之誠意。誠即忠信也，是進德之業次也，非有二也。此即《大學》正心誠意之旨也。然欲誠意，必本於致知。知至者，良知也；至之者，致知也。致知則其幾常審，故曰：「可與幾也。」知終者，良知之不息也；終之者，不息其致之之功也。乾乾不息於誠，則其幾常審而安，故曰：「可與存義也。」此即格致之旨也，一也。自後儒分内分外，分始分終，而學始二而雜也。予誦君之言曰：「蔽于多岐，非所謂道；溺于支離，非所謂學。」又曰：「心之精一，學有緝熙，知行並進，罔蔽與離。」可謂契聖學之宗，而得我心之同然者也。二子欲啚進修之會，舍庭訓更何求哉？人心本一，有欲始二。古人云：「所欲不必聲利富貴，只心有所向便是欲。」苟審於所向而窒之，以禁于未發之豫，是謂復其心之本體以達天德，斯爲不悖於見一之訓耳。

建初山房會籍申約

新安舊有六邑同志之會。予與緒山錢子更年莅會，以致交修之益。初會斗山，後因衆不能容，改會於福田。今年秋仲，予復赴會，屬休寧邵生汝任輩爲會主，馳報讓溪、覺山、周潭諸公及六邑之友，相期十月九日會於建初山房。予以趨歸之亟，不能待諸友。因出會籍，祈予申致一言，用助警策。予念甲子與諸君相會，復七年於兹矣。七年之中，反覆進退，得喪好醜，萬有不齊。諸君用力此學，精神念慮果能打併歸一、不從境上分擾漏泄否乎？講論規切，果能遜志敏求、無勝心浮氣之雜否乎？所行所習，果能日著日察，無意見臆説之溷否乎？先師提出良知兩字，不學不慮，天則昭然，千古入聖之學脉也。夫學貴精，亦貴虚，尤貴正。倘精神或有所分，念慮或有所擾，則爲不精；纔有勝心，則爲不虛；纔着意見，則爲不正。千里毫釐，不可不辨也。《易》云：「七日來復，朋來無咎。」相違七年，今始復來，正得朋無咎之時也。請以復之時義與諸君籌之。夫有失而後有復。聖人無復，以其無失也。今者之失，既或不免於分擾溷雜之爲病，則求復一言，正所謂對病之藥，不可以不講也。「《易》爲君子謀。」「復，其見天地之心。」良知者，造化之靈機，天地之心也。《復》之六爻皆發此義。初復者，復之始。纔動即覺，纔覺即化，一念初機，不待遠而後復，顏子之所以修身也。學貴近仁，二比於初，謂之休復。學務于恒，三失於中正，謂之頻復。四處群陰之中，志應於初，謂之獨復。敦復者，服膺勿失，篤於復也，故曰「敦復無悔，中以自考也」。迷復者，非迷而不復，欲求復而失其所主，至於十年不克征，故曰「迷復之凶，反君道也」。資有純駁，故復有遠邇，功有難易，學之等也。造者自無而顯於有，化者自有而藏於無。有無之間，靈機默運。故曰「顯諸仁，藏諸用」，造化之全功也。立此謂之真志，証此謂之真修，了此謂之真悟。此致知格物之實學。吾人外此，亦無復有求端用力之地矣。初復則吉，迷復則凶，吉凶之機可以立辨。若復頭出頭没，悠悠卒歲，不思挽回造化，以收泰定之功，生死到來，何處度脱？此吾人終身之憂，可爲痛哭流涕者也。

新安福田山房六邑會籍

嘉靖丁丑春暮，予赴新安福田之會，至則覺山洪子偕六邑諸子，已顒顒然候予久矣。舊在城隅斗山精舍，改卜於此，蓋四月十八日也。晝則大會于堂，夜則聯鋪會宿閣上，各以所見所疑，相與質問酬答，顯証默悟，頗盡交修之益。諸生渢渢然有所興起，可謂一時之盛矣。凡餘十日而會解。臨別，諸友相與執簡乞言，申飭將來，以爲身心行實之助，且使知此學之有益，不可以一日不講也。嗟乎！世之人所以病乎此學者，以爲迂濶臭腐，縱言空論，無補于身心也。甚或以爲立門户、崇黨與而侈嚚譁，無關於行實也。審若是，則此學如懸疣附贅，假途借寇，謂之不講也固宜。而其實若有未盡然者。蓋吾人在世，不能爲枯木、爲濕灰，必有性情之發，耳目之施，以濟日用；不能逃諸虚空，必有人倫庶物，感應之迹。有性情而不知節，則將和蕩而淫矣；有耳目而不知檢，則將物交而引矣；有人倫庶物之交而不知防慎，則將紊秩而棼類矣。此近取諸身，不容一日而離，則此學固不容以一日不講也。且吾人之講學，誠有迂濶而假借者也。然此特染習之未除，未可因此而并以此學爲可鄙也。世間豪傑之士，亦有不待講學褆身而鮮失者矣。然此特天資之偶合，未可恃此而并以此學爲可廢也。學之不講，孔子以爲憂，况吾儕乎？由前之説，是(徵)〔懲〕哽噎之傷而欲廢其食；由後之説，是恃捷馳之足而欲棄其棰策也。烏乎可哉？然吾人今日之學，亦無庸于他求者，其用力不出於性情耳目、倫物感應之迹，其所慎之幾不出於一念獨知之微。是故一念戒懼，則中和得而性情理矣；一念攝持，則聰明悉而耳目官矣；一念明察，則仁義行而倫物審矣。慎於獨知，所謂致知也；用力於感應之迹，所謂格物也。千古聖賢，舍此更無脉路可入；而世間豪傑之士，欲有志于聖賢，亦或不能外此而別有所事事也。竊念斗山相別以來，於今復八九年，立志用功之説，千古豪傑相期之説，謀于諸君者屢矣。八九年之間，所作何事？古人之學，九年雖離師友而不返，今諸君自謀，果能離師友而不返否乎？不肖與諸君視此，果能無愧于心否乎？年與時馳，意同歲邁。迄今不知早計，復爾悠悠，豈惟有負諸君規勸之意，切恐聰明不逮，初心謂何？此身且無着落處，其自負亦多矣！

桐川會約

桐川有會舊矣。自吾同門友東郭鄒公判廣德時，肇建復初書院，爲聚友講學之所，予嘗三過桐川，與諸友相會。其後興廢不常，人情向往亦不一。兹予赴水西、斗山之期，寓徑桐川，州守中淮吴君篤於向學，多方挽留，傳檄遠近諸友凡百餘人，大會於復初書院。既畢會，使君懼其久而復廢，因圖爲月會之期，乞言於予，以爲盟約，且爲諸生叩初學入門工夫。予惟良知兩字，是千聖從入之門。自初學至於成德，只此一路，惟有生熟不同，更無別路可走。良知人人所同具，無間於聖愚，只縁動於意，蔽於欲，包裹蓋藏，不肯自悔自改，始或失之。齊宣王自謂好勇、好貨、好色，良知未嘗不自知，肯將自己所受之病，一一向大賢面前陳説，不作一毫包藏態度，所以孟子惓惓屬意於王，以爲足用爲善，庶幾改之，予日望之。譬之病人不自諱忌，明醫猶有可用藥處。古云：「玉不琢，不成器；人不學，不知道。」今日之會，諸友習染已久，豈敢便謂人人發有必爲聖人之志？但人生世間，却須了結此身，尋箇做人道路。連日與諸友所論説，無非提醒良知、保護性命之事。不起於意，不動於欲，不作蓋藏，一念靈明，便是入聖真種子，便是做人真面目。時時保守此一念，便是熙緝真脉路，無待於外求也。此學於朋友，如魚之於水，一日相離，便成枯渴。每月定爲月會，縱有俗務相妨，亦須破冗一會。虚心相受，共成遠業。若牽於習染，或至動氣求勝，非所望於吾黨也。

卓吾先生批評龍谿王先生語録鈔卷二

新安後學　吴可期　吴可善　校正

宛陵觀復樓晤言

先生至宛陵，會於觀復樓中。諸生請問「孳孳爲善、爲利」之義。先生曰：「孳孳之義，昉於《堯典》『鳥獸孳尾』，是生身受命之根。絪緼孕化，嗜欲迴旋，機不容已，但視其所主，以爲聖凡之分。善者，虚明湛然之恒體也；利者，晦濁黯然之客形也。主於善爲陽、爲公，主於利爲陰、爲私。故爲善而不孳孳，則善不積；爲利而不孳孳，則利不崇。一以出神明，一以興機變。善利之間，所争毫髮，舜蹠之所由分也。吾人今日之學，果能立定命根，孳孳爲善，自鷄鳴而起以至於旦晝所爲，常虚常明，而無所汩乎？抑或未免入於利，而有所牿亡也？自一日以至于歲月之久，果能孳孳，機不容已，常如平旦之時乎？抑或未免反復牿亡，而失其初也？自古善學舜者莫如顔子。『舜何人也？予何人也？有爲者亦若是。』此顔子大勇。顔子欲罷不能而竭其才，所謂孳孳也。吾人今日之學，時起時倒，至於悠悠，不能如顔子之勇，是未得爲善學也。」問「觀復」之説。先生曰：「道有原而學有要。復根於坤，虚以胎之，静以育之。虚極静篤，窮上而反下，故能一陽爲主於内。萬物作而觀其復。復，則天地之心見矣。孔子稱顔子曰：『回也庶乎！屢空。』空者，道之原也。齋心坐忘，不爲意見所牿，故能屢空。不遠而復，蓋得其要也。子貢不能忘見，故不受命；不能忘意，故億而後中。學術之弊，漸染積習，蓋千百年於此矣。故吾人今日之病，莫大於意見。著於意，則不能静以貞動；著於見，則不能虚以適變。不虚不静，則不能空。意見者，道之賊也。後儒尚以爲好意見不可無，將終身從事焉，反以空爲異學，真所謂認賊爲子、溺於弊而不自知也。諸友今日之會，專寂若此，此正一陽來復、超凡入聖之機。若不能保任，舊習乘之，頻失頻復，且將復入於凡矣。可不慎乎！」

九龍紀誨

先生赴水西，杜生質聞之，携諸友亟赴會所，聚處數日，頗盡相證之意。九龍舊有會，迺先生昔年所訂者，請先生復蒞之，弗果往。爰録晨夕誨語，貽之同志，以永佩服云。

或叩時習之功。先生曰：「一部《論語》，開首只説箇學字。學者，覺也。時習便是常覺。覺與夢對，夢中顛倒呻吟，苦境萬變。苦與悦對，學而常覺，則苦境自亡而悦，所謂理義之悦我心也。悦者，入樂之機。人心本樂，本與萬物同體。朋來則遂其一體之心，故樂。然此樂無加損，根於所性。雖遯世而無悶，惟聖者能之，學之大全也。」

或問：「明道見人静坐，便嘆其善學。然則静坐足以盡學乎？」先生曰：「學非專於静坐。静坐亦甚難。方坐時，念頭作何安頓？有所守即落方所，無所着則墮頑空。不守之守，無着之着，此中須有活潑之機。存乎心悟，非言思之所及也。」

先生曰：「昔者周順之爲司業時，予往白下，信宿聚處。順之請于予曰：『怡受吾師之教多年，一切行持，不敢自恕，但此心尚未得安頓處。』予笑曰：『吾子直聲喧宇宙，至誠格上下，些子處未得安頓，可謂切問。昔者温公大名播於夷狄，獨此些子未有歸着，常念一中字，以爲得術，乃復爲中所繫縛，將奈何？』順之恍然若有所悟，謂予曰：『若非吾師指破，幾被虚名誤了一生，於自己性命有何關涉？』順之可謂實修實證，不爲世套浮囂所籠罩者矣！此鄉邦之羽儀，家庭之楷式，凡同鄉後輩與一家之子姓，所當仰思企及，益勉於學，弗令昔人專美於前可也。」

或叩顔子屢空之旨。先生曰：「此是減擔法。人心無一物，原是空空之體。形生以後，被種種世情牽引填塞，始不能空。吾人欲復此空空之體，更無巧法，只在一念知處用力。一切世情念頭上有牽扯放不下，皆謂之妄，皆是不善之動。顔子之學，只是有不善未嘗不知，知之未嘗復行，謂之不遠復。復者，復其不善之動而已。先師云：『吾人只求日減，不求日增。減得盡便是聖人。』吾人護心如護眼，好念頭、不好念頭俱着不得。譬之泥沙與金玉之屑，皆足以障眼。諸友欲窺見此意，端居之暇，試將念頭不斷一着理會，果能全體放下無一物否？一切知解，不離世情，皆是增擔子。擔子愈重，愈超脱不出矣。」

周潭汪子晤言

周潭子别予若干年，兹予來赴水西之會，始得相會于敬亭山中。見周潭子之學津津日進矣，尚以氣弱爲患，時有所滯。（扣）〔叩〕予所聞，以證交修。予惟君子之學，在得其幾。此幾無内外，無寂感，無起無不起，乃性命之原，經綸之本，常體不易而應變無窮。譬之天樞居所，而四時自運，七政自齊，未嘗有所動也。

此幾之前，更無收斂；此幾之後，更無發散。蓋常體不易，即所以爲收斂，寂而感也；應變無窮，即所以爲發散，感而寂也。恒寂恒感，造化之所以恒久而不已。若此幾之前，更加收斂，即滯，謂之沉空；此幾之後，更加發散，即流，謂之溺境。沉與溺，雖所趨不同，其爲未得生機，則一而已。浩然之氣，由集義所生，即是致良知，即是獨知。獨知者，本來不息之生機也。時時致其良知，時時能握其幾，所行時時慊于心，而浩然之氣自然盛大流行、充塞無間。告子之不動心，内境不出，外境不入，亦其定力所致。冤枉了告子！惟不致其良知，所以有不得于心、不求于氣之病，反將盛大之體壅閼桎梏，窒其時出之用，是謂義襲而取，謂之暴氣。此學術毫釐之辨，不可以不慎也。周潭子學道二十餘年，爲性命之心無時不切，而尚以氣弱爲患，得無于生幾之説或有所未盡悉與？夫沉空者，二乘之學也；溺境者，世俗之學也。周潭子之不爲世俗之學，斷然信之。但恐二乘之學，其辨尤微，高明者或有所滯而未之覺耳。若能于動而未形、有無之間察之，以究其毫釐之辨，則生幾常在我而氣自充。千古經綸之術，盡于此矣！

水西精舍會語

嘉靖丁巳春，先生赴水西之會。周潭汪子偕諸友晨夕周旋，浹旬而解。汪子因次集所與答問之詞，執簡以請曰：「寧執侍先生久矣！先是，癸丑會於郡城，辱先生示以研幾之旨；乃者温繹舊聞，幸賜新知，筆録記存。夫泥辭失意，况不得其詞乎？請賜覽教，珎收之以淑餘生。惟懼體認未真，有虚言詮，是在小子。」先生乃於逐條更加轉語，以副所請云。

生生之謂易。生生即天機。一念萬年。無一息非念，寂感皆念也。

天機無安排。有寂有感，即是安排。

千古學術，只在一念之微上求。生死不違，不違此也；日月至，至此也。

一念之微，故曰千古聖學，只在慎獨。

古人理會心性，只家常事，故開口便説「學而時習之」，不必説如何是學。

後世學術多端，始提出心性之學來説破。

君子處世，貴於有容，不可太生揀擇。天有晝夜，地有險易，人有君子小人，物有麒麟鳳凰、虎狼蛇蝎。不如是，無以成並生之功。只如一身清濁並蕴，若洗腸滌胃，盡去濁穢，只留清虚，便非生理。

虎狼蛇蝎，天豈盡殄滅他？只處置有道，驅之山林，置之巖穴，使不爲害而已。此便是包荒之學。

陽明先師云：「凡看古人書，只提掇良知二字，略爲轉語，便自分曉。」且如精義入神以致良知之用也，利用安身以崇良知之德也。過此以往，良知之外更無知也。窮神知化，只是良知到熟處，德之盛也。何等明明白白！如好仁不好學，學箇甚麽？蓋好仁而不在良知上學，其蔽爲愚。六者皆然，可不費詞説而自明矣。

良知是貫串六經之樞紐。故曰：「六經皆我註脚。」若以知識爲良，何啻千里！

纏繞的要脱灑，放肆的要收斂，方是善學。

信得良知及，時時是脱灑，時時是收斂，方不落對治。

(吾)〔圣〕人生知安行，却用困勉工夫。今以困勉之資，乃合下要討生知安行受用，豈可得乎？

論工夫，聖人亦須困勉，方是小心緝熙；論本體，衆人亦是生知安行，方是真機直達。

君子思不出其位，出其位便是閒思妄想。

「心之官則思」，出其位便是廢心職。學者須信得位之所在，始有用力處。

作意矜持，如仰箭射空，力盡而墮，豈能長久？天機盎然出之，方不落矜持。

顏子欲罷不能，非是不肯罷，直是無歇手處。

古人説箇凝命凝道，凝字極可玩味，此是真切積累工夫。如此行持而真機不透露者，未之有也。

真機透露即是凝。若真機透露前，有箇凝的工夫，便是沉空守寂。

先師自云：「吾居夷以前，稱之者十九；鴻臚以前，稱之者十之五，議者十之五；鴻臚以後，議者十之九矣。學愈真切，則人愈見其有過。前之稱者，乃其包藏掩飾，人故不得而見也。」

不務掩飾包裹，心事光明，是狂者得力處。顏子不遠復，常立於無過之地，方是正本澄源之功。若以失自解，則過愈甚矣。

「人生而静」，是從混沌立根基，後天而奉天時也。

先天之學不容説。混沌立根，則先天而天不違矣。

或問閒思雜慮如何克去。曰：「須是戒慎不睹，恐懼不聞，從真機上用功。」

戒懼如臨深履薄。纔轉眼失脚，便會喪身失命，焉得有閒思雜慮來？

問處家責善而義不行於族人，柰何？曰：「家庭之間，恩常掩義，難以直遂。會須寬裕調和，使之默化。」

父子兄弟不責善，全得恩義行其中，如此方是曲成之學。

舜爲君，禹爲將，出師以征有苗，豈有不是處？伯益猶以滿損謙益爲戒，可謂自反之至矣！

蓋天下無皆非之理。纔見人不是，便是滿。

躬自厚而薄責於人。檢點自己嚴密，則責人自輕，不至歸怨於人，故遠怨。

正己而不求諸人，不怨不尤，原是孔門家法。

一友用功，恐助長，落第二義。答云：「真實用功，落第二義亦不妨。」

助長自是告子之病。吾人只是意見上轉換，何曾助得來？

問：「張子『太和所謂道』，似爲有見之言？」曰：「是尚未免認氣爲道。若以『清虛一大』爲道，則濁者、實者、散殊者，獨非道乎？」

道無清濁，無虛實，無大小，不滯於氣，惟體道者能知之。

有生於無。故曰：有之以爲利，無之以爲用。

無聲無臭，原是萬有之基。

一友問：「應物了，即一返照，何如？」曰：「是多一照也。當其應時，真機之發即照，何更索照？照而不隨，何待於返？」

「日月有明，容光必照。」良知應物亦然，此無内外之學。

金波晤言

滁陽趙子將之京，候先生于武林之金波園。請曰：「陽明夫子嘗以好名、好貨、好色爲三大欲。反之於心，覺得貨、色之欲猶易勘破，名之爲欲，其幾甚微，其爲害更大。一切假借包藏、種種欺妄，未有不從名根而生者也。」先生曰：「昔上蔡公數年去得一『矜』字，伊川嘆其善學。今以名爲大欲，思有以去之，譬之捕賊得其贓証，會有廓清之期矣。然此只是從知識點檢得來。若信得良知及時，時時從良知上照察，有如太陽一出，魑魅魍魎自無所遁其形，尚何諸欲之爲患乎？此便是端本澄源之學。」趙子請問良知、知識之異。先生曰：「知一也，根於良則爲本來之真，依於識則爲死生之本，不可以不察也。知無起滅，識有能所；知無方體，識有區別。譬之明鏡之照物，鏡體本虚，妍媸黑白，自往來於虚體之中，無加減也；若妍媸黑白之跡滯而不化，鏡體反爲所蔽矣。鏡體之虚，無加減則無生死，所謂良知也。變識爲知，識乃知之用；認識爲知，識乃知之賊。通是禪語，極是要緊。回、賜之學所由以分也。」趙子復問：「孔子語子夏：『儒有君子小人之異。』」先生曰：「孔門學者，立心皆是爲己，皆是爲義。若有爲利、爲人之心，何足以爲儒？子夏處文學之科，篤信聖人，規模狹隘，步步趨趨，未嘗敢有一毫激昂開展，言必信，行必果，是箇硜硜小人局段。故孔子進之使爲君子。君子便是不器，便能坦蕩自由。顔子之絶塵而奔，曾子之自反而縮，皆自出手眼，何嘗有樣子學得來？此方是古人自信之學。」

答南明汪子問

問：「《書》曰『作聖』，《詩》云『無邪』，貴思尚矣，而《易・繫》亟稱『無思無爲』『何思何慮』，孟子揭良知以明仁義，亦曰『不慮而知』，夫知以不慮爲良，則思爲無益矣。禪家六行，其一思惟，似亦未嘗廢思也。顧其上乘不可思議，即一念起，不啻千里失之。此與孔孟之指同歸而《詩》《書》(盩)〔盭〕矣！吾道一而已矣，即佛氏亦以不二爲法門。第折其衷，如之何其致一也？」

孟軻氏曰：「心之官則思。」以思爲職而得失係之，故曰：「思者，聖功之本。」《書》曰：「思作聖。」言思之本於睿也。《詩》言：「思無邪。」言思之本於正也。思顧可少哉？然而《易》之《繫》曰「何思何慮」，又曰「易無思也」，若與《詩》《書》、孟氏之言相背而馳，此千古不決之疑案，學者將何所取衷哉？昔上蔡問於伊川曰：「天下何思何慮？」伊川曰：「有此理，却説得太早。」繼而曰：「却好用功。」則已覺其説之有未盡矣。堯夫曰：「思慮未起，鬼神莫知。纔被鬼神覷破，便咎以爲修行無力。」然則未起之思慮，將何如也？夫何思何慮，非不思不慮也。所思所慮一出於自然，而「未嘗有別思別慮，」我何容心焉？譬之日月之明，自然往來而萬物畢照，日月何容心焉？既曰何思何慮，又曰百慮而一致，此即伊川所謂「却好用功」之意，非以效言也。無思者，非不思也。無思而無不通，寂而感也；不思則不能通微，不通微則不能無不通，感而寂也。此即康節所謂「未起之思慮」，起即憧憧也。自師門提出良知宗旨，而義益明。良知之思，自然明白簡易，睿之謂也。良知之思，自然明通公溥，無邪之謂也。惠能曰「不思善，不思惡」，却又不斷百思想，此上乘之學，不二法門也。若臥輪則爲聲聞之斷見矣。夫良知不學而知，即一念起，千里失之，此孔孟同歸之指，而未嘗(盩)〔盭〕於《詩》《書》者也。會須大徹大悟，始足以破千古之疑，而(折)〔析〕毫釐之辨也。

引佛祖

問：「兢兢業業，翌翌乾乾，堯舜文周由此其選。後之戒慎恐懼，宛然祖述憲章。顧孔氏疏水忘憂，顏子簞瓢不改，即曾子春風沂水，獨當聖心，蓋其樂也。濂溪相傳，不離主敬，及其尋孔顏之樂，雖曾點猶然以見大與之。近世宗儒，亦往往務自得而求真樂。夫惧與樂，皆情之一也。未發而有所中，之謂何？説者謂未得則懼，得則樂之，淺之乎窺聖人矣！豈堯舜文王周公之聖一無所得，而孔顏顧自滿假邪？乃今專事戒慎恐懼，涉矜持，語樂而至于手舞足蹈而不自知，或失則蕩。要之，無兩可者也，願聞其方。」

樂是心之本體，本是活潑，本是脱灑，本無罣礙繫縛。堯舜文周之兢兢業業，翌翌乾乾，只是保任得此體不失，此活潑脱灑之機非有加也。戒慎恐懼是祖述憲章之心法。孔之疏飲，顏子簞瓢，點之春風沂（泳）〔詠〕，有當聖心，皆此樂也。夫戒慎恐懼非是矜持，即堯舜之兢業、不覩不聞，非以時言也，即吾心之本體，所謂修道也。戒慎恐懼乎其所不覩不聞，是合本體功夫，有所恐懼則便不得其正。懼與樂（是）〔非〕二也，活潑脱灑由于本體之常存，本體常存由于戒慎恐懼之無間。樂至于手舞足蹈而不自知，是樂到忘處，非蕩也。樂至于忘，始爲真樂。故曰至樂無樂。濂溪每令尋孔顏樂處，所樂何事，必有所指。明道云：「鳶飛魚躍與必有事，同一活潑潑地，不悟只成弄精魂。」其旨微矣。

問：「夫子賢于堯舜，釋之者則以爲聖不異，而異于事功。竊意門人稱誦于當時，非事功以也。堯舜執中，夫子時中，執之與時，猶守之於化也。堯舜性之也，非守之也，固不敢以文害辭。要之，夫子之所以爲時中，無意、無必、無固、無我，是以堯舜之德，大哉至矣！借曰『絶四』，未之前聞。故自生民以來，未有盛於孔子者也。顏氏得之而爲約禮，曾氏得之而爲格物，並得其宗。夫約而復之，守之謂也，猶難語時。格物則皆中節矣乎，當其未發，良知具在，是之謂中。孟子名孔子爲『聖之時』，原其始，必歸重于智，皆是物也。顧夫子之時中，不涉將迎，不立能所，不容擬議，所謂『從心所欲不踰矩』是已。即物格知致而止至善，果即得時中乎？其未邪？」

昔者門人稱夫子曰：「賢于堯舜。」堯舜未易賢也。釋者指事功而言，殆非本旨。夫人之情，得於親灸者，其情密而屬意深；得於傳聞者，其情踈而用意渺。況門人受夫子之教，耳目所濡染，精神所鎔鑄，中心誠服，同於罔極之恩，比之邈焉踈渺之跡，似若有間，故不覺稱誦至於如此，門人亦不得而自知也。其曰「不至阿其所好」，亦若有概于其中者矣。此亦人之常情，不必更生別議。孟子歷敘聖賢之傳，自堯舜至於孔子，則曰聞而知之。夫子自謂「信而好古」，堯舜固其所祖述者也。若論事功，唐虞之際，蕩蕩巍巍，精一執中，開萬世心學之源，區區欲以刪述憲章蓋之，淺之乎其言之也！良知二字，入聖微機，執事謂其未發，良知具在，是之謂中。孟子稱聖之時，必歸重于智，其所尊信可知矣。良知絶四，不涉將迎，不存能所，不容擬議，所謂「從心所欲不踰矩」，即良知也。顔之約禮，約此而已；曾之格物，格此而已。纔有意必，纔屬擬議，即非時中，即非致良知也。紫陽云：「非全放下，終難湊泊。」總皆是夢，不用拋捨。執事既信得良知如此之深，從前種種特其見解，一切功業文章，世人嘆羨以爲不可及者，會須盡情拋捨，等如昨夢，只今惟求一醒。一念靈明，直超堯舜，上繼千百年道脉之傳，始不負大丈夫出世一番也。

答中淮吴子問

問：「聖人之學，惟在致良知是矣。然人見食則知食，見色則知好，有痛痒則知拊摩，皆出天性，不可不謂良知也。若即是爲良知，與『食色性也』『生之謂性』何異？若曰別是一知，與良知不同，是二知也。人無二心，則宜無二知，敢請所以？」

人生而靜，天命之性也。性無不善，故知無不良。感物而動，動即爲欲，非生理之本然矣。見食知食，見色知好，可謂之知，不得謂之良知。良知自有天則，隨時酌損，不可得而過也。孟子云：「口之於味，目之於色，性也，然有命焉。」立命正所以盡性，故曰「天命之謂性」。若徒知食色爲生之性，而不知性之出于天，將流於欲而無節，君子不謂之性也。此章正是闢告子之斷案。告子自謂「性無善無不善」，故以湍水爲喻，可以決之東西而流。若知性之本善，一念靈明，自見天則，如水之就下，不可決之而流也。知一也，不動于欲，則爲天性之知；動于欲，則非良矣。告子之學，亦是聖門別派，但非見性之學，所以有不得於言、

欺心

不得於心之時。若知致良知功夫，性無內外，良知亦徹內外，心即是寂然之體，意即是感通之用，常寂常感，常感常寂，更無有不得時也。告子一生留心性學，要學聖人，故《孟子》七篇，惟與告子論學最精。以爲冥然無覺、悍然不顧，不惟不知聖學，亦不知告子甚矣！

不欺心矣！先生之爲後學苦心何如乎？

問：「『繼善成性』，《易》言之。後世之論性紛紛矣，豈非見下愚不移者多而言然耶？見孺子而惻隱，見委壑而有泚，則性善之説，不辨自明。而陽明先生又謂『無善無惡者性』，此與『性無善無不善』何異？豈以纔言善便有不善，未免滯于一偏，故混言爲是？而孟子性善之説，亦有所不得已，而姑爲救弊之言耶？若是，則『無善無惡者性』與『性無善無不善』，辭同而意實殊也，然否？」

孟子道性善，本於大易「繼善成性」之言。人性本善，非專爲下愚立法。先師「無善無惡」之旨，善與惡對，性本無惡，善亦不可得而名，無善無惡是爲至善，非慮其滯於一偏而混言之也。孟子論性，莫詳於公都子之問。世之言性者紛紛不同。性無善無不善，似指本體而言；性可以爲善爲不善，似指作用而言；有性善有性不善，似指流末而言。斯三者，各因其所指而立言，不爲無所見。但執見不忘，如群盲摸象，各得一端，不能觀其會通，同於日用之不知。故君子之道鮮矣。孔子「性相近，習相遠」「上智下愚不移」三言，又孟

軻氏論性之本也。至于直指本原，徵于蒸民之詩、孔子説詩之義，斷然指爲性善，説者謂發前聖所未發，亦非姑爲救弊之言也。而諸子之議，乃謂性本無善無不善，既可以言善，亦可以言惡，有善有惡，亦可以言善惡混。而性善之論若有時而窮，大都認情爲性，不得孟子立言之本旨。先師「性無善惡」之説，正所以破諸子之執見，而歸於大同。不得已之苦心也。

問：「先儒謂：『静固静也，動亦静也。』吾人日用，百爲萬感，紛紛擾擾，此心未免逐物，安得常静？豈非(太)〔大〕公順應、不與己私，雖紛紛擾擾，而心固未嘗勞與？此聖人地位也。初學下手，宜何如爲功？」

静者心之本體。濂溪主静，以無欲爲要。一者，無欲也，無欲則静虚動直。主静之静，實兼動静之義。動静，所遇之時也。人心未免逐物，以其有欲也。無欲，則雖萬感紛擾而未嘗動也；從欲，則雖一念枯寂而未嘗静也。「(太)〔大〕公順應」，非是見成享用聖人地位，正是初學下手處。以其自私，須學個(太)〔大〕公；用智，須學個順應。濂溪傳諸明道，則爲定性。性無内外，無將迎，所謂「動亦定，静亦定」，此千聖學脉也。

書累語簡端録

吾友石居陸子，老而好學，每讀書有得，累而筆之，就正于余，蘄得一言印可，庶不謬於所從。因爲漫書簡端，以答其意。在石居不爲無見，時有未融，不妨隨時証悟。若其篤信謹守，恥爲綺語以(滋)〔資〕論説，宗黨後進信其爲敦行君子，可以爲難矣！

子曰：「吾十有五而志于學，三十而立，四十而不惑，五十而知天命，六十而耳順，七十而從心所欲不踰矩。」

學莫先於辨志。夫子自謂十五而志于學，其志定矣。志定而學半，遲之十年而後能立。立者，立志也。遲之十年而後能不惑。不惑者，志無疑也。又遲之十年而後能知天命，志與天通也。又遲之十年而後能耳順，志忘順逆也。順與逆對，耳順，猶所謂無逆耳也。耳順加于知命之上，一層深于一層。天命渾然，了無分別。未知天命，世間順逆諸境猶有分別心在。夫子曰：「自吾得子路，惡聲不入于耳。」此猶未能耳順時事。至於知命，則分別不生，而順逆始忘。其聞於人之聲，虛己以應，將天下譽之而不加（善）〔喜〕，天下非之而不加戚，又何惡聲之足云？此夫子獨覺其進，有不可躐等而窺者矣。從心者，縱心也。雖至于從心所欲不踰矩，亦只是志到熟處，非能有加也。是所謂經歷之次第也。

子曰：「君子不器。」

器是泥於居方，是爲典要。不器便是變動不居之學。器爲方圓，不器是爲無方圓之規矩。主敬行恕，正是不器功夫，非可以器言也。

子曰：「朝聞道，夕死可矣。」

道無生死。聞道則能通晝夜、一死生，虛静光明，超然而逝，無生死可說。故曰：「夕死可矣。」猶云未嘗生、未嘗死也。

子貢曰：「夫子之文章可得而聞也。夫子之言性與天道，不可得而聞也。」

道器合一，文章即性與天道不可見者，非有二也。性與天道，夫子未嘗不言，但聞之有得與不得之異耳。

子曰：「孰謂微生高直？或乞醯焉，乞諸其隣而與之。」

人皆謂高率直少禮，觀諸乞醯，儘是委曲，蓋美之也。朱子以爲掠美市恩，非旨。若謂物我兩忘、不止於直，亦是過美。

子曰：「十室之邑，必有忠信如丘者焉，不如丘之好學也。」

孔門之學，惟在忠信。好學是主忠信。若忠信之外，更有所謂窮理之學，是二之也。

子曰：「雍也可使南面。」

南面有君道，非是專指天子。凡諸侯卿大夫，臨民皆南面。概言之也。

顔淵喟然嘆曰：「仰之彌高，鑽之彌堅；瞻之在前，忽焉在後。夫子循循然善誘人，博我以文，約我以禮。欲罷不能，既竭吾才，如有所立卓爾，雖欲從之，末由也已。」

道無窮盡，無方體。顔子合下發心在道，思欲跳身而入，嘗仰鑽瞻忽以求之，而道愈遠。及領夫子循循博約之教，使之反身而求，不求之道而求之我。道之可見謂之文，文散於萬故曰博。博文，我博之也。其不可見謂之禮。禮原於一，故曰約。約禮，我約之也。機不容已，力不容息，只從身上印證，見得道理隱然呈露，非有非無，卓然如立于前。然後知道之本無窮盡，而不可以窮盡求也；本無方體，而不可以方體求也。故曰：「雖欲從之，末由也已。」向之仰鑽瞻忽，是猶欲從之也。顔子至此，始有真實之見矣。是即望道未見之意，非未達一間也。喟然一嘆，千聖絶學，顔子没而學遂亡矣。故曰：「未聞好學者也。」石居以博文約禮爲孔門第二義，以卓爾爲效，雖欲從之，爲與道未相渾一，似非本旨。

「在邦無怨，在家無怨。」

惟知自反，無怨于家邦，是爲仁之功，孔門不怨天、不尤人之家法。若求家邦無怨于我，使之自考，是以效言也。若求家邦無怨，成鄉愿矣。

「愛之欲其生,惡之欲其死。既欲其生,又欲其死,是惑也。」

石居引心齋之言曰:「愛之欲其生,惡之欲其死,性情之正,非惑也。既欲其生,又欲其死,中無定主,抱不决之疑,方是惑。」是也。

「下學而上達,知我其天乎!」

上達只在下學中。口之可言,力之可致,心思之可及,雖至極精極微,皆下學事。口之所不能言,力之所不能致,心思之所不能及,謂之上達。石居引「天德王道,陰陽迭運,莫知其神」爲證,似不切。

子曰:「君子疾没世而名不稱焉。」

先師云:「稱是名稱其實之稱。没世而名不稱,生猶可補,死則無及也。故以爲疾。」

子夏曰:「大德不踰閑,小德出入可也。」

石居引心齋之言曰:「大德不踰閑,守經之謂也;小德出入,行權以正其經也。」意亦好。然經權無定位,大德亦有行權時,小德亦有守經時,未可執一。吾人但得大段主腦是當,小小節目或出或入,不必盡同,同歸一是而已。子夏之學,謹守節目,未透大德機關,此或悟後語。若以小德出入爲疵,似過求。

孟子曰:「大人者,不失其赤子之心者也。」

赤子之心,純一無僞,無智巧,無技能,神氣日足,智慧自生,才能自長,非有所加也。大人通達萬變,惟不失此而已。若不待神氣之足,而助之生長,强開其知識,益其技能,是鑿竅於混沌,非徒無益,而反害之也。收其放心,是失後功夫;不失,是未嘗放也。

過豐城答問

先生過豐城，訪見羅李子，適入省，不遇。先期遣人之堯峰，約敬吾魏子，出市汊，其兄勵齋與胡可平謁先生，宿於舟中，各陳所見。勵齋謂：「静中覺有怡然和適之意。及至動應，便覺有礙，不能通適。」可平謂：「時常應感，行雲流水，若無礙相。及至静時，便覺茫蕩無主，不見有寂然氣象。」先生曰：「二子用功，動静二境，受病煞不同，正好相資爲益。静中怡然順適，只是氣機偶定，非是寂然之體。須見得寂體是未發之中，方能立大本，方能感而遂通天下之故。學須有主，方能順應。可平原從見上承領過來，未曾理會得寂體真機，行雲流水亦只是見上打發過去，不曾立得大本，所以不免茫蕩，應用處終是浮淺。古人溥博淵泉，篤恭氣象，原是吾人本領功夫。此處得個悟入，方爲有本之學。不然，只成弄精魂。」二子皆有省。及晨，敬吾至，請曰：「亮傾慕多年，今始得會。徐成身、徐邦中諸友，每傳至教，私淑久矣！亮最初從事養生之術，後聞同志講致良知之説，始有志於聖學。平生頗守道義，畏名節，未免依傍而行，不能放手。纔不照管，便落茫蕩。時時照管，意思未免沉滯，無有超脱之期。」先生曰：「此總是致良知功夫未得下落。有諸己謂信。良知是天然之靈竅，時時從天機運轉，變化云爲，自見天則。不須防檢，不須窮索，何嘗照管得？又何嘗不照管得？吾人不守道義，不畏名節，便是無忌憚之小人。若於此不得轉身法，纔爲道義名節所拘管，又豈是超脱之學？嘗謂：『學而有所忌憚，做不得真小人；爲善而近名，做不得真君子。』若真信得良知過時，自生道義，自存名節，獨往獨來，如珠之走盤，不待拘管，而自不過其則也。養生家不超脱，則不能成丹；吾儒之學不超脱，則不能入聖。子勉之而已！」是夕，見羅自省趣歸，聞先生已入省，復亟趨南浦相會。因自陳日來用功請正。先生曰：「吾子氣魄大，擔負世界心切，與衆人瑣瑣伎倆自不同。但未免爲氣魄所勝，功夫未能時時入微。相别逾年，意思儘沉寂，功夫亦漸細膩。既得魏子諸同志相觀相處，互相鞭策，一日千里，當有望也。若覺相未忘，到底不忘照管，永無超脱之期。懸崖撒手，直下承當。若撒不得手，捨不得性命，終是承當未得在。試相與密參之，他日再見，有以復我。」

東遊會語

甲子暮春，先生赴水西之會，道出陽羨。時楚侗耿子校文宜興，晨啟，堂吏入報，矍然離座，曰：「異哉！」亟出訪，握手相視，懽若平生。笑謂先生曰：「晚著得《訟》之繇，曰『利見大人，不利涉大川』，此何兆也？心擬徵之。忽報先生至。平生心事通於神明，天假之緣，非偶然也。」先生曰：「道共百年，彼此傾注。今日之兆，於不肖誠不敢當，於公信道之篤，好善之誠，神之聽之亦已久矣！果然果然，此夢非偶也。『不利涉大川』者，何也？以剛乘險，恐傷于所恃，吾人終日不可忘戒懼之心。天之示人深矣！」相與參互究繹，闡揚宗教。爰次其問答之語如左云。

楚侗子曰：「陽明先師拈出良知二字，固是千古學脉，亦是時節因緣。春秋之時，功利習熾，天下四分五裂，人心大壞，不復知有一體之義，故孔子提出箇仁字，喚醒人心。求仁便是孔氏學脉。到孟子時，楊墨之道塞天下，人心戕賊，爲害尤甚，不得不嚴爲之防，故孟子(復)提出箇義字。非義則仁之道無由而達，集義便是孟氏學脉。梁晉而下，老佛之教淫于中國，禮法蕩然，故濂溪欲追復古禮，横渠汲汲以禮爲教，執禮便是宋儒學脉。禮非外飾，人心之條理也。流傳既久，漸入支離，至分心理爲兩事。陽明先生提出良知以覺天下，使知物理不外于吾心。致知便是今日學脉。皆是因時立法，隨緣設教。言若人殊，其主持世界、扶植人心，未嘗異也。」

先生曰：「仁統四端，知亦統四端。良知是人身靈氣。醫家以手足痿痺爲不仁，蓋言靈氣有所不貫也。故知之充滿處即是仁，知之斷制處即是義，知之節文處即是禮。説箇仁字，沿習既久，一時未易覺悟；説箇良知，一念自反，當下便有歸着，唤醒人心，尤爲簡易。所謂時節因緣也。」

楚侗子問：「老佛虚無之旨與吾儒之學同異何如？」

先生曰：「先師有言：『老氏説到虚，聖人豈能于虚上加得一毫實？佛氏説到無，聖人豈能于無上加得一毫有？』本體可加，則非本體矣。聖人微言，見于《大易》。學者多從陰陽造化上抹過，未之深究。『夫乾，其静也專，其動也直，是以大生焉。夫坤，其静也翕，其動也闢，是以廣生焉』，便是吾儒説虚的精髓。『無思也，無爲也，寂然不動，感而遂通天下之故』，便是吾儒説無的精髓。自今言之，乾屬心，坤屬身；心是神，身是氣。身心兩事，即火即藥。元神元氣，謂之藥物；神氣往來，謂之火候。神專一則自能直遂，性宗也；氣翕聚則自能發散，命宗也。真息者，動静之機，性命合一之宗也。一切藥物老嫩、浮沉，火候文武、進退，皆于真息中求之。『大生』云者，神之馭氣也；『廣生』云者，氣之攝神也。天地四時日月有所不能違焉。不求養生，而所養在其中，是之謂至德。盡萬卷丹經，有能出此者乎？無思無爲，非是不思不爲。念慮酧酢，變化云爲，如鑑之照物，我無容心焉。是故終日思而未嘗有所思也，終日爲而未嘗有所爲也。無思無爲，故其心常寂。妙妙 常寂故常感。無動無静，無前無後，而常自然，不求脱離，而自無生死可出，是之謂《大易》。盡三藏釋典，有能外此者乎？先師提出良知兩字，範圍三教之宗，即性即命，即寂即感，至虚而實，至無而有。千聖至此，騁不得一些精采；活佛活老子至此，弄不得一些伎倆。同此即是同德，異此即是異端。如開拳見掌，是一是二，曉然自無所遁也。不務究明本宗，而徒言詮意見之測，泥執名象，纏繞葛藤，祇益紛紛射覆耳。」

楚侗子問：「造化有無相生之旨何如？」

先生曰：「良知是造化之精靈，吾人當以造化爲學。造者，自無而顯于有；化者，自有而歸于無。不造，則化之源息；不化，則造之機滯。吾之精靈，生天生地生萬物，而天地萬物復歸于無。無時不造，無時不化，未嘗有一息之停。自元會運世以至于食息微眇，莫不皆然。知此則造化在吾手，而吾致知之功，自不容已矣！」

楚侗子曰：「僕于一切交承應感，一毫不敢放過。不是學箇小廉曲謹，惟求盡此心而已，固非以此爲高也。」

先生曰：「古人克勤小物，與世間小廉曲謹，名似而實不同。克勤小物，是吾盡精微功夫。蓋一些放過，吾之心便有不盡，人已感應之間便成疎略。精微愈盡，則廣大愈致，原未嘗有一毫外飾要人道好之心，此是古人致曲之學。從一根生意達之枝葉，自然平滿者也。世間小廉曲謹却是不從一根上充去，未免在枝葉上打點周旋，有箇要人道好之心，到底落在鄉愿窠臼裹。此學術真假毫釐之辨，不可不察也。」盡精微，即虞廷之唯精與道心之微也。

楚侗子曰：「程門以静坐爲善學，與孔門之教不同。豈以時有古今，教法亦從而異耶？」

先生曰：「孔門教人之法見于《禮經》，其言曰：『辨志樂群，親師取友，謂之小成；强立而不反，謂之大成。』未嘗有静坐之説。静坐之説起于二氏，學者殆相沿而不自覺耳。古人自幼便有學，使之收心養性，立定基本；及至成人，隨時隨地從事于學，各有所成。後世學絶教衰，自幼不知所養，薰染于功利之習，全體精神奔放在外，不知心性爲何物。所謂欲反其性情而無從入，可哀也已！程門『見人静坐便嘆以爲善學』，蓋使之收攝精神，向裏尋求，亦是方便法門。先師所謂『因以補小學一段功夫』也。若見得致知工夫下落，各各隨分做去，在静處體玩也好，在事上磨察也好。譬諸草木之生，但得根株着土，遇著和風暖日，固是長養他的，遇着嚴霜烈日，亦是堅凝他的。蓋良知本體原是無動無静，原是變動周流。此便是學問頭腦，便是孔門教法。若不見得良知本體，只在動静二境上揀擇取舍，不是妄動，便是着静，均之爲不得所養，欲望其有成也，難矣哉！」

楚侗子曰：「《易》云：『蒙以養正，聖功也。』養正之義何如？」

先生曰：「『蒙亨』，蒙有亨道，蒙不是不好的。蒙之時，混沌未分，只是一團純氣，無知識技能攙次其中。默默充養，純氣日足，混沌日開，日長日化而聖功生焉。故曰：『童蒙，吉。』後世不知養蒙之法，憂其蒙昧無聞，强之以知識，益之以技能，鑿開混沌之竅，外誘日滋，純氣日漓，而去聖愈遠。所謂非徒無益，而反害之也。吾人欲覓聖功，會須復還蒙體，種種知識技能外誘，盡行屏絶，從混沌立根，不爲七竅之所鑿。充養純氣，待其自化。方是入聖真脉路，蒙之所由以亨也。」

楚侗子曰：「吾人工夫，日間應酧，良知時時照察，覺做得主；臨睡時應酧已往，神倦思沉，不覺瞑目，一些做主不得。此時如何用力，方可以通晝夜而知？」

先生曰：「吾人日間做得主，未免氣魄承當。臨睡時神思恍惚，氣魄全靠不着，故無可用力處。古人云：『德修罔覺，樂則生矣。』不知手舞足蹈，此是不犯手入微公案。罔覺之覺，始爲真覺；不知之知，始爲真知。是豈氣魄所能支撑？此中須得箇悟入處，始能通乎晝夜。日間神思清明，夜間夢亦安静；日間神思

至切至切

昏倦，夜間夢亦勞擾。知晝則知夜矣。《易》云：『君子以向晦入宴息。』古之至人，有息無睡。凡有所夢即是先兆，非睡魔也。」

楚侗子曰：「海内如公與念菴，雖身處山林，頂天立地，關係世教不小。舊讀念菴《冬遊記》，句句寫出肝肺，針針刺入骨髓，並無些子文義湊泊、見解纏繞，其心甚虚，其信受甚篤。乃是我公真精神相逼迫，當機不放空箭，時時中的，能使之然。繼讀二《夏遊記》，反覺意思周羅，未免牽于文義，泥于見解，殊少灑然超脱之興，心亦不甚虚，信受處亦覺少緩。或是公之精神放鬆些子，時有不中的所在。感應之機甚神，衛武公年九十猶不忘箴警。此區區數年血誠，信公之心無他，故直以相聞，欲公做箇真聖人，令吾黨永有所歸依耳。」

先生曰：「不肖修行無力，放鬆之病，生於托大。初若以爲無傷，不知漸成墮落，誠爲辜負相知。然此生固已舍身在此件事上討結果，更無别事可做，亦自信其心而已。可憐可憐世間人不肯成人之美，往往面諛而背訾者多，非公愛我信我望我之至，肯以此血誠之言相聞耶！不肖深懲托大之病，只起於一念因循，後來光景已無多，反覆創艾，會有收攝之期。今聞警戒，益若有省。此學不能光顯于世，皆是吾人自己精神漏泄所至，一毫不敢歸咎于人也。」

留都會紀

嘉靖乙丑春，先生之留都，抵白下門。司馬克齋李子出邀於路，遂入城，偕諸同志大會於新泉之爲仁堂。上下古今，參伍答問，默觀顯證，各有所發。爰述而紀之。

楚侗耿子曰：「吾人講學，雖所見不同，約而言之，不出二端：論本體者有二，論工夫者有二。有云學須當下認識本體，有云百倍尋求研究始能認識本體。工夫亦然，有當下工夫直達、不犯纖毫力者，有百倍工夫研究始能達者。」先生曰：「此可兩言而決：頓與漸而已。本體有頓悟，有漸悟；工夫有頓修，有漸修。萬握絲頭，一齊斬斷，此頓法也；芽苗增長，馴至秀實，此漸法也。或悟中有修，或修中有悟；或頓中有漸，或漸中有頓。存乎根器之有利鈍，及其成功一也。吾人之學，悟須實悟，修須真修。凡見解上揣摩，知識上輳泊，皆是從門而入，非實悟也。凡氣魄上承當，格套上模擬，皆是泥象而求，非真修也。實悟者，識自本心，如啞子得夢，意中了了，無舉似處。真修者，體自本性，如病人求醫，念中切切，無等待處。悟而不修，玩弄精魂；修而不悟，增益虛妄。二者名號種種，究而言之，致良知三字盡之。良知是本體，於此能日著日察，即是悟；致知是工夫，於此能勿助勿忘，即是修。但恐吾人聽得良知慣熟，說得致知容易，把作尋常話頭抹過耳。」

他把當下作當時境耳。

楚侗子問：「先生當下亦有未認處否？」先生曰：「當下亦難識，非上根不能。吾人只是挨門就臼，挨來挨去，忽然得箇着落，便是小歇脚。從此脱化，自有觸處逢源時在，不但當下認識而已。若夫無緣起悟，無法證修，非上上根不能也。」

楚侗子曰：「今日所謂良知之學，是箇真正藥方，但少一箇引子，所謂『欲明明德於天下』是也。有這箇引子，致知工夫方不落小家相。」先生曰：「這一箇引子是良知藥物中原有的，不從外得。良知是性之靈，原是以萬物爲一體；明明德於天下，原是一體不容已之生機，非以虛意見承當得來。古之欲明明德於天下，不是使天下之人各誠意正心以修身、各親親長長以齊家之謂也。是將此靈性發揮昭揭於天下，欲使

至妙至妙

不言明明德於天下，只言明吾之明德處，爲己爲人之分，可以觀矣，亦可以明吾之明德矣。

物物皆在我光明普照之中，無些子昏昧間隔，即仁覆天下之謂也。是舉全體一句道盡。纔有一毫昏昧間隔，便是痿痺，便是吾(人)〔仁〕有未盡處。一體故也。」

楚侗子送先生之新安江，舟中更求一言之要爲别。先生曰：「子常教人須識當下本體，更無要於此者。雖然，這些子如空中鳥跡，如水中月影，若有若無，若沉若浮，擬議即乖，趨向轉背，神機妙應，當體本空，從何處去識他？於此得箇悟入，方是無形象中真面目，不着纖毫力中大着力處也。」

先生謂白石蔡子曰：「此番見兄，氣魄儘收斂，精神儘沉寂，與從前衍溢浮散大不同。亦因近年在京師鬧場中經歷鍛鍊一番，念中有得有失，境上有逆有順，人情有向有背，覺得世緣倍奉，苦無意味，欲尋箇歸根路頭，所以有此一番操持。此正吾兄入悟之機，敢以究竟一言，與兄酧之！天之生人，精神氣魄，如兄有幾？從前世法好事，皆是障道因緣。願兄將從前種種談説，種種文辭，盡情抛向無事甲裏，只當從前不曾會的一般。只將自己一點靈明，默默參究，無晝無夜，無閒無忙，行立坐卧，不論大衆應酧與棲心獨處，時時理會照察。念中有得有失，此一點靈明，不爲念轉；境上有逆有順，此一點靈明，不爲境奪；人情有向有背，此一點靈明，不爲情遷。緣此一點靈明，窮天窮地，窮四海，窮萬古，本無加損，本無得喪，是自己性命之根。盡此謂之盡性，立此謂之立命。生本無生，死本無死，生死往來，猶如晝夜。應緣而生，無生之樂；緣盡而死，無死之悲。方爲任生死，超生死；方能不被生死魔所忙亂。生死且然，况身外種種世法好事，又烏足爲吾之加損哉？兄於此果得箇悟入之路，此一點靈明做得主，方是歸根真消息。這一點靈明，體雖常寂，用則隨緣。譬如太虚無相，不拒諸相發揮。全體放得下，方全體提得起。予奪縱横，種種無礙。才爲達才，不爲才使；識爲真識，不爲識轉。談説理道，不滯於詮；撰述文詞，不溺於藝。向來抛在無事甲中，到此種種見在，化臭腐爲神奇，皆此一點靈明隨緣變見，而精神氣魄，自然百倍於前。一日亦可，百年亦可，獨來獨往，動與天游。所謂靈丹一粒，點鐵成金。愈收斂愈暢達，愈沉寂愈光輝。此是吾人究竟法。到此方是大豪傑作用，方不負爲此一大事因緣出世一番也。」

濾濱張子曰：「今日諸公皆説致良知。天下古今，事物之變無窮。若謂單單只致良知，便了當得聖學，實是信不及。」先生曰：「此非一朝夕之故。不但後世信此不及，雖在孔門子貢、子張諸賢，便已信不及，未免外求，未免在多學多聞多見上湊補助發。當時惟顔子信得此及，只在心性上用工。孔子稱其好學，只在自己怒與過上不遷不貳，此與多學多聞多見有何干涉？孔子明明説破，以多學而識爲非，以聞見擇識爲知之次。所謂『一』，所謂『知之上』，何所指也？孟子願學孔子，提出良知示人，又以夜氣虛明發明宗要。只此一點虛明，便是入聖之機；時時保任此一點虛明，不爲旦晝牿亡，便是致知。只此便是聖學，原是無中生有。顔子從裏面無處做出來，子貢、子張從外面有處做進去。無者難尋，有者易見。故子貢、子張一派學術流傳後世，而顔子之學遂亡。後之學者，沿習多學多聞多見之説，乃謂初須多學，到後方能一貫，初須多聞多見，到後方能不藉聞見而知，此相沿之弊也。初學與聖人之學，只有生熟不同，前後更無兩路。若有兩路，孔子何故非之，以誤初學之人，而以聞見爲第二義？在善學者默而識之。齊王見堂下之牛而觳觫，凡人見入井之孺子而怵惕，行道乞人見呼蹴之食而不屑不受；真機神應，人力不得而與，豈待平時多學而始能？充觳觫一念，便可以王天下；充怵惕一念，便可以保四海；充不屑不受一念，義便不可勝用。此可以窺孔孟宗傳之旨矣。」

敬庵許子曰：「《語》云：『知之爲知之，不知爲不知。』説者謂孔子因子路强不知以爲知，故誨以知之之道，此義何如？」濾濱子謂：「『知之爲知之』，固是致良知；『不知爲不知』，不强以爲知，亦是致良知。於此求之，又有可知之理。到功夫熟後，自有箇無所不知時在。非謂只致良知便可了得古今事變，便可了得聖學。」先生曰：「子路忠信，素孚於人，心事光明，一毫不肯自欺。信未過處，連孔子也要直指，無所隱避。强不知以爲知，原不是子路所犯之病。『知之爲知之，不知爲不知』，原是兩條判開路頭。見在知得的，要須行著習察，還他知之，當下分曉，一些不可含糊將就過去。非見在知不得的，要須滌玄去智，還他不知，當下斬截，一些不可尋討兜攬過來。只此兩言，便盡了知之之道，故曰『是知也』。或以問禮問官之類爲不知。知得該問，便是知之；問過便是知了；皆屬知之條下。不知的，畢竟不可知，畢竟不能知，或畢竟不必知。如六合之外，聖人存而不議；六合之内，聖人議而不論；此便是不可知。天地何以高深，鬼神何以幽顯，耳目何以能視聽，口鼻何以能嘗能嗅，此便是不能知。稼圃之事，大人所不學；淫鄙譎詐之習，賢者所不道；甚至堯舜之知，不務徧物；夔契之事，不求兼能；此便是不必知。若曰於此求之，又有可知之理，是言外不了語，非誨由本旨也。學者惑于『一物不知，儒者所耻』之説，略於其所不可不知，詳於其所不必盡知，終歲營營，費了多少閒浪蕩精神，幹了多少没爬鼻勾當，埋没了多少戓聰明豪傑，一毫無補于身心，方且傲然自以爲知學，可哀也已！」

一友問顏子欲罷不能工夫。先生曰：「此是真性流行，無可歇手處。譬之真陽發於重泉之下，不達不已。惟其欲罷不能，所以能竭才。才就是性之能。吾人不能竭才，固是不肯拚捨性命，忍此一刀，亦是未曾見性，所以歇得手。顏子至健，以致其決，是性體天然之勇。氣魄上支撑，作爲上湊泊，非竭才也。」

先生謂白野殷子：「一向好禪，嘗有喜静厭動、懶接朋友之病，近覺何如？」殷子曰：「近覺獨學悠悠無益，要接朋友之心常切。但因病體羸弱，不奈支持，雖知同志會集，未敢出頭酧應。」先生曰：「終有這箇意思在。吾人出來與四方朋友交接，乃是求益，不是專去教人。吾人若是要救取自家性命，自不容不親朋友。相勸相規，(晏)〔宴〕安非僻之習自無所容；(翌翌)〔翼翼〕昭事，攝養保愛自不容已。機緣相觸，因而興起，非分我所有以與人，而人自受益，教學相長之義也。苟欲躲避世界，躭于静養，悠悠暇豫，漸致墮落，非徒無益，而反害之。若曉曉然急於行教，而忘取益，求人者重而自治輕，則固有所不可耳。」

一友問致良知工夫如何用。先生曰：「良知是天然靈竅，變動周流，不爲典要。覿面相呈，語默難該，聲色不到。雖曰事事上明，物物上顯，争奈取舍些子不得。然此不是玄思極想推測得來，須辦箇必爲聖人之志，從一點靈竅實落致將去。隨事隨物，不要蔽昧此一點靈竅，久久純熟，自有覿面相呈時在，不求其悟而自悟也。」

一友問：「學是學於己，問是問於人，内外交養，此意何如？」先生曰：「學問是不可離的喫緊話頭。纔學便有問；纔説學以聚之，便説問以辨之；曰學問之道，曰道問學，皆不可離。譬之行路，學行路的，出門便有岐路，須問，問了又行；若只在家坐講岐路，恰似説夢。後世講學正如此，無岐路可問，便是不曾學。因學而始有問。學者學此也，問者問此也，只是一事，不是内外交養。學問之道，只爲求放心。道問學只爲尊德性。外心外德性，另有學問，即是支離。」

一友問：「伊川存中應外、制外養中之學，以爲内外交養，何如？」先生曰：「古人之學，一頭一路，只從一處養。譬之種樹，只養其根。根得其養，枝葉自然暢茂；枝葉不暢不茂，便是根不得其養在。種種培壅灌溉，修枝剔葉，删去繁冗，皆只是養根之法。若既養其根，又從枝葉養將來，便是二本支離之學。」

一友謂：「涵養功夫當如鷄之抱卵，全體精神都只在這上含覆（照）〔煦〕育，無些子間斷。到得精神完足後，自成變化，非可以襲取而得也。」先生曰：「涵養工夫貴在精專接續。如鷄抱卵，先正嘗有是言。然必卵中原有一點真陽種子，方抱得成。若是無陽之卵，抱之雖勤，終成假卵。學者須識得真種子，方不枉費工夫。明道云：『學者須先識仁。』吾人心中一點靈明，便是真種子，原是生生不息之機。種子全在卵上；全體精神，只是保護得，非能以其精神助益之也。」

答楚侗耿子問

楚侗耿子曰：「學未見性，則無入手處。見矣，尤患執見。執見不學，虛見也，見且爲祟。世之談學者，類能微入於要渺，大涉于無垠，其見若精深矣，反諸其躬，證諸其應用，與道若背而馳者，何哉？憑籍虛見而未嘗實志于學也。」

先生曰：「虛見不可執，真見亦無可執。仁者見之謂之仁，智者見之謂之智，仁智之見，豈不是真？比于百姓日用而不知，故曰『君子之道鮮矣』。『文王望道而未之見』，乃真見也。顏子有見于卓爾，從之末由，見而未嘗見也。」

楚侗子曰：「天根月窟之説，曰一念之動，無思無爲，機不容已，是曰天根；一念之了，無聲無臭，退藏於密，是曰月窟。猶龍氏曰：『常無欲以觀其妙，常有欲以觀其竅。』亦是此意。今人乍見孺子入井，怵惕惻隱之心動處即是天根，歸原處即是月窟。纔參和納交要譽惡聲意思，便人根非天根、鬼窟非月窟矣。吾人應用云爲、動作食息，孰非此根此窟用事？俗人懵懵，日用不知，真是虛枉，與禽獸無異。而賢智者又添一番意識見解，或蔽於見聞，或滯於名義，或牽於情感，起爐作竃，千條萬緒，頓令此根不得生，此窟不得凈，胸中齷齪，幽暗吃苦，一生更無些子受用。所以賢智之過與愚不肖等也。若於一日十二時中，息却妄緣，減除襍慮，并合精神，收視反觀，尋識此根此窟，真有領會，可自一噱。白沙與李大涯書中所云『出入往來之機，生生化化之妙，欲大涯自思得之』，蓋謂此耳。識得此意，徹首徹尾，只是此箇用事。無將無迎，無意無必，便是『天根月窟閒來往』也。『閒』之一字，煞有至味。前所云見聞名義情感種種業障，能令人脚忙手亂，只因不識此根此窟，終身勞擾，無安泊處故也。」

先生曰：「天根月窟是康節一生受用本旨。學貴得之於初。一陽初起，陽之動也，是良知覺悟處，謂之天根。一陰初遇，陰之姤也，是良知翕聚處，謂之月窟。復而非姤，則陽逸而藏不密；姤而非復，則陰滯而應不神。一姤一復，如環無端，此造化闔闢之玄機也，謂之弄丸。公之論，於原旨雖若未切，然于此學煞有發明，所謂殊塗而同歸也。」

楚侗子曰：「昔有問羅子守中之訣者，羅子曰：『否，否。吾人自咽喉以下，是爲鬼窟。天與吾此心神，如此廣大，如此高明，塞兩間，彌六合，奈何作此業障，拘囚於鬼窟中乎？』『然則調息之術如何？』羅子曰：『否，否。心和則氣和，氣和則形和，息安用調？』『吾人寓形宇内，萬感紛交，何修而得心和？』羅子曰：『和妻子，宜兄弟，順父母，心斯和矣。』向聞之，不任嘆賞。此玄宗正訣也。不獨伯陽皈心、釋迦合掌，即尼父復生，當首肯矣！」

先生曰：「守中原是聖學。虞廷所謂道心之微，精者精此，一者一此，是謂『允執厥中』。《中庸》曰：『喜怒哀樂之未發謂之中，發而中節謂之和。』情反於性，謂之還丹。不爲養生，而養生在其中矣。夫學問只是理會性情。吾人此身，自頂至踵，皆道體之所寓，真我不離軀殼。若謂咽喉以下是鬼窟，是強生分別，非至道之言也。調息之術，亦是古人立教權法。教化衰，吾人自幼失其所養，精神外馳，所謂欲反其性情而無從入。故以調息之法，漸次導之，從靜中收攝精神，心息相依，以漸而入，亦以補小學一段工夫也。息息歸根，謂之丹母。若只以心和、氣和、形和，世儒常談，儱統承當，以爲玄宗正訣，無入悟之機，豈惟尼父不肯，欲二大士皈心合掌，不可得也。」

楚侗子曰：「大人之學與儒者之學最不相同。從吟風弄月發根，漸入向裏，有自得處，履繩蹈矩，不露破綻，此所謂儒者之學也。大人之學，如天地之無不覆載。生乎道德大同之世，不知有所謂道統；處乎三教分裂之時，不知有所謂儒術。其視管、晏之與曾、思，韓、范之與周、程，且以爲各得天地之一用，不軒此而輊彼也。何者？曾、思、周、程非不邃於道，而不離乎儒也，可與事堯舜而不可與事桓文，可與爲微比而不可以爲箕子者也。」

先生曰：「大人之學，性相平等，無有高下。天自信天，地自信地，人自信人，不相假借，不相凌奪，無同無異，無凡無聖，無三教可分，無三界可出，邃古無爲之化也。儒者之學，從微處發根，吟風弄月特其景像耳。原是完修無破綻的，有意不露，非自得也。經綸參贊，各盡其性，輔萬物之自然，以成天地之能，我無容心焉。不同乃所以爲同也。若曰有可能有不可能，猶爲見礙，非無可無不可之宗傳也。」

楚侗子曰：「伊尹以先覺自任，所覺何事？撻市之耻，納溝之痛，此尹覺處。非若後世學者承籍影響，依稀知見，以爲覺也。人之痿痺不覺者故不任，虛浮不任者故不覺。伊尹一耕夫爾，囂然於畎畝之中，以樂堯舜之道；致嚴於一介之取予，千駟萬鍾不(嬰)〔攖〕其慮；此其覺之所由先，而自任之所以重也。」

先生曰：「維尹暨湯，咸有一德。一者，萬物一體之仁也。惟尹任之重，故覺之先，其耻其痛，自不容已。非真有得於一體之學，能若是乎？夫學，覺而已矣。使先知覺後知，使先覺覺後覺，一知一覺而聖功生。堯舜君民事業即此而在，其機慎於一介之取予，以成天下之信。故放君而天下不疑其篡，復辟而天下不疑其專。所挾持者，大非可以空知虛見襲取也。吾人之學，不求自信，欲免於天下之疑，於此可以自攷矣。」

卓吾先生批評龍谿王先生語録鈔卷二

卓吾先生批評龍谿王先生語録鈔卷三

新安後學　吴可期　吴可善　校正

蓬萊會申約

士君子立身天地間，惟出與處而已。出則發爲經綸，思以兼善天下；處則藴爲康濟，思善其鄉，以先細民，未嘗無所事事。若徒輕肥蕩恣，虚生虚死，甘與草木同朽腐，是下流凡夫也，能無耻乎？吾會長彭山先生，年老懸車，著述之暇，倣於昔賢洛社香山，集諸同志若干人，爲蓬萊之會，意蓋有在也。《會約》凡六條，立法之意頗善。初行甚肅，寖久約弛，兼之存歿，更代不常，漸至於蠱。文具徒存，儆戒相成之意隱矣。識者病焉。夫率作興事，必屢省而後成。「蠱，元亨而天下治」，再造乾坤之時也。承諸君之不鄙，欲有所申飭，僭爲一言，彌縫補葺，闡明六事，思與更始，以善其後。凡我同盟，資邁中人，志存尚友，必不忍以凡夫自處。豪傑之士無所待而興，非諸君之望而誰望哉？

敦德業

原議士夫居鄉，難於聞過。此會之立，正欲虛心受益，相規相勸，以善補過。「子路，人告之以有過則喜。」喜者，由衷達外，一毫無所矯飾，喜其得聞而改之也。感應之機極神，機動於此，誠動於彼，非人能以有過告之之爲難，聞過而喜，自有以來人之告之爲難也。譬之有疾之人，良醫識其致疾之原，施之鍼砭，投以湯液，雖不免有痛楚瞑眩之苦，樂而受之，方幸其夙疾之有瘳也。少有諱疾之心，未免生忌，雖有良醫，亦將見之而走，盧扁所以動心於膏肓也。自今以後，願諸君各發聞過則喜之心，以諱疾爲戒，時時虛懷，務求盡言，不以爲忌。凡我同盟，亦望以一體爲念，與人同過，誠意有餘而言若不足，務盡忠告之益，期於改而後已。若心知其非，而面爲之掩，不規於身，而退有後言，尤非君子之用心，亦非立約之初意也。

崇儉約

原議越俗素稱雅直，近習侈靡，每事尚奢。今日之會，正復古還淳之時。會席議定三人一席，每席時果四色，魚肉六器，麪食二品，不得過豐。近日會者若以爲簡，漸加豐腆，殊非初意。凡我同盟之人，自今以始，務如初約。如過約者，仍令再舉如式，以示必罰。僕從止於一人，舟輿夫役，盡遣歸食，弗令混擾。以此類推，凡遇婚喪慶會儀節，不妨共爲稱量，務恊于度，禮奢寧儉。凡我同盟，相與同心共濟，越俗庶有一變之機。頃者不肖舉行喪禮、與敬所君舉行婚禮，略爲之兆，亦所以先細民也。

恤患難

原議吾輩素分守禮，諒無一朝之患，或變生不測，有意外欺凌，非所自取者。凡我同盟，務相體諒，維持保護，弗令失所。此一體休戚之情也。人無皆非之理，凡患難之來，未有無因而致者。或利害相交，責己常薄而責人常厚；或貨財相及，豐於處己而嗇於處人。外假名義，内藏險機，勢以相軋，利以相圖，忿以相争，智以相競。黨同伐異，尚以爲公是非；恣情狥欲，尚以爲同好惡。此皆自處非理，致患之由，不從外得，不可不自反者。凡我同盟，有一於此，務相規正，啟其是非本心，使之懲艾悔過，以弭其變。此即忠告之道、全身遠害之術也。夫君子有終身之憂，始無一朝之患。終身之憂，在於憂不如舜。舜爲法天下，傳後世，我猶未免爲鄉人也。凡前非理之處，致患之由，皆鄉人之所爲。耻爲鄉人，則必志爲古人，此重則彼輕，持衡之勢也。自古善學舜者莫如顔子，「有若無，實若虚，犯而不校」，乃曾子追稱之辭，雍、閔、由、賜諸賢有所不能及也。顔子宅心虚無，視聽言動無非禮，即是危微精一之傳。顔子常自立於無過之地，未嘗得罪於人，人自犯之，始可以言不校。今人於患難之來，動欲以犯而不校自處，亦見其不自諒也已。我以非理加於人，人以非理荅之，是乃報施之常，所謂出乎爾者反乎爾者也，烏得謂之犯？正須自反以求其所未至，豈可漫然視之而已乎？故有孟子之自反，然後可進於顔子之不校，此尚友之次第，一體之實學，所謂終身之憂也。

嚴約規

原議每月之會，擇於初八日起，至十八日内一舉之。如遇良辰樂事，或選勝出遊，不妨再舉。期以巳前赴會，終酉而别。有不得已者，先於報册内開明，毋托辭致罰。終日談笑間，亦當有益身心，其官司得失、他人是非，一切不置諸口，違者罰。自彭山捐背，會中無所統一，漸失初意。每談端一起，閧然群和，絲牽枝蔓，若無了期，驗諸人己身心，更無纖毫補益，徒坐消日力而已。孔子有曰：「群居終日，言不及義，好行小慧，難矣哉！」夫豈不義而孔子言之？凡浮談侈説，或近於鄙褻，淪於狎昵，騁能心、誇勝見，無補於身心，無益於人己，皆不及義之言也。小慧與大智正相反。大智者，本心靈虚洞徹，如水鑑之應物，變化云爲，萬物畢照，未嘗有所動也。小慧則矜餙炫露，沾沾自喜，出以機心，成以機械，巧發幸中，純白受傷，有道者之所羞爲，故曰「難矣哉」。自今以後，願與諸君圖爲更始之計，趂此日力，討個生身受命着落處做。每值會期，訂以辰刻赴會。主人别治静室，焚香默對，外息塵緣，内澄神慮。相輪會主啟請，或証所得，或質所疑，或徵六經四子之言以爲折衷，或舉古人嘉言懿行以爲資楷。論議稍有不合，不妨虚心相與，徐以俟之，毋致動氣求勝。精神歸一，氣象冲和，歛而不傷於滯，泰而不失於縱。傍午就席，酒行無筭。久坐神憊，間起緩步。或命題賦詩，或雅歌投壺，各以意適，不至溺而忘返。張弛迭用，文武之道，只此是學。縱恣無檢，固爲放心；過於拘迫，亦爲慎而無禮。舞雩沂咏，孔子所與，此吾輩名教中樂事也。人心自有天則，知學者當自得之。

明世好

原議今日之會，不徒燕集而已。必使身無過舉，子孫有所法則，互相告戒，期于有成。繼吾後者，相勉相期之意，亦如今日。古云：「中也養不中，才也養不才。」故人樂有賢父兄也。世衰教弛，子弟失其所養，不能皆賢。雖有聰明智慧，世以爲才子弟，其受病多在于傲。傲，凶德也。以傲事父則不孝，以傲事君則不忠。丹朱之不肖，象之不弟，只傲之一字結果一生。傲之反，爲謙。謙，德之柄也。故謙以事父則爲孝子，謙以事君則爲忠臣。堯之允恭，舜之温恭，只是謙到極處。《謙》之六爻無凶德，地中有山，内止而外順也。若内不止而徒矯餙于外，是爲足恭，君子所不貴也。吾人教養子弟，先在去其傲心，養其謙德。至身外功名，得之不得，自有命在。使子弟能温恭退讓，爲孝爲忠，行無邪僻，雖終身隱居，亦不失爲克家之子。苟不知謙順，倖倖自高，縱使發科取第，才名蓋世，適足以長傲餙非，非全身保家之道也。欲使子弟得其所養，在於親炙薰陶。會中子弟有願聽教者，不妨携至，使執卑幼獻酧之禮，觀法攷鏡，求以自淑。志同則道同。世講之好，始不爲彌文耳。

申約後語

右《申約》數條，因彭山會長所立舊規，略爲分疏，以見此會不爲虛舉。若吾人所以安身立命處，尚有向上一機，不可不煞理會。古人以人有五幸：幸不爲禽獸，幸生中國，不爲夷狄，幸爲男子，不爲女人，幸爲四民之首，不爲農工商賈，幸列衣冠，生于盛世。此是天地間第一等人，不可不自幸。既爲天地間第一等人，當做天地間第一等事。第一等事非待外求，即天之所以與我性命是也。吾人若不知學，不幹辦性命上事，雖處衣冠之列，即是襟裾之牛馬。綺語巧言，心口不相應，即是能言之鸚鵡。與禽獸何異？夷狄氣性凶暴，無信義，無親戚上下之交。吾人若使氣縱性，不以信義自閑，與夷狄何異？女人所處在閨闥房幃，所事在米鹽醯酒，所欲在服餙玩好，所係念在兒女玉帛。丈夫志在四方，若朝夕營營，無超然之興，與女子何異？士與商賈異者，以其尚義而遠利也。農食以力，工食以藝，尚不肯空食。吾人飽食終日，安於素餐，或孳孳於刀錐之間，較量盈縮，不能忘謀利之心，將農工不如，與商賈何異？若是而齒衣冠，處盛世，亦幸生而免耳。凡世間功名富貴，求之有道，得之有命，不可幸致。若自己性命，人人所固有，求之即得，無待于外。世人於功名富貴不可幸致者，念念不能忘情；於自己性命所固有者，多舍之而不知求；亦見其惑也已。陽明先師拈出良知兩字，乃從生機中指個靈竅與人，使知有用力之地。今有不孝不弟之人，指爲不孝不弟，則怫然而怒，可見不孝不弟之人，良知未嘗亡也。甚至做賊之人，指其爲賊，則忿然而鬬；賊見孝子，亦知肅然而敬；可見做賊之人，良知未嘗亡也。堯舜之時指爲孝弟之人，後世之人亦以爲孝弟；堯舜之時指爲不孝不弟之人，後世之人亦以爲不孝不弟；可見千萬古上下，良知未嘗亡也。吾人若真發心爲性命，信得此件事及，只隨事隨物致此良知，便是盡性，便是終身保命之符，不可須臾離者也。世人以致知之學爲迂，可無事于講者，但未之思耳。凡我同盟，有踰七望八者，有踰五望六者，既脱世網，下戲臺，正好洗去脂粉，覷見本來面目之時。若於此不知回頭，真成當面蹉過，可惜也已。且人生世間，如電光石火，雖至百年，只如倏忽，大限到來，定知不免。古云：「誰人肯向死前休。」若信得此及，見在世情嗜欲、好醜順逆，種種未了之心，便須全體放下，將精神打併歸一，只從省力處做。惟求日減，不求日增，省力處便是得力處。古人之學，原是坦坦蕩蕩。纔有拘攣束縛，謂之天刑。前已略言之，然真假毫釐，辨之在早，不可不自玫也。諸君果能如武公之好學，愚也敢忘(朦)〔矇〕瞽之箴，交相警勉，使人已皆獲其益，始足以先細民，始信此會之不爲虚耳。

鷄鳴憑虚閣會語

先生至留都，鳳阿姜子、順之周子率六館諸生，大會於鷄鳴憑虚閣，觀者如堵。殷生士望離席啟請《易》

「乾，元亨利貞」之義，先生默而不答。姜子、周子爲固請，先生曰：「《易》爲君子謀，此乃揭示學者用功之的，非徒談説造化而已也。故曰『天行健，君子以自強不息』。君子行此四德，曰元亨利貞。夫天地靈氣，結而爲心。無欲者，心之本體，即伏羲所謂乾也。剛健中正純粹精，天德也。有欲則不能以達天德。元亨利貞，文王演之，以贊乾之爲德有此四者，非有所加也。元亨主發用，利貞主閉藏，故曰『元亨者，始而亨者也；利貞者，性情也』。天地靈氣，非獨聖人有之，人皆有之。今人乍見孺子入井，皆有怵惕惻隱之心，乃其最初無欲一念，所謂元也。元者，始也。亨通、利遂、貞正，皆本於最初一念，統天也。最初一念，即《易》之所謂復。『復，其見天地之心。』意、必、固、我有一焉，便與天地不相似。顔子不失此最初一念，不遠而復，纔動即覺，纔覺即化，故曰『顔子其庶幾乎』，學之的也。夫學有要機，功有頓漸。無欲爲要，致良知其機也。心之靈氣即木之萌孽，水之源泉。語其頓，默之一字已盡其義。顔之愚，周之静，程之忘，非言思所及也。語其漸，自萌孽之生以至於枝葉扶蘇，由源泉之混以至於江河洋溢，雖非二物，要未可以躐等而致也。周子曰：『士希賢，賢希聖，聖希天。』此漸法也。學至於希天，至矣，而求端自士始。孔門論士曰：『行己有耻』，『使命不辱』，其次『宗族稱孝，鄉黨稱弟』，其次『言必信，行必果』，下次則斗筲俗流，無足算也。吾人見在試各自反自信：果能有耻不辱否？果能稱孝稱弟否？果能必信必果否？脱若於此尚有所未能，且須汲汲以希士爲下學始事。苟不揣其本而循其源，徒欲以斗筲俗流之心而妄意希天之學，是猶入幽谷而羨喬木，浥潰污而誇渤澥，祇益虚妄而已。」

此非至論，直有爲而發耳。

慈湖精舍會語

緯川馮子葺慈湖精舍，集鄉之同志，每月六會，以求相觀之益。時先生至句章，值會期，相請蒞會。馮子叩闡師門宗説。先生曰：「知慈湖『不起意』之義，則知良知矣。意者本心自然之用，如水鑒之應物，變化云爲，萬物畢照，未嘗有所動也。惟離心而起意則爲妄，千過萬惡，皆從意生。不起意是塞其過惡之原，所謂防未萌之欲也。不起意則本心自清自明，不假思爲，虚靈變化之妙用，固自若也。空洞無體，廣大無際，天地萬物有像有形，皆在吾無體無際之中，範圍發育之妙用，固自若也。其覺爲仁，其裁制爲義，其節文爲禮，其是非爲知，即視聽言動，即事親從兄，即喜怒哀樂之未發，隨感而應，未始不妙，固自若也。而實不離於本心自然之用，未嘗有所起也。」馮子曰：「或以不起意爲滅意。」先生曰：「非也。滅者有起而後滅。不起意原未嘗動，何有於滅？」馮子曰：「或以不起意爲不起惡意。」先生曰：「亦非也。心本無惡。不起意，雖善亦可不得而名，是爲至善。起即爲妄。雖起善意，已離本心，是爲義襲。誠僞之所分也。」馮子曰：「或以不起意爲立説過高，非初學所能及，何也？」先生曰：「亦非也。初學與聖人之學，只有生熟、安勉不同，原無二致。故曰『及其成功一也』。譬之行路，初學則馴習步趨於庭除之間，未能遠涉；聖賢則能縱步千百里之外，雖遠且險，亦無所阻。生熟則有間矣，然庭除之步與百里之步，未嘗有異也。此入聖之微機也。」馮子曰：「或以慈湖之學爲禪，何也？」先生曰：「慈湖之學得於象山，超然自悟本心，乃易簡直截根源。説者因晦庵之有同異，遂閧然目之爲禪。禪之學，外人倫，遺物理，名爲神變無方，要之不可以治天下國家。象山之學，務立其大，周於倫物感應，荆門之政，幾於三代，所謂儒者有用之學也。世儒溺於支離，反以易簡爲異學，特未之察耳。知象山則知慈湖矣。」衆中復舉慈湖疑正心、清心、洗心皆非聖人之言，何也？先生曰：「古人垂訓，皆因病立方。世人之心，溺于舊習，不能無邪無濁無垢，故示以正心、清心、洗心之方，使之服食以去其病。病去則藥除矣，所謂權法也。先師謂：『慈湖已悟無聲無臭之旨，未能忘見。』象山謂：『予不説一，敬仲常説一。』此便是一障。苟不原古人垂訓之意，一概欲與破調，則『不起意』三字亦爲剩語矣。」

或問：「《大學》之要在誠意。既不起，孰從而誠之？」先生曰：「《虞書》『道心惟微』，明心即道，微者心之本體，即所謂無聲無臭，聖人、天地不能使之著。纔動于意，即爲人心而危，僞之端也。文王不識不知，故能順帝之則。纔有知識，即涉于意，即非於穆之體矣。孔子曰：『吾有知乎哉？無知也。』言良知無知而無不知也。纔起于意，始昏始塞，始滑其良，此千聖學脉也。慈湖於雙明閣下舉本心爲問，象山以扇訟是非答之，慈湖恍然自悟，澄然瑩然，易簡和平，匪思匪爲，可言而不可議，可省而不可度。是非之心即良知也。致知者，致其固有德性之知，非推極知識之謂。格物者，格其見在應感之物，非窮至物理之謂。知者意之體，物者意之用。致知格物者，誠意之功也。如好好色，如惡惡臭，率其良知之自然而一無所作，是謂王道。無作則無起，而意自誠。正心修身，達之家國天下，一以貫之而無遺矣。《大學》之全功也。言之若易而爲之實難，視之若近而探之愈遠。故曰：『致知存乎心悟，致知焉，盡矣！』」

潁賓書院會紀

不必説講學，只以此發《大學》一章書，亦明透矣。

先生赴新安六邑之會，績溪葛生文韶、張生懋、李生逢春追謁於斗山，叩首曰：「某等深信陽明夫子良知之學，誓同此心，以此學爲終始。惟先生獨得晚年密傳，竊願有以請也。」先生嘆曰：「有是哉？苟能發心求悟，所謂密在汝邊。凡有所説即非密也。」三生因請問致知格物之旨。先生曰：「此是吾人須臾不可離業次。但此件事須得本原，方有歸着。古之欲明明德于天下，是學者最初所發大志願。吾人原與天地萬物同體，靈氣無處不貫。明明德於天下，不是使天下之人各誠其意、各正其心，然後爲至。只是此箇靈氣充塞流行，一毫無所壅滯；顯見昭朗，一毫無所間隔。所謂光於四方、顯於西土是也。天地萬物，即已分内事，方是一體之仁。不然，只是獨學，只成小家當，非大乘之法也。然功夫須有次第，非虚見所能襲取、浮氣所能支撑。（妙）欲明德于天下，須先明于一國；欲明明德于一國，須先明于一家。欲成齊治平之功，非是體面上湊泊得來，須從修身始，修身便是齊治平實下手處；（妙）欲修其身，非是軀殼上粉飾得來，須從正心始，正心便是修身實下手處。身心原是一體，非禮勿視聽言動是修身，所以勿處却在心。身之靈明主宰謂之心，心之凝聚運用謂之身。無心則無身矣，無身則無心矣，一也。心無形象，無方所，孰從而正之？纔要正心，便有正心之病。正心之功，只在誠意上用。心無不善，意方有善有不善。善真好，惡真惡，謂之誠意。意有善有不善，孰從而辨之？所以分別善惡之機在良知。意之所用爲物，良知是誠意之秘訣，物是意所用之實事。良知自有天則，正感正應，不過其則，謂之格物。此是綿密不容紊之節次，懇切不容已之功夫，於此實用其力，不爲虚見浮氣所勝，方是與物同體之實學。孔門之學，專務求仁。顔子四勿，是爲仁實用力處。子貢博施濟衆，便不免虚見浮氣承當。孔子告以欲立達之旨，正是不容已真根子，使之近以取譬，爲仁之方也。諸生最初所發願力有此件事，終始保任亦只是保任此而已，此方是深信良知，方是孔門家法。到得悟時，更當有印證處，非可躐等而求也。」

天柱山房會語 與張陽和、周繼實、裘子充問答

陽和張子自謂：「功名一念，已能忘機，不動心。」先生曰：「何言之易易也！昔有鄉老譏先師曰：『陽明先生雖與世間講道學，其實也只是功名之士。』先師聞之，謂諸友曰：『你道這老者是譏我？是稱我？』諸友笑曰：『此直東家丘耳，何與於譏稱？』師曰：『不然。昔人論士之所志，大約有三：道德、功名、富貴。聖學不明，道德之風邈矣。志於功名者，富貴始不足以動其心。我今於世間講學，固以道德設教，是與人同善不容已之心。我亦未能實有諸己，一念不謹，還有流入富貴時候。賴天之靈，一念自反，覺得早，反得力，未至墮落耳。世衰道喪，功利之毒浹於人之心髓，士鮮以豪傑自命。以世界論之，是千百年習染；以人身論之，是一生幹當。古今人所見不同，大抵名浮而實下。古之所謂功名，今之道德；古之所謂富貴，今之功名。若今之所謂富貴，狗偷鼠竊，競競刀錐之利，比於乞墦穿窬，有儀秦所耻而不屑爲者。其視一怒安居之氣象何如也？』吾子看得功名題目太淺，所以如此自信。若觀其深，必如百里奚之不入爵禄於心，王曾之不事溫飽，始足以當功名；達如伊傅，窮如孔孟，立本知化，經綸而無所倚，始足以當道德也。」

切

儀秦聞之可以死矣。

子充曰：「先生扁堂曰『凝道』，敢請所扁之義？」先生曰：「『凝』是『凝翕』之意，乃學問大基本。君子不重，則學不固，固即凝翕之謂也。天地之道，陰陽而已矣。不專一則不能直遂，不翕聚則不能發散，易簡所以配至德也。日月者，陰陽之聚也，其行有常度，故能得天而久照。君子以此洗心退藏于密。吾人精神易於發泄，氣象易於浮動，只是不密。密即所謂凝也。故曰『夙夜基命宥密』。孔之默，顏之愚，周之拙，明

道之端坐，皆此義也。凝非灰心枯坐之謂。」

張子謂：「世之學者，平時不知所養，躁心浮念未易收攝，須從靜坐入路。明道見人靜坐，便嘆其善學；象山見門人槐堂習靜，知其天理顯矣。」先生曰：「今人都説靜坐，其實靜坐行持甚難。非昏沉則散亂，念有所着即落方所，若無所着即成頑空。此中須有機竅。不執不蕩，從無中生有，有而不滯，無而不空，如玄珠罔象，方是天然消息。」子充謂：「沛時常習靜，正坐此二病作祟。昔人謂『不敢問至道』，願聞衛生之經。」先生曰：「人之有息，剛柔相摩，乾坤闔闢之象也。子欲靜坐，且從調息起手。調息與數息不同，數息有意，調息無意。綿綿密密，若存若亡，息之出入，心亦隨之。息調則神自返，神返則息自定。心息相依，水火自交，謂之息息歸根，入道之初機也。然非致知之外另有此一段功夫，只於靜中指出機竅，令可行持。此機竅非臟腑身心見成所有之物，亦非外此別有他求，棲心無寄，自然玄會，慌惚之中，可以默識。要之，無中生有（四字）一言盡之。愚昧得之，可以立躋聖地，非止衛生之經，聖道亦不外此。」

先生會宿山窩，子充見先生酣睡，呼吸無聲，喜曰：「精神保合，氣血安和，此壽徵也。」先生曰：「未足爲貴，此直後天安樂法耳。世人終日營擾，精神困憊，夜間靠此一睡，始彀一日之用。一點靈光，盡爲後天濁氣所掩，是謂陽陷於陰，坎之象也。至人有息無睡。謂之息者，耳無聞，目無見，四體無動，心無思慮，如種火相似。先天元神元氣，停育相抱，真意綿綿，開闔自然，與虛空同體。與虛空同體，是與虛空同壽，始爲壽徵也。孟軻氏指出日夜所息，示人以用力之方，平旦清明之氣不使爲旦晝之所牿亡，蓋幾之矣。若夫生死一事，更須有説。有任生死者，有超生死者。《易》曰：『原始反終，故知生死之説。』生死如晝夜，知晝則知夜矣。故曰：『未知生，焉知死？』平時一切毀譽得喪諸境，纔有二念，便是生死之根。毀譽得喪能一，則生死一矣。苟從軀殼起念，執吝生死，務求長生，固佛氏之所呵也。《列子》云：『五情苦樂，古猶今也；四體安危，古猶今也。百年猶厭其多，况久生乎？』應緣而生，是爲原始；緣盡而死，是爲反終。一日亦可，百年亦可。忘機委順，我無容心焉，任之而已矣。至於超生死之説，更有向上一機。退以爲進，冲以爲盈；行無緣之慈，神不殺之武；固乎不扃之鑰，啟乎無轍之途。生而無生，生不知樂；死而無死，死不知悲。一以爲卮言，一以爲懸觧，悟者當自得之。然亦非外此更有一段功夫。良知虛寂明通，是無始以來不壞元神，本無生，本無死。以退爲進者，乾之用九，不爲首也。以冲爲盈者，滿損謙益，天之道也。過化存神，利而不庸，是爲無緣之慈；聰明睿智，以達天德，是爲不殺之武。無扃鑰可守，無轍迹可循，曠然四達，以無用爲用也。千聖皆過影，萬年如一息，又何生死之可言哉！」

子充曰：「陽明夫子居喪，有時客未至慟哭，有時客至不哭，陽和終以不哭爲疑，敢請？」先生曰：「凶事無詔，哀哭貴於由衷，不以客至不至爲加减也。昔人奔喪，見城郭而哭，見室廬而哭，自是哀心不容已。今人不論哀與不哀，見城郭室廬而哭，是乃循守格套，非由衷也。客至而哭，客不至而不哭，尤爲作僞。世人作僞得慣，連父母之喪亦用此術，以爲守禮，可嘆也已。毁不滅性，哀亦是和。悟得時，即此是學。」

至言

子充、繼實跪而請曰：「先生轍環天下，隨方造就引掖，固是愛人不容已之心。但往來交際，未免陪費精神，非高年所宜。静養寡出，息緣省事，以待四方之來學，如神龍之在淵，使人可仰而不可窺。風以動之，更覺人已皆有所益。」先生曰：「二子愛我可謂至矣！不肖亦豈不自愛？但其中亦自有不得已之情。若僅僅專以行教爲事，又成辜負矣。時常處家，與親朋相燕昵，與妻奴佃僕相比狎，以習心對習事，因循隱約，固有密制其命而不自覺者。纔離家出遊，精神意思便覺不同。與士夫交承，非此學不究；與朋儕酧答，非

痛痛

此學不談。晨夕聚處，專幹辦此一事，非惟閑思妄念無從而生，雖世情俗態亦無從而入，精神自然專一，意思自然冲和。教學相長，欲究極自己性命，不得不與同志相切劘，相觀法。同志中因此有所興起，欲與共了性命，則是衆中自能取益，非吾有法可以授之也。男子以天地四方爲志，非堆堆在家可了此生。『吾非斯人之徒而誰與』，原是孔門家法。吾人不論出處潛見，取友求益，原是己分内事。若夫人之信否，與此學之明與不明，則存乎所遇，非人所能强也。至于閉關獨善，養成神龍虚譽，與世界若不相涉，似非同善之初心。予非不能，蓋不忍也。」

書同心册卷

陽和張子志於聖學有年，謁假歸省侍膳之餘，時處雲門山中，修習静業。期予往會，商訂舊學，頗證交修之益，其志可謂勤矣。間出京邸諸同志贈言手册，予得展而觀之。或發主静翕聚之旨，或申求仁一體之義，或究動静二境得失之機，往復參互，要在不悖師門宗教，誠所謂同心之言矣。張子復蕲予一言，爲之折衷，以輔成所志，非苟然也。姑述所聞，子自取正焉。夫主静之説，本於濂溪無極所生真脉路。本註云：「無欲故静。聖學一爲要。一者，無欲也。」一爲太極，無欲則無極矣。夫學有本體，有工夫。静爲天性。良知者，性之靈根，所謂本體也。知而曰致，翕聚緝熙以完無欲之一，所謂工夫也。良知在人。不學不慮，爽然由於固有；神感神應，盎然出於天成。本來真頭面，固不待修證而後全。若徒任作用爲率性，倚情識爲通微，不能隨時翕聚以爲之主，倏忽變化，將至於蕩無所歸，致知之功不如是之疎也。譬諸天地之化，貞以啟元；日月之運，晦以生明；元與明不待貞晦而始有，非貞晦則運化之機息矣。貞晦者，翕聚之謂，所以培其

固有之良，達其天成之用，非有加也。《蒙》之象曰『山下出泉』。夫山下之泉，本静而清，濬其源、疏其流，順
則達之，滑則澄之。蒙養之正，聖功也，翕聚所以爲養也。故謂爽然盎然不足以盡良知，必假學慮而昧夫天
機之神應，非所以稽聖；謂作用情識即所以爲致知，而忽夫翕聚緝熙之功，非所以徵學。善學者默而存之，
求以自得可也。孔門之學，惟務求仁，仁者以天地萬物爲一體。主静之學，在識其體而存之，非主静之外别
有求仁之功也。静爲萬化之原，生天生地生萬物，而天地萬物有不能違焉，是謂廣生大生，乾坤之至德也。
故曰：『視不見，聽不聞，體物而不遺。』不見不聞，静根也。體之不遺者，與物爲體，微而顯，誠之不可掩也。
世之談學者，或謂静中易至頹墮，須就動上磨鍊；或謂動上易至蕩摇，須就静中攝養；或謂久涉塵勞，慮其
逐動而易於淪没；久處山林，慮其耽静而易於枯槁；須動静交參，始不滯於偏見。夫根有利鈍，習有淺深，
學者各安分量，或動上磨鍊，或静中攝養，或動静中交參。譬之地中生木，但得生意不息，和風旭日，固所以
爲煦育，嚴霜凍雪，亦所以爲堅凝。以漸而進，惟求有益於得，及其成功一也。此權法也。聖學之要，以無
欲爲主，以寡欲爲功。寡之又寡，以至於無，無爲而無不爲。寂而非静，感而非動，無寂無感，無動無静，明
通公溥，而聖可幾矣。此實際也。竊念吾之一身，不論出處潛見，當以天下爲己任。伊尹先得吾心之同然，
非意之也。古之欲明明德於天下，最初立志便分路徑。入此路徑便是大人之學，外此便是小成曲學。先師
萬物一體之論，此其胚胎也。吾人欲爲天地立心，必其能以天地之心爲心；欲爲生民立命，必其能以生民
之命爲命。今吾所謂心與命者，果安在乎？不要錯會 識得此體，方是上下與天地同流，宇宙内事皆己分内事，方是
一體之實學，所謂大丈夫事，小根器者不足以當之。孔孟之汲汲皇皇，席不煖，轍不停，若求亡子於道，豈其
得已也哉？「天下有道，丘不與易」「如欲平治天下，舍我其誰」，非過於自任，分定故也。區區不足道，食飲

動息，混迹隨時，只是世間項輩人，妄意古人之學。此一路徑，似出天牖，與人爲善一念，根於所性，不容自已，予亦不知其何心也。所望吾子，終始此志，出頭擔負，共臻大業，務答諸同志倚待之心，方是不求温飽做人的勾當，方是不愧屋漏、配天地、宰萬物的功程。了此一事，何事不辦？真不係今與古、己與人也。珎重珎重！

與陽和張子問答

問：「良知不分善惡，竊嘗聞之矣。然朱子云『良者，本然之善』，恐未爲不是。『繼之者善』，孟子道『性善』，此是良知本體。顔子『有不善未嘗不知』，即良知也；『知之未嘗復行』，即致良知也。學者工夫，全在于知善知惡處爲之力、去之決，如好好色，如惡惡臭，必求自慊而後已，此致知之實學也。若曰『無善無惡』，又曰『不思善，不思惡』，恐鶻突無可下手，而甚者自信自是，以妄念所發皆爲良知，人欲肆而天理微矣。請質所疑。」

「性無不善，故知無不良。善與惡，相對待之義。無善無惡是謂至善，至善者心之本體也。性有所感，性亦無善無惡，所感亦無善無惡，亦無性、亦無本體、亦無知不知。善惡始分，本體之知未嘗不知也。致其本體之知，去惡而爲善，是謂格物。知者寂之體，物者感之用，意者寂感所乘之機也。毋自欺者，不自欺其良知也。如好好色，如惡惡臭，良知誠切，無所作僞也。真致良知，則其心常不足，無有自滿之意，故曰此之謂自慊。纔有作僞，其心便滿假而傲，不誠則無物矣。知行有本體，有工夫。良知良能是知行本體。顔子『有不善未嘗不知，知之未嘗復行』，皆指功夫而言也。人知未嘗復行爲難，不知未嘗不知爲尤難。顔子心如明鏡止水，纖塵微波，纔動即覺，纔覺即化，不待遠而後復，所謂庶幾也。若以未嘗不知爲良知，未嘗復行爲致良知，以知爲本體，行爲工夫，依舊是先後之見，非合一本旨矣。『不思善，不思惡。』❶

（良）〔龍〕惕之説，予嘗有書商及此事，今述其大略以請。彭山深懲近時學者過用慈湖之弊，謂『今之論心者，當以龍，不以鏡，惟水亦然』。夫人心無方體，與物無對，聖人不得已取諸譬喻，初非可以比而論也。水鏡之喻，未爲盡非。無情之照，因物顯象，應而無迹，過而不流，自妍自媸，自去自來，水鏡無與焉。蓋自然之所爲，未嘗有欲也。着虚之見，本非是學，在佛老亦謂之外道。只此着便是欲，已失其自然之用，吾儒未嘗有此也。又云：『龍之爲物，以警惕而主變化者也。自然是主宰之無滯，曷嘗以爲先哉？坤道也，非乾道也。』其意若以乾主驚惕，坤主自然。驚惕時，未可自然；自然時，無事驚惕；此是墮落兩邊見解。夫學當以自然爲宗。驚惕，自然之用。戒謹恐懼，未嘗致纖毫之力。有所恐懼，則便不得其正。此正入門下手工夫。自古體《易》者莫如文王，『小心翼翼，昭事上帝』，乃真自然；『不識不知，順帝之則』，乃真驚惕。乾坤二用，純亦不已，是豈可以先後而論哉？慈湖『不起意』之説，善用之未爲不是。蓋人心惟有一意，始能起經綸，成變化。意根於心，心無欲則念自一。一念萬年，無有起作，正是本心自然之用，艮背行庭之旨，終日變化而未嘗有所動也。可細細參玩，得其驚惕、自然之旨，從前所疑，將不待辯而釋然矣！」

問：「孔子教人，每每以孝弟忠信，而罕言命與仁。蓋『中人以下不可以語上』，故但以規矩示之，使有所執持，然後可以入道。大匠教人，必以規矩。若夫得心應手之妙，在乎能者從之而已。一貫之

❶ 此處少了一段問話，據《龍谿王先生全集》（明萬曆四十三年張汝霖校勘）本，問的是有關「乾坤皆聖學，何以有乾道坤道之别。」龍谿先生引彭山龍惕之書作解。

傳，自曾、賜而下無聞也。今良知之旨，不擇其人而語之，吾道不幾于褻乎？且使學者棄規矩而談妙悟，深爲可憂也。」

「大匠誨人必以規矩，然得手應心之妙，不出規矩之外，存乎人之自悟耳。孝弟忠信是孔子教人之規矩。孔子自謂子臣弟友之道有未能，而學以忠信爲主本，以此立教，亦以此徵學。然孝弟忠信，夫婦所能，及其至，聖人所不能，費而隱也。孔門之學，務于求仁，今日之學，務于致知，非有異也。春秋之時，列國分争，天下四分五裂，不復知有一體之義，故以求仁立教。自聖學失傳，學者求明物理於外，不復知有本心之明，故以致知立教。時節因緣使之然也。良知二字，是徹上徹下語。良知知是知非，良知無是無非。知是知非，即所謂規矩；忘是非而得其巧，即所謂悟也。中人上下，可語與不可語，亦在乎此。夫良知之旨，所謂中道而立，能者從之，非有所加損也。夫道，一而已矣。孔子與門弟子言，未嘗不在于一。及門之人，篤實莫如曾子，潁悟莫如子貢，二子能傳師教，故於二子名下標示學則，以見孔門教人之規矩，非曾、賜以外無聞也。孔子告曾子以一貫，及其語弟子，則示以忠恕之道，明忠恕即一貫也。子貢謂『夫子言性與天道，不可得而聞』，性與天道，孔子未嘗不言，但聞之有得與不得之異耳。棄規矩而談妙悟，自是不善學之病，非良知之教使之然也。」

問：「狂者行不掩言，亦只是過于高明、脱落格式之類耳，必無溺于汙下之事。鄉愿之忠信廉潔，謂之曰似，則非真忠信廉潔也。矯情飾僞，可以欺世俗，而不能逃於君子，襲取于外，而終無得于中，故曰『德之賊也』。若果所行真是忠信廉潔，則必爲聖人所取，何至病之若是耶？今以行不掩言者爲狂，而忠信廉潔爲鄉愿，則將使學者猖狂自恣，而忠信廉潔之行蕩然矣！請問其説。」

狂者行不掩言，只是過於高明、脱落格套，無溺於污下之事，誠如來教所云。夫狂者志存尚友，廣節而踈目，旨高而韻遠，不屑彌縫格套，以求容于世。其不掩處，雖是狂者之過，亦其心事光明特達，略無回護蓋藏之態，可幾於道。天下之過，與天下共改之，吾何容心焉？若能克念，則可以進于中行，此孔子所以致思也。若夫鄉愿，一生幹當，分明要學聖人。忠信廉潔是學聖人之完行，同流合污是學聖人之包荒。謂之似者，無得于心，惟以求媚于世，全體精神盡向世界陪奉，與聖人用心不同。

學人爲忠信，安得謂之真忠信？故以爲似也。

若矯情飾僞，人面前忠信廉潔，在妻子面前有些敗缺，妻子便得以非而刺之矣。謂之同流，不與俗相異，同之而已；謂之合污，不與世相離，合之而已。若自已有所污染，世人便得以非而刺之矣。

妙

聖人在世，善者好之，不善者猶惡之。鄉愿之爲人，忠信廉潔既足以媚君子，同流合污又足以媚小人，比之聖人局面更覺完美無滲漏。堯舜之聖，猶致謹于危微，常若有所不及。鄉愿傲然自以爲是，無復有過可改，故不可以入堯舜之道。似德非德，孔子所以惡之尤深也。三代而下，士鮮中行，得鄉愿之一肢半節，皆足以取盛名于世。究其隱微，尚不免致疑於妻子，求其純乎鄉愿且不易得，況聖人之道乎？夫鄉黨自好，與賢者所爲，分明是兩條路徑。賢者自信本心，是是非非一毫不從人轉換；鄉黨自好即鄉愿也，不能自信，未免以毀譽爲是非，始有違心之行、狥俗之情。虞廷觀人，先論九德，後及于事，乃言曰『載采采』，所以符德也。善觀人者，不在事功名義格套上，惟於心術微處密窺而得之。譬之秦鏡之燭，神奸自無所遁其情也。」

萬松會紀

少松滕子率學博諸生，會于萬松仰聖祠中，首舉《乾》「潛」之說，請闡其義。先生曰：「《乾》之六位皆乘

（妙）龍御天之學，時有始終，而德無優劣。『潛』之爲言，隱而未見。龍之德，伏地千年始見其天全也。吾人所積不厚，精神易於泄漏，才智易於眩露，汲汲然求見于世，只是不能潛，未免於易世成名之心，不足以達天德。遯世無悶，不見是而無悶，是二義。遯世而人以爲是，如神龍之蟄於淵，可望而不可即。有名可成，無悶爲易。遯世而人不以爲是，則非之者衆矣。或以爲僞，或以爲矯，甚或以爲取捷徑、圖速化。無復有名可成，無悶尤難。學至于無名，其至矣！妙妙！夫子自道也。古人論學，必以此爲極致。《中庸》曰『遯世不見知而不悔』，《語》曰『人不知而不愠』，皆此意也。《文言》曰：『潛龍勿用，陽在下也。』在下之陽，即《河圖》之天一，《洛書》之履一，一順一逆，造化顯藏之機，必如此而後爲潛龍之學也。」復問《蒙》「養」之義。先生曰：「蒙者穉也。『山下出泉，蒙』，解之者曰『静而清也』。大人者不失赤子之心。赤子無智巧，無技能，無算計，純一無僞，清静本然，所謂『蒙童』也。（妙）得其所養，復其清静之體，不以人僞害之，是爲聖功。大人通達萬變，是鑿竅於混沌，反以害之也。吾人學不足以入聖，只是不能蒙。知識反爲良知之害，才能反爲良能之害，計算反爲經綸之害。若能去其所以害之者，復還本來清静之體，所謂『溥博淵泉，以時而出』，聖功自成，大人之學在是矣。」大人通達萬變，正是左右逢原，混沌剖出。唯必以通達萬變爲聖人，乃是鑿竅於混沌也。

致知議略

徐生時舉將督學敬所君之命，奉奠陽明先生遺像於天真，因就予而問學。臨別，出雙江、東廓、念菴三公所書「贈言」卷，祈予一言，以証所學。三公言若人殊，無非參互演繹，以明師門致知之宗要。予雖有所言，亦不能外於此也。夫良知之與知識，差若毫釐，究實千里。同一知也，如是則爲良，如是則爲識；如是則爲德性之知，如是則爲聞見之知；不可以不早辨也。良知者，本心之明，不由學慮而得，先天之學也。知識則不能自信其心，未免假於多學億中之助而已，入於後天矣。良知即是未發之中，即是發而中節之和，此是千聖斬關第一義，所謂無前後内外、渾然一體者也。若良知之前別求未發，即是二乘沉空之學；良知之外別求已發，即是世儒依識之學。或攝感以歸寂，或緣寂以起感，受症雖若不同，其爲未得良知之宗，則一而已。爰述一得之見，釐爲數條，用以就正於三公，并質諸敬所君，且以答生來學之意。

獨知無有不良。不睹不聞，良知之體。顯微體用，通一無二者，此也。戒慎恐懼，致知格物之功，視於無形，聽於無聲，日用倫物之感應而致其明察者，此也。知體本空，（好）着體即爲沉空；知本無知，離體即爲依識。

《易》曰「乾知大始」，乾知即良知，乃渾沌初開第一竅，爲萬物之始。不與萬物作對，故謂之「獨」。以其自知，故謂之「獨知」。（甚好）乾知者，剛健中正，純粹精也。七德不備，不可以語良知。中和位育皆從此出，統天之學，首出庶物，萬國咸寧者也。

良知者，無所思爲，自然之明覺。即寂而感行焉，寂非内也；即感而寂存焉，感非外也。動而未形，有無之間，幾之微也。動而未形，發而未嘗發也，有無之間不可以致詰。此幾無前後，無内外。聖人知幾，賢人庶幾，學者審幾。故曰：「幾者，動之微，吉之先見者也。」知幾，故純吉而無凶；庶幾，故恒吉而寡凶；審幾，故趨吉而避凶。過之則爲忘幾，不及則爲失幾。忘與失，所趨雖異，其爲不足以成務均也。

顔子有「不善未嘗不知」「未嘗復行」，正是德性之知、孔門致知之學，所謂不學不慮之良知也。纔動即覺，纔覺即化，未嘗有一毫凝滯之迹，故曰「不遠復，無祇悔」。子貢務於多學，以億而中，與顔子正相反。顔子殁而聖學亡。子貢學術易於湊泊，積習漸染，至千百年而未已也。先師憂憫後學，將此兩字信手拈出，乃是千聖絶學。世儒不自省悟，反閧然指以爲異學而非之。夜光之珠，視者按劍，亦無怪其然也。

孔子曰：「吾有知乎哉？無知也。」言良知之外别無知也。鄙夫之空空與聖人之空空無異，故「叩其兩端而竭」。兩端者，是與非而已。空空者，道之體也。口惟空，故能辨甘苦；目惟空，故能辨黑白；耳惟空，故能辨清濁；心惟空，故能辨是非。世儒不能自信其心，謂空空不足以盡道，必假於多學而識以助發之，是疑口之不足以辨味而先漓以甜酸，目之不足以别色而先泥以鉛粉，耳之不足以審音而先淆以宫羽，其不至於爽失而眩瞶者幾希矣！

學，覺而已。自然之覺，良知也。覺是性體，良知即是天命之性。良知二字，性命之宗。格物是致知日可見之行，隨事致此良知，使不至於昏蔽也。吾人今日之學，謂知識非良知則可，謂良知外於知覺則不可；謂格物正所以致知則可，謂在物上求正，而遂以格物爲義襲則不可。後儒謂纔知即是已發，而别求未發之時，所以未免於動静之分，入於支離而不自覺也。

致知議辨

雙江全未，全未。

雙江子曰：「邵子云：『先天之學，心也；後天之學，迹也。』先天言其體，後天言其用。蓋以體用分先後，而初非以美惡分也。『良知是未發之中』，先師嘗有是言。若曰良知亦即是發而中節之和，詞涉迫促。寂，性之體，天地之根也，而曰非內，果在外乎？感，情之用，形器之迹也，而曰非外，果在內乎？抑豈內外之間，別有一片地界可安頓之乎？『即寂而感存焉，即感而寂行焉』，以此論見成，似也，若爲學者立法，恐當更下一轉語。《易》言內外，《中庸》亦言內外，今曰『無內外』；《易》言先後，《大學》亦言先後，今曰『無先後』。是皆以統體言工夫，如以百尺一貫論種樹，而不原枝葉之碩茂由於根本之盛大，根本之盛大由於培灌之積累，此鄙人『內外』『先後』之説也。『良知之前無未發，良知之外無已發』，似是渾沌未判之前語。設曰『良知之前無性，良知之外無情，即謂良知之前與外無心』，語雖玄而意則舛矣。尊兄高明過人，自來論學，只是混沌初生、無所污壞者而言，而以見在爲具足，不犯做手爲妙悟，以此自娱可也，恐非中人以下之所能及也。」

先生曰：「寂之一字，千古聖學之宗。感生於寂，寂不離感。舍寂而緣感謂之逐物，離感而守寂謂之泥虛。夫寂者，未發之中，先天之學也。未發之功，却在發上用；先天之功，却在後天上用。明道云：『此是日用本領工夫，却於已發處觀之。』康節《先天吟》云：『若説先天無箇字，後天須用着工夫。』可謂得其旨矣！先天是心，後天是意。至善是心之本體。心體本正，纔正心便有正心之病。纔要正心，便已屬於意。『欲正其心，先誠其意』，猶云舍了誠意更無正心工夫可用也。良知是寂然之體，物是所感之用，意則其寂感所乘之機也。知之與物，無復先後可分，故曰『致知在格物』。致知工夫在格物上用，猶云《大學》明德在親民上用，離了親民更無學也。良知是天然之則。格者正也，物猶事也，格物云者，致此良知之天則於事事物物也。物得其則謂之格，非於天則之外別有一段格之功也。前謂『未發之功只在發上用』者，非謂矯强矜飾於喜怒之末，徒以制之於外也。節是天則，即所謂未發之中也。中節云者，循其天則而不過也。養於未發之豫，先天之學是矣。後天而奉時者，乘天時行，人力不得而與。曰『奉』曰『乘』，正是養之之功。若外此而別求所養之豫，即是遺物而遠於人情，與聖門復性之旨爲有間矣。『即寂而感行焉，即感而寂存焉』，正是合本體之工夫，無時不感，無時不歸於寂也。若以此爲見成，而未及學問之功，又將何如其爲用也？寂非内而感非外，蓋因世儒認寂爲内、感爲外，故言此以見寂感無内外之學，非故以寂爲外、以感爲内，而於内外之間別有一片地界可安頓也。既云『寂是性之體』，『性無内外之分』，則寂無内外，可不辨而明矣。『良知之前無未發』者，良知即是未發之中，若復求未發，則所謂沉空也；『良知之外無已發』者，致此良知即是發而中節之和，若別有已發，即所謂依識也。語意似亦了然。設爲『良知之前無性，良知之後無情，即謂之無心』，而斷以爲混沌未判之前語，則幾於推測之過矣！公謂不肖高明過人，自來論學只從混沌初生、無所污壞者而言，而以見在爲具足、不犯做手爲妙悟，不肖何敢當？然竊窺立言之意，却實以爲混淪無歸着，且非污壞者所宜妄意而認也，觀後條於告子身上發例，可見矣。愚則謂良知在人，本無污壞，雖昏蔽之極，苟能一念自反，即得本心。譬之日月之明，偶爲雲霧之翳，謂之晦耳；雲霧一開，明體即見，原未嘗有所傷也。此原是人人見在具足，不犯做手本領工夫。人之可以爲堯舜，小人之可使爲君子，舍此更無從入之路、可變之幾，固非以爲妙悟而妄意自信，亦未嘗謂非中人以下所能及也。」若論實際，非但中人以下所不能及，雖聖人亦不能及。

雙江子曰：「《本義》云：『乾主始物，而坤作成之。』已似於經旨本明白。『知』字原屬下文，今提『知』字屬『乾』字，遂謂『乾知』爲良知，不與萬物作對爲獨知，七德咸備爲統天。《彖》曰：『大哉乾元，萬物資始，乃統天。』是以統天贊『乾元』，非贊『乾』也。及以下文照之，則曰『乾以易知，坤以簡能』，又以易簡爲乾坤之德，而知能則其用也。人法乾坤之德至於易簡，則天下之理得，而成位乎其中。他又曰：『夫乾，天下之至健也，德行恒易以知險；夫坤，天下之至順也，德行恒簡以知阻。』健順言其體，易簡言其德，知言其才，阻險言其變，能説能研言聖人之學，定吉凶、成亹亹言聖人之功用。六經之言，各有攸當，似難以一例牽合也。」

先生曰：「『乾知太始』，太始之知，混沌初開之竅，萬物所資以始。『知』之爲義本明，不須更訓『主』字。下文証之曰『乾以易知』，以『易知』爲『易主』，可乎？此是統天之學，贊元即所以贊乾，非二義也。其言以體以德、以才以變、以學以功用，雖經傳所有，屑屑分疏，亦涉意象，恐非易簡之旨，公將復以不肖爲混沌語矣！」

雙江子曰：「程子云：『不睹不聞便是未發之中，説發便屬睹聞。』獨知是良知的萌芽處，與良知似隔一塵。此處著功，雖與半路修行不同，要亦是半路的路頭也。致虛守寂方是不睹不聞之學，歸根復命之要。蓋嘗以學之未能爲憂，而乃謂偏於虛寂，不足以該乎倫物之明察，則過矣。夫明物察倫，由仁義行，方是性體自然之覺，非以明察爲格物之功也。如以明察爲格物之功，是行仁義而襲焉者矣。以此言自然之覺，誤也。其曰『視於無行，聽於無聲』，不知指何者爲無形聲而視之聽之？非以日用倫物之內，別有一箇虛明不動之體以主宰之，而後明察之。形聲俱泯，是則寂以主夫感，静以御乎動，顯微隱見，通一無二是也。夫子於《咸》卦特地提出虛寂二字，以立感應之本，而以『至神』贊之，蓋本卦之止而説，以發其蘊。二氏得之而絶念，吾儒得之以通感，毫釐千里之差，又是可見。」

先生曰：「公謂夫子於《咸》卦提出虛寂二字，以立感應之本，本卦德之止而悦，以發其蘊，是矣！而謂：『獨知是良知的萌芽』，『纔發便屬睹聞』，『要亦是半路修行的路頭』，『明察是行仁義而襲，非格物之功』，『致虛守寂，方是不睹不聞之學』，『日用倫物之内別有一箇虛明不動之體以主宰之，而後明察之，形聲俱泯』，似於先師致知之旨或有所未盡契也。良知即所謂未發之中，原是不睹不聞，原是莫見莫顯。明物察倫，性體之覺。由仁義行，覺之自然也。顯微隱見，通一無二，在舜所謂玄德。自然之覺，即是虚，即是寂，即是無形無聲，即是虚明不動之體，即爲《易》之藴。致者致此而已，守者守此而已，視聽於無者視聽此而已，主宰者主宰此而已。止則感之專，悦則應之至。不離感應而常寂然，故曰『觀其所感，而天地萬物之情可見矣』。今若以獨知爲發，而屬於覩聞，别求一箇虚明不動之體以爲主宰，然後爲歸復之學，則其疑致知不足以盡聖學之藴，特未之明言耳。其曰『二氏得之以絶念，吾儒得之以通感』，恐亦非所以議上乘而語大成也。」

雙江子曰：「兄謂『聖學只在幾上用功』，『有無之間是人心真體用，當下具足』，是以見成作工夫看。夫寂然不動者，誠也；感而遂通者，神也。今不謂誠神爲學問真工夫，而以有無之間爲人心真體用，不幾於舍筏求岸？能免望洋之嘆乎？誠精而明，寂而疑於無也，而萬象森然已具，無而未嘗無也；神應而妙，感而疑於有也，而本體寂然不動，有而未嘗有也。即是爲有無之間，亦何不可？老子曰：『無無既無，湛然常寂；常寂常應，真常得性；常應常定，常清浄矣。』則是以無爲有之幾，寂爲感之幾，非以寂感有無隱度其文，故令人不可致詰爲幾也。知幾之訓，《通書》得之《易傳》。子曰：『知幾其神乎！幾者，動之微，吉之先見者也。』即《書》之『動而未形，有無之間』之謂。《易》曰『介如石焉，寧用終日』，斷可識矣。此夫子之斷案也。蓋六二以『中正自守，其介如石』，故能不溺於豫。上交不諂，下交不瀆，知幾也。盱豫之悔，諂也；冥貞之疾，瀆也。幾在介，而非以不諂不瀆爲幾也。《易》曰：『憂悔吝者，存乎介。』介非寂然不動之誠乎？《中庸》曰『至誠如神』，又曰『誠則明』，言幾也。舍誠而求幾，失幾遠矣！内外先後、混逐忘助之病，當有能辨之者。」

先生曰：「周子云：『誠神幾，曰聖人。』良知者，自然之覺，微而顯，隱而見，所謂幾也。良知之實體爲誠，良知之妙用爲神。幾則通乎體用，而寂感一貫，故曰『有無之間者，幾也』。有與無，正指誠與神而言。此是千聖從入之中道，過之則墮於無，不及則滯於有，多少精義在，非謂以見成作工夫，且隱度其文，令人不可致詰爲義也。《豫》之六二，以『中正』自守，不溺於豫，故能觸幾而應，不俟終日而吉。良知是未發之中。良知自能知幾，非良知之外別有『介石』以爲之守，而後幾可見也。《大學》所謂『誠意』，《中庸》所謂『復性』，皆以慎獨爲要，獨即幾也。」

雙江子曰：「克己復禮、三月不違，是顔子不遠于復，竭才之功也。復以自知，蓋言天德之剛，復全於我，而非群陰之所能亂，却是自家做主宰定，故曰自知，猶自主也。子貢多識，億中爲學，誠與顔子相反，至領一貫之訓而聞性與天道，當亦有見于具足之體，要未可以易視之也。先師良知之教本於孟子。孟子言孩提之童，不學不慮，知愛知敬，蓋言其中有物以主之，愛敬則主之所發也。今不從事於所主，以充滿乎本體之量，而欲坐享其不學不慮之成，難矣！」總是不曾見得，故遂信不得。

先生曰：「顔子德性之知，與子貢之多學以億而中，學術同異，不得不辯，非因其有優劣而易視之也。先師良知之説倣於孟子，不學不慮，乃天所爲，自然之良知也。惟其自然之良，不待學慮，故愛親敬兄，觸機而發，神感神應。惟其觸機而發，神感神應，而後爲不學不慮，自然之良也。自然之良即是愛敬之主，即是寂，即是虛，即是無聲無臭，天之所爲也。若更于其中有物以主之，欲從事于所主，以充滿其本然之量，而不學不慮爲坐享之成，不幾于測度淵微之過乎？孟子曰：『凡有四端于我，知皆擴而充之，若火之始然，泉之始達。』天機所感，人力弗得而與，不聞于知之上，復求有物以爲之主也。公平時篤信白沙子『靜中養出端倪』與『欛柄在手』之説，若舍了自然之良，別有所謂『端倪』『欛柄』，非愚之所知也。吾人致知之學不能入微，未免攙入意見知識，無以充其自然之良，則誠有所不免。若謂自然之良未足以盡學，復求有物以主之，且謂覺無未發，亦不可以寂言，將使人併其自然之覺而疑之，是謂矯枉之過而復爲偏，不可以不察也。」

雙江子曰：「時人以夫子多學而識，知足以待問也，故凡問者必知焉。夫子不欲以知教人也，故曰：『吾有知乎哉？無知也。』至于告人，則不敢不盡。『有鄙夫問於我，空空焉無所知，我必叩兩端而竭焉。』兩端之竭，非知之盡者不能，於是見夫子待物之洪、教人不倦之仁也。今謂良知之外别無知，疑于本文爲贅，而又以空爲道體，聖人與鄙夫無異，則鄙夫已具聖人體段，聖人告之，但與其空，如稱顔子之『庶乎』，足矣，復何兩端之竭耶？心與耳目口鼻以空爲體，是也。但不知空空與虛寂何所别？」

先生曰：「空空原是道體。象山云『與有意見人説話最難入』，以其不空也。鄙夫之空與聖人同，故能叩其兩端而竭。蓋是非本心，人所固有，雖聖人亦增減他一毫不得。若有一毫意見填實，即不能叩而竭矣。心口耳目皆以空爲體，空空即是虛寂，此學脉也。」

雙江子曰：「『良知是性體自然之覺』，是也。故欲致知，當先養性。盍不觀《易》言蓍卦之神知乎？要聖人體《易》之功，則歸重於『洗心藏密』之一語。洗心藏密所以神明其德也。而後神明之用，隨感而應，明天道，察民故，興神物，以前民用，皆原於此。由是觀之，則致知格物之功當有所歸。日可見之云者，《易》言潛龍之學，務修德以成其身，德成自信，則不疑於所行，日可見於外也。潛之爲言也，非退藏於密之謂乎？知之善物也，受命如響，神應而妙，不待至之而自無不至。今曰『格物是致知日可見之行，隨在致此良知，周乎物而不過』，是以推而行之爲政，全屬人爲，終日與物作對，能免牽己而從之乎？其視性體自然之覺，何啻千里？兄謂『覺無未發，亦不可以寂言，求覺於未發之前，不免於動静之分，入於茫昧支離而不自覺』云云，疑於先師之言又不類。師曰：『良知是未發之中，寂然(太)〔大〕公的本體，便自能發而中節，便自能感而遂通。』感生於寂，和蘊于中，體用一原也。磨鏡種樹之喻，歷歷可攷，而謂之茫昧支離，則所未解。動静之分，亦原於《易》。《易》曰『静專動直』『静翕動闢』，周子曰『静無而動有』，程子曰『動亦定，静亦定』。周、程深於《易》者，一曰主静，一曰主定。又曰：『不專一，則不能直遂；不翕聚，則不能發散。是以廣大生焉。』廣大之生原於專翕，而直與闢則專翕之發也。必如此而後可以言潛龍之學。『愚夫愚婦之知，未動於意欲之時，與聖人同』，是也。則夫致知之功，要在於意欲之不動，非以周乎物而不過之爲致也。鏡懸於此，而物自照，則所照者廣。若執鏡隨物，以鑒其形，所照幾何？延平此喻，未爲無見。致知如磨鏡，格物如鏡之照，謬謂『格物無工夫』者以此。」

先生曰：「欲致其知，在于格物。若曰當先養性，良知即是性體自然之覺，又孰從而先之耶？《易》言蓍之神，卦之知。神知即是良知。良知者，心之靈也。洗心退藏於密，只是良知潔潔浄浄，無一塵之累，不論有事無事，常是湛然的，常是肅然的，是謂齋戒以神明其德。神知即是神明，非洗心藏密之後，而後有神知之用也。公云『致知格物之功，當有所歸』，良知即是神明之德，即是寂，復將何所歸乎？格物者，《大學》到頭實下手處，故曰『致知在格物』。若曰『格物無工夫』，則《大學》爲贅詞，師門爲剿説，求之於心，實所未解。理一而已。性則理之凝聚，心則凝聚之主宰，意則主宰之發動，知則其明覺之體，而物則應感之用也。天下無性外之理，豈復有性外之物乎？公見吾人爲格致之學者，認知識爲良知，不能入微、致其自然之覺，終日在應迹上執泥有象、安排湊泊，以求其是當，故苦口拈出虚寂話頭，以救學者之弊，固非欲求異於師門也。然因此遂斬然謂『格物無工夫』，雖以不肖『隨在致此良知，周乎物而不過』之説，亦以爲全屬人爲、終日與物作對、牽己而從之，恐亦不免於懲羹吹虀之過耳。寂是心之本體，不可以時言。時有動静，寂則無分於動静。濂溪云『無欲故静』，明道云『動亦定，静亦定』，先師云『定者心之本體，動静所遇之時』，静與定即寂也。良知如鏡之明，格物如鏡之照。鏡之在匣在臺可以言動静，鏡體之明無時不照，無分於在匣在臺也。

故吾儒格物之功，無間於動静。故曰『必有事焉』，是動静皆有事。廣大之生，原於專翕。專翕即寂也。直而闢即是寂體之流行，非有二也。自然之知，即是未發之中。後儒認纔知即是已發，而別求未發之中，故謂之茫昧支離，非以寂感爲支離也。致知之功，在意欲之不動，是矣。周乎物而不過，是性體之流行，便以爲意欲之動，恐亦求情之過也。」

雙江子曰：「仁是生理，亦是生氣。理與氣一也，但終當有別。告子曰『生之謂性』，亦是認氣爲性，而不知係於所養之善否。杞柳、湍水、食色之喻，亦以當下爲具足。『勿求於心，勿求於氣』之論，亦以不犯做手爲訬悟。孟子曰『苟得其養，無物不長；苟失其養，無物不消』，是從學問上驗消長，非以天地見成之息，冒認爲己有而息之也。仁者與物同體，亦惟體仁者而後能與物同之。『馭氣攝靈』與『定息以接天地之根』諸説，恐是養生家所秘，與吾儒之息未可强同，而要以收斂爲主，則一而已。」

先生曰：「仁是生理，息即其生化之元，理與氣未嘗離也。人之息與天地之息，原是一體相資而生。《陰符》有『三盜』之説，非故冒認爲己物而息之也。馭氣攝靈與呼吸定息之義，不可謂養生家之言而遂非之。方外私之以襲氣母，吾儒公之以資化元，但取用不同耳。公謂『仁者與物同體，亦惟體仁者而後能與物同之』，却是名言，不敢不深省也。」

雙江子曰：「息有二義，生滅之謂也。攻取之氣息，則湛一之氣復。此氣化升降之機，無與於學問也。予之所謂息者，蓋主得其所養，則氣命於性，配義與道，塞乎天地，生生之機也。《傳》曰：『虚者氣之府，寂者生之機。』今以虚寂爲禪定，謂非致知之旨，則異矣。佛氏以虚寂爲性，亦以覺爲性，又有皇覺、正覺、圓覺、明覺之異。佛學養覺而嗇於用，時儒用覺而失所養，此又是其大異處。」

先生曰：「性體自然之覺，不離倫物感應，而機常生生。性定則息自定，所謂盡性以至于命也。虚寂原是性體，歸是歸藏之義，而以爲有所歸，與生生之機微若有待，故疑其入于禪定，佛家亦是二乘証果之學，非即以虚寂爲禪定也。『佛學養覺而嗇於用，時儒用覺而失所養』，末流之異則然，恐亦非所以別儒佛之宗也。」

格物問答原旨 答敬所王子

展誦來教，承示格物問答，拈出無欲二字爲聖學第一義，足知良工爲道苦心。此原是濂溪主静無欲派頭，然即以格物訓作無欲，與先師格物宗旨似尚未契。請先發明師門格物之説，然後兄之云云，可從而質也。

格物之物，是意之用處，無意則無物矣。後儒格物之説，未有是意，先有是物，必須用持敬工夫以成其始。及至反身而誠，又須用持敬工夫以成其終。《大學》將此用工要緊字義失下，待千百年後方纔拈出，多見其不自量也已。夫實心之謂誠，誠則一；一心之謂敬，一則誠；非兩事也。既説誠意，則不須復説持敬，而敬在其中矣。故曰「合之以敬而益綴」。《大學》誠意以下皆有傳，而不傳致知格物，非有缺也。誠意之好惡即是物，如好好色、如惡惡臭即是格物。毋自欺也，不自欺其良知也。慎獨即是致知。慎獨工夫在好惡上用，是謂致知在格物。知是寂然之體，物是所感之用，意是寂感相乘之機。非即其物而格之，則無以致其知。致知格物者，誠意之功也。《大學》之要，誠意盡之矣。故曰「補之以傳而益離」。格物是聖門第一段公案。「致知在格物」，謂不離倫物感應以致其知也。「天生蒸民，有物有則。」良知是天然之則，物是倫物感應之實事。如有父子之物，斯有慈孝之則；有視聽之物，斯有聰明之則。倫物感應實事上，循其天則之自然，則物得其理矣。是之謂格物。

來教謂：「諸生所問，惡外物且不可，况欲格而去之？」亦是善問。兄必欲以無欲證之，謂「指惡外物之物，爲父母人倫亦在其中，非吾所謂專以爲物欲者也。無欲須於人倫事物上磨，豈可與惡外物之物同乎」云云，是以一物爲兩觧，反成纏繞。若如先師本旨，人倫事物之物即惡外物之物，本非二義。在人倫事物上磨，格其不正以歸於正，正是無欲工夫。舜明於庶物之物，即是格物之物。謂之明者，致其良知而無所蔽也。兄徑以物字作欲字看，從古無此訓釋。《易》曰「乾，陽物也；坤，陰物也」，曰「復，小而辨于物」，曰「言有物」，曰「精氣爲物」，《記》曰「以鄉三物教萬民」，《中庸》曰「誠者物之終始」，曰「爲物不貳」，皆未嘗以物爲欲也。即如孟子所謂「物交物」，語意在引之然後爲欲，亦未嘗即以物訓欲也。即如顔子「非禮勿視、勿聽」，視聽，物也；非禮之視聽，方謂之欲；勿視勿聽，正是克己無欲工夫，亦非并視聽爲欲，而欲格去之也。克是修治之義，克己猶云修己，未可即以己爲欲。克己之己即是由己之己，本非二義。兄援爲一章兩觧之義，謂克己之己不礙由己之己，無欲之物不礙本末之物。夫己無二義，物無兩觧，虚心善觀，本自明白。兄提得無欲話頭煞緊，隨處與他襯貼，故執見未肯盡捨耳。

與存齋徐子問答

存齋徐子曰：「公既高年，階明歲八十矣，今忽忽作别，恐後會難必，將遂虚度此生，何以見教？」

先生曰：「吾人年入榆暮，後來光景無多，隨身資糧作何幹辦？一念相應，即無生死，縱未能超，亦任之而已。公静中所得，幸一一見教，庶不辜此行也。」

徐子曰：「竊謂人之良知，無聖無凡，無古無今。但能存此，即隨身資糧具足，何勞更辨幹？亦何生死之不可超？佛家所謂常住法身者也。吾人年雖已入暮，然一息尚存，此志不宜少懈。請各於此加勉，何如？」說得好聽，不知蹉了多少。

先生曰：「良知本來具足，本無生死。但吾人將意識承受，正是無始以來生死之本，不可不辨也。望我公密察，弗將魚目混珠，吾道之幸也。」頂門一針

徐子曰：「知與識，吾人誠未能明辨，但其病根却緣只以良知作談論，而不曾實致其知。譬如屨人不曾蓄有本珠，故遂以魚目爲珠耳。今請更爲後學發明致知工夫，何如？」又要責人去了。且顧自己，莫管後學。

先生曰：「良知無知，識則有分別。譬如明鏡照物，鏡體本無黑白，而黑白自辨，乃照之用也。以照爲明，奚啻千里？若直下認得無知本體，百凡應感，一照而皆真，方不落生死，不是識神用事。」頂門一針

徐子曰：「鏡體本瑩，故黑白自辨。若鏡爲塵垢所蔽，須用力刮磨，以復其本體。刮磨正是致知工夫。苟執『非樹非臺』之説，只懸空談能辨黑白，恐終無益。而即其談處，先已落想像推測，日汩没於識而不自知矣！」

先生曰：「致知正是去垢工夫，不落想像推測。若我公見教，誠後學通病，不可不深省。『非樹非臺』，不是説了便休，然須認得本來無物宗旨，自無塵埃可惹。終日行持，只復此無物之體。若此外加一毫幫補湊泊，終日勤勞，祇益虛妄而已。」頂門又一針

徐子曰：「我公見教：『終日行持，只是復此無物之體。』甚善，甚善！蓋工夫、本體原非二物，故無二用。若以工夫可無，則本體畢竟不可復，而當應用之時，不免求助於幫補湊泊矣。」

先生曰：「某所請教，不是謂工夫爲可無。良知不學不慮。終日學，只是復他不學之體；終日慮，只是復他不慮之體。無工夫中真工夫，非有所加也。工夫只求日減，不求日增。減得盡，便是聖人。後世學術，正是添的勾當，所以終日勤勞，更益其病。果能一念惺惺，冷然自然，窮其用處，了不可得。此便是究竟語。」又一針

答五臺陸子問

萬曆庚辰春，先生遇五臺陸子於嘉禾舟中，謂曰：「八十老儂，生死一念，比舊較切。究明此學，共證交脩，同心之願也。」陸子因舉大慧謂「若要徑截理會，必須看箇趙州『狗子無佛性』話頭，得這一念子，啐地折，曝地破，方了得生死，方名悟入。將妄想顛倒底心、思量分別底心、好生惡死底心、知見觧會底心，一時按下。只以話頭爲柱杖，不得將心等悟，不得作道理會，不得向舉處承當，不得向擊石火閃電光處會，不得向意根下卜度，不得向揚眉瞬目處躱根，不得向語路上作活計，不得向文字中引證，不得颺在無事甲裏，直得無所用心，心無所用時，無聊賴時，莫怕落空。能知得怕者是誰？心頭熱慌慌，轉覺迷悶，到這裏却是好消息，不得放歇，提撕來提撕去，忽然囟地一聲，便見倒斷也」，此是大慧老婆心切，拖泥帶水，破生死之利刀，舍此更無可用力處。先生曰：「予舊曾以持話頭公案質於先師，謂此是古人不得已權法。釋迦主持世教無

此法門，只教人在般若上留心。般若，所謂智慧也。嗣後，傳教者將此事作道理知觧理會，漸成義學。及達磨入中國，不立文字，直指人心，見性成佛，從前義學，盡與刊下。傳至六祖以後，失其源流，復成義學。宗師復立持話頭公案，頓在八識田中，如嚼鐵酸餡，無義路可尋討，無知觧可湊泊，使之認取本來面目、圓滿本覺真心。因病施藥，未嘗有實法與人，善學者可以自悟矣！」先生因扣陸子：「看話頭與致良知公案，是同是別？」陸子曰：「若要了生死，必須看話頭；若只守定致良知，再得八九十年也了不得。」（也是箇狠人！）先生曰：「此盡言苦心也。今將先師『知』之一字作趙州無事話頭，日用應酧，時時不昧此一點靈明，不作知觧想，不作道理會，亦不從知上躲根，亦不作玄妙領略，此便是了了常知宗派否？」陸子曰：「公舍不得致良知，四五十年精神流注在此，已有師承，且了世間法，幹經世事業。（一發狠了）若要了生死、出世間事，必須看話頭，方是大超脱勾當。二者不相和會，君請擇於斯二者。」先生曰：「世出世法，本非兩事，在人自信自悟，亦非和會使之一也。若教誨我致良知功夫欠誠一真切，未免落知觧，涉義路，未能脱得凡心，尚以分别爲知，未曾復得無知本性，不敢不自力。若要舍致良知，另看箇『無』字話頭，真是信不及。且持話頭只爲要見般若本覺真心，良知即是智慧，無有二法。若教舍了良知，所持又何事耶？」陸子因請問致良知功夫。先生默然良久，曰：「子信得良知未深，不曾在一念入微切己理會，故以爲有二法。且子自信看話頭，果得專精綿密、無滲漏否？今年已六十，亦該着緊時候，可得時刻堅持，打成一片，精神融結，無間斷否？一切凡心習氣之萌，能以無事話頭頓放在何處？若以爲功夫未熟，還須從根上究竟光明種子，以求全體超脱，未可專以熟不熟爲觧也。《金剛》《楞嚴》有四相，有四病：妄認四大爲我相，離我視他爲人相，所憎爲衆生相，所愛爲壽者相；有作、有止、有任、有滅爲四病。四相不出人我愛憎，四病不出有爲能所。凡動氣時，皆是我相未忘，未離四病，學道人未了公案。古云『打破虚空爲了當』，不可以不深省也。先師良知兩字，是從萬死一生中提掇出來，誠千聖秘密藏，善學者自得之可也。」陸子曰：「宋之儒者，莫過於濂溪、明道，只在人天之間，亦未出得三界。欲界爲初禪，色界爲二禪，無色界爲三禪。雖至非非想天，尚住無色界内。四禪始爲無欲阿羅漢，始出三界。天人不足言也。」先生曰：「此事非難非易，三界亦是假名，總歸一念。心忘念慮，即超欲界；心忘境緣，即超色界；心不着空，即超無色界。出此則爲佛乘，本覺妙明，無俟於持而後得也。先師謂『吾儒與佛學不同，只毫髮間，不可相混』，子亦謂儒佛之學不同，不可相混。其言雖似，其旨則别。蓋師門歸重在儒，子意歸重在佛。儒佛如太虚，太虚中豈容説輕説重、自生分别？子既爲儒，還須祖述虞周，效法孔顔，共究良知宗旨，以篤父子，以嚴君臣，以親萬民，普濟天下，紹隆千聖之正傳。儒學明，佛學益有所證。將此身心報佛恩，道固並行不相悖也。」

卓吾先生批評龍谿王先生語録鈔卷三

卓吾先生批評龍谿王先生語録鈔卷四

新安後學　吴可期　吴可善　校正

南遊會紀

萬曆癸酉，冏卿漸菴李子、五臺陸子緘詞具舟，迎先生爲南滁之會。先生乃以穐杪發錢塘，達京口。適冢宰元洲張子北上，泊舟江壖，過訪舟中，云：「嘉靖丁亥，陽明先師赴兩廣，至省拜謁，與聞良知之訓，教人立必爲聖人之志，親師取善，讀書講學以輔成之。何等明快切實！」先生因以從祀之議，屬之贊成。張子曰：「此事出於天下公論，當贊决題覆。」且云：「留都行時，有一卿長以兩事見教：一止奔競，一抑僞學。瀞謂：『奔競本須抑，只如不肖散部遠臣，聖朝一時誤用，豈奔競所能及？若僞學，是何等名號，宋事可鑒。但當虚心以賢不肖定人品。若欲以是概之，是欲抑而反揚，非所以自愛也。』」翼日走全椒，訪南玄戚子之廬，諸友數十人迎會於南譙書院。先生舉戚子嘗有「一念超三界」之説：「一念不涉塵勞，即超欲界；（好好）一念不滯法象，即超色界；一念不住玄解，即超無色界。與大衆相别多年，所作何務？念念與塵勞作伴侶，欲界且不能超，況色界與無色界乎？」衆中聞之惕然。

兩峰孟子問大丹之要。先生曰：「此事全是無中生有，一毫渣滓之物用不着。譬之蜣螂轉丸，丸中空處一點虛白，乃是蜣螂精神會聚所成，但假糞丸爲之地耳。虛白成形而蜣螂化去，心死神活，所謂脱胎也。此是無中生有之玄機，先天心法也。養生家不達機竅，只去後天渣滓上造化，可爲愚矣。」

好

或問先生曰：「佛老之學有體而無用，申韓之學有用而無體，聖人之學體用兼全，何如？」先生曰：「此説似是而非。佛老自有佛老之體用，申韓自有申韓之體用，聖人自有聖人之體用。天下未有無用之體、無體之用，故曰：『體用一原』。」

或問：「白沙教人『静中養出端倪』，何如？」先生曰：「端即善端之端，倪即天倪之倪。人人所自有，然非静養則不可見。宇泰定而天光發，此端倪即所謂欛柄，方可循守。不然，未免茫蕩無歸，不如直指良知真頭面，尤見端的。無動無静，無時不得其養，一點靈明照徹上下，不致使人認光景意象作活計也。」

或問：「『行不著，習不察』，舊説『著』是知其所當然，『察』是識其所以然，何如？」先生曰：「此後世之學，專在知識上求了。著是《中庸》形著之著，察是《中庸》察乎天地之察。乃身心真實受用，終身由之，不知其道，即百姓日用而不知也。若只在知識尋求，於身心有何交涉？」

相師，好好好！

友人述上蔡講一部《論語》，證以「師冕」一章之義，請問。先生曰：「一部《論語》，爲未悟者説，所謂相師之道也。故曰及階及席，某在斯，某在斯，一一指向他説。若爲明眼人説，即成剩語，非立教之旨矣。」

先生曰：「千聖同堂而坐，其議論作爲必不能盡同，若其立命安身之處，則有不容毫髮差者。」

或曰：「人議陽明之學亦從葱嶺借路過來，是否？」先生曰：「非也。非惟吾儒不借禪家之路，妙妙 禪家亦不借禪家之路。昔香嚴童子問潙山西來意，潙山曰：『我説是我的，不干汝事。』終不加答。後因擊竹證悟，始禮謝禪師。當時若與説破，豈有今日？故曰：『丈夫自有冲天志，不向如來行處行。』豈惟吾儒不借禪家之路？今日良知之説，人孰不聞？却須自悟，始爲自得。自得者，得自本心，非得之言也。聖人先得我心之同然，印證而已。若從言句承領，門外之寶，終非自己家珎。人心本來虚寂，原是入聖真路頭。虚寂之旨，羲黄姬孔相傳之學脉。又説三教一樣。儒得之以爲儒，禪得之以爲禪。固非有所借而慕，亦非有所托而逃也。」

五臺陸子問二氏之學。先生曰：「二氏之學與吾儒異，然與吾儒並傳而不廢，蓋亦有道在焉。均是心也，佛氏從父母交媾時提出，故曰『父母未生前』，曰『一絲不掛』，而其事曰『明心見性』；道家從出胎時提出，故曰『囫地一聲，泰山失足』，『一靈真性既立，而胎息已忘』，而其事曰『修心煉性』；吾儒却從孩提時提出，故曰『孩提知愛知敬』，『不學不慮』，曰『大人不失其赤子之心』，而其事曰『存心養性』。夫以未生時看心，是佛氏頓超還虚之學；以出胎時看心，是道家煉精氣神，以求還虚之學。良知兩字，範圍三教之宗。良知之凝聚爲精，流行爲氣，妙用爲神，無三可住，良知即虚，無一可還。此所以爲聖人之學。若以未生時兼不得出胎，以出胎時兼不得孩提，孩提舉其全。天地萬物，經綸參贊，舉而措之。而二氏之所拈出者，未嘗不兼焉，皆未免於臆説。或强合而同，或排斥而異，皆非論於三教也。」又説三教一樣。

或問先天後天之旨。先生曰：「先天之學，天機也。邵子得先天而後立象數。而後世以象數爲先天之學者，非也。莊子曰『於庖丁得養生焉』。夫目無全牛，非脉理衆解之謂也。故曰『官知止而神欲行』。大約謂知天機者，見在物先。猶言見天地萬物變化生死之關鍵，在吾目中，猶庖丁見牛脉理之明也。故曰『邵子竊弄造化』。『一陰一陽之謂道』，冲漠無朕之初也；『繼之者善』，先天流行之氣也；『成之者性』，則人物受之以生，後天保合居方之質也。然雖各一其性，而所謂道與善者，未嘗不具于其中，非後天之外別有先天也。道即陰陽冲和之本體，繼善則其生生不息之真機。聖人説造化，只從人身取證，故曰『近取諸身』，非空説造化也。孟子性善之論，蓋本諸此。人能知性善而完復於道，則聖可幾矣。顧中人以識取之，衆生以欲渾之。以識取之，則『仁者見之謂之仁，知者見之謂之知』；以欲渾之，則『百姓日用而不知』。故曰『君子之道鮮矣』。」

善説佛法

陸子舉佛經「地水火風，四大假合而生，四大分離而死」請問。先生曰：「不待生死界頭始知，即見在一念便可證取。世人妄認四大爲身，故有生死相。一念偪塞便是地來礙，一念流浪便是水來浸，一念躁妄便是火來焚，一念掉舉便是風來飄。若一念明定，不震不驚，當下超脱，不爲四大所拘管，本無離合，寧有死生之期？方不負大丈夫爲此一大事出世一番也。」

或問老氏三寳之説。先生曰：「此原是吾儒《大易》之旨，但稱名不同耳。慈者，仁也，與物同體也；儉者，嗇也，凝聚保合也。不敢爲天下先者，謙冲禮卑也。慈是元之亨，儉是利貞之性情，無爲之先是用九之無首。故曰『老子得《易》之體』。」

洞山尹子舉陽明夫子語莊渠「心嘗動」之説，有諸？先生曰：「然。莊渠爲嶺南學憲時，過贛，先師問：『子才，如何是本心？』莊渠云：『心是常静的。』先師曰：『我道心是常動的。』莊渠遂拂衣而行。末年，予與荆川請教於莊渠，莊渠首舉前語，悔當時不及再問。因究其説。予曰：『是雖有矯而然，其實心體亦原是如此。天常運而不息，心常活而不死。動即活動之義，非以時言也。』因請問『心常静』之説。莊渠曰：『聖學全在主静。前念已往，後念未生，見念空寂。既不執持，亦不茫昧，静中光景也。』又曰：『學，有天根，有天機。天根所以立本，天機所以研慮。』予因請問：『天根與邵子同否？』莊渠曰：『亦是此意。』予謂：『邵子以一陽初動爲天根，天根即天機也。天根、天機不可並舉而言。若如此分疏，亦是静存動察之遺意。悟得時，謂心是常静亦可，謂心是常動亦可；謂之天根亦可，謂之天機亦可。心無動静。動静，所遇之時也。』」

或問：「所論致知格物之義，尚信未及。」先生曰：「有諸己，方謂之信。子試驗看，日逐應感，視聽喜怒，那些不是良知覺照所在？良知即天，良知即帝。顧天之命者，顧此也；順帝之則者，順此也。人生一世，只有這件事。得此欛柄入手，方能獨往獨來，自作主宰，不隨人悲笑，方是大豪傑作用也。」

謝子問未發之旨。先生曰：「此是千聖秘密藏，不以時言。在虞廷謂之道心之微，不與已發相對。微是心之本體。聖人不能使之著，天地亦不能使之著，所謂無聲無臭是也。若曰微者著，即落聲臭，非天載之神矣。吾人之學，須時時從此緝熙保任，方是端本澄源之學。勃然沛然，自不容已。若只從意識見解領會，轉眼還迷，非一得永得也。」

李子問顔子屢空之義。先生曰：「古人之學，只求日減，不求日增。減得盡便是聖人。一點虚明，空洞無物，故能備萬物之用。聖人常空。顔子知得減擔法，故『庶乎屢空』。子貢、子張諸人便是增了。顔子在陋巷，終日如愚，説者謂與禹稷同道。吾人欲學顔子，須盡舍舊見，將從前種種閙嚷伎倆盡情抛捨，學他如愚，默默在心地上盤桓，始有用力處。故曰『爲道日損』。若只在知識聞見上拈弄，便非善學。」問曰：「然則廢學與聞見，方可以入聖乎？」先生曰：「何可廢也？須有箇主腦。古今事變無窮，得了主腦，隨處是學。多識前言往行，所以畜德，畜德便是致良知。舜聞善言，見善行，沛然若决江河，是他心地光明，圓融洞徹，觸處無礙，所以謂之大知。不是靠聞見幫補些子。此千聖學脉也。」

華陽明倫堂會語

句曲邑令丁子禮原請於陽山宋子，迎先生至。集諸生百數十人，大會於明倫堂。宋子目諸生曰：「求經師易，求心師難。今日之會，亦非偶然。學而後有問。諸生不能問，知未嘗學也。」因相繼以請。紀其答問如左云。

先生曰：「五教之敷，肇於虞廷。人生在世，上下則爲君臣父子，左右則爲長幼朋友，内外則爲夫婦，未嘗一日不與人交接，不能逃諸虚空。在父子則有親，在君臣則有義，在夫婦、長幼、朋友則有序、别、信，是爲五品人倫，天下之達道，不可須臾離也。三代之學，皆所以明人倫。上以此爲教，下以此爲學，而無有外物之遷、多岐之惑，所以人人親其親、長其長，而天下自平也。教弛學絶，民不興行。雖以明倫名堂，學者遷於外物，惑於多岐，惟務於記誦詞章之習，以梯進取、媒利禄，名與實相悖而馳，漫然以爲學止此矣，而不復知有明倫之事、心性之求。間有以心性之説招之來歸者，鬨然指爲異學，將落吾事。若是而求風俗之美，追隆三代，不可得也。所幸良知在人，千古一日。父兄愛敬，由於所性之固有。聞吾明倫之説，將有憬然而悔、翻然而悟，沛然若决江河而莫之禦者矣！」

諸生請問知行合一之旨。先生曰：「天下只有箇知。不行不足謂之知。知行有本體，有功夫。如眼見得是知，然已是見了，即是行；耳聞得是知，然已是聞了，即是行。要之，只此一箇知，已自盡了。孟子説『孩提之童，無不知愛其親，及其長，無不知敬其兄』，止曰『知』而已。知便能了，更不消説能愛能敬，本體原是合一。陽明先師因後儒分知行爲兩事，不得已説箇『合一』。知非見解之謂，行非履蹈之謂。只從一念上取證。『知之真切篤實即是行，行之明覺真察即是知。』知行兩字，皆指工夫而言，亦原是合一的。非故爲立説，以强人之信也。」

或問：「不學不慮之知，只可在孩提赤子時説。成人以後，有許多紛紜酧酢合幹的事，如何能得不學不慮？」先生曰：「此正是入聖脉路。學是學甚麽？慮是慮甚麽？學者，復得他不學之體而已；慮者，復得他不慮之體而已。故曰『殊途而同歸，百慮而一致』。直至不思而得，不勉而中，亦只是不失此赤子之初心而已。譬之種樹，雖至於參天合抱，亦只是不失他最初些子萌蘖之生，非能有加於毫末也。」

或問孔子答季路知生知死之説。先生曰：「此已一句道盡。吾人從生至死，只有此一點靈明本心，爲之主宰。知生即知死。一點靈明，與太虚同體，萬劫常存，本未嘗有生，本未嘗有死也。」

或問：「『進德居業』，先儒分心與事，作兩項觧，如何？」先生曰：「只是一事。此一段文言便是一部《大學》宗要。君子乾乾不息於誠，天德也。乾乾只是箇忠信之心，忠信所以達天德也。德不可以縣空去進，必有業次以爲之居。吾人終身功夫，只是言行。言是行之尤顯者，當下可見。修省言辭，所以立己之誠意，正是進德之業次。如要進場，即文字便是進場之業次，非有二也。此是正心誠意之事。然誠與不誠，只在一念良知上辨别。知至是良知，至之即是致良知。從一念入微處用力，故曰『可與幾也』。良知貫徹始終，終之是致知功夫不息，義是幾之安處。功夫不息，則時時不息其幾，故曰『可以存義也』。在上居下，不驕不憂，是與天地國家相感應，乾乾時惕之學也。」

宋子命坐中諸生誦「牛山之木」一章。誦畢，請曰：「夜氣之義何如？」先生曰：「此是爲喪其良心者，提出箇生機與人看。息是入聖路頭，如牛山萌蘖之生也。平旦虚明之氣，好惡與人相近，便是是非本心。養者養此虚明之體，不爲旦晝所牿亡也。所養之得失，係於所操之存亡，操存正是養心之法。操是操練、操習之操，非把持執定之謂。人心虚明湛然，其體原是活潑，豈容執得定？惟隨時練習，變動周流，或順或逆，或縱或横，隨其所爲，還他活潑之體，不爲諸境所碍，斯謂之存。若不知練習，牿於旦晝之所爲，斯謂之亡。譬之操舟，中流自在，原是舟之活體。善操者得此柁柄入手，游移前却，隨波上下，順逆縱横，自無所礙。若執定柁柄，不能前却，舟便不活。『出入無時，莫知其鄉』，正指活潑之體，神用無方，以示操心之的，非以入爲存、出爲亡也。」

或問志伊、學顔之義。先生曰：「士之處世，所重全在立志，遇與不遇非所論也。伊尹只是箇莘野耕叟，便以天下爲己任，匹夫匹婦有不被堯舜之澤，若己推而納諸溝中一般，何異狂語？蓋其萬物一體之心，原切於膚，不容自已。使其終身不遇，亦是窮困的阿衡；其聘而得遇，亦只是箇榮達的耕叟；非有加損也。吾人若無此志，到底只成自了漢，謂之小家當，非大人之學也。既有此志，必須學以充之。顔子一生好學，只有『不遷怒，不貳過』六箇字，此是孔門第一等學術。遷與止相對，貳與一相對。顔子之心常止，故能不遷；常一，故能不貳；所謂未發之中也。若如後儒所觧，原憲以下諸人皆能之，何以謂之絶學？」

先生曰：「天之生才，中人爲多，上智下愚，間可數也。方諸易道，上智爲吉，下愚爲凶，中人爲悔吝。上智下愚不可移。中人者，悔吝之機，可以趨吉，可以向凶。古人立教，皆爲中人而設。吾人今日之學，若欲讀盡天下之書，格盡天下之物，而後可以入道，則誠有所不能。苟只求諸一念之微，向裏尋究，一念自反，即得本心，吉凶趨避可以立決，人人可學而至，但患無其志耳。先師云：『下愚不移，不是不可移，只是不肯移。』不肯移，只是無志。果能此道，雖愚必明，雖柔必强，况中才之士乎！」

新安斗山書院會語

好

新安舊有六邑大會，每歲春秋，以一邑爲主，五邑同志士友從而就之。乙亥秋，先生由華陽達新安，郡守全吾蕭子出迎，曰：「先生高年，得無輿馬之勞乎？郡中士友相望久矣！」乃灑掃斗山書院，聚同志大會於法堂。凡十日而解。蕭子曰：「古云『一日暴之，十日寒之，未有能生者也』。吾師去此數年，今始辱臨，豈徒十日之寒而已乎！若是而求萌蘗之暢茂條達，不可得也。」

蕭子首舉《大學》請問，以爲《大學》一書，所重只在好惡兩字。先生曰：「然。好惡只在致良知。『是非之心，人皆有之』，所謂良知也。『毋自欺』者，不欺此良知而已。『如好好色，如惡惡臭』，求以自慊，意之誠也。好惡無所作，不使有所忿懥、有所好樂，心之正也。無作則無僻矣，身之修也。好惡公於家，好而知惡，惡而知美，家之齊也。好民所好，惡民所惡，不至拂民之性，國治而天下平也。」或問：「只致良知，可得平天下否？」先生曰：「此本易見，世人但玩而不自覺耳。

妙

『所惡於上』，謂之良知；『毋以使下』，即是致知。『所惡於下』，謂之良知；『毋以事上』，即是致知。前後左右皆然。上下四旁，均齊方正，此之謂絜矩之道。矩即所謂良知也。」

或問操存之義。先生曰：「心之得養與否，係於所操之存亡。操心正是養之法。操非執定之謂，乃操練之操也。人心湛然虚明，其體原是活潑，如何執得定？惟在隨時操練，復還活潑之體，不爲旦晝所牿，斯謂之存，反是則謂之亡。昨在華陽與諸生論及，曾以操舟爲喻，今復請以操兵爲喻。動於九天之上，藏於九地之下；微乎微乎，至於無形；神乎神乎，至於無聲；故能爲敵之司命。此操兵之法也。『出入無時，莫知其鄉』，正是活潑之體。神變無方，以示操心之的，故曰『惟心之謂與』。非以操爲入、舍爲出也。『變動不居，周流六虛』，若執定則爲典要，不可以適變矣。」

或問致虛之義。先生曰：「心爲神之所居，正以有那虛竅子。譬如鷄卵中，必有一點虛處，乃其生化之機。不虛則不能生矣。致虛雖是養生家修命之術，聖學亦不外此。所謂密機也。」

或問：「《易》之爲義，宋儒鮮爲隨時變易以從道，何如？」先生曰：「此只道得一半。日月爲易，一剛一柔。日秉陽精而明於晝，月秉陰精而明於夜。日月有精明之體，而後有隨時變易之用。希微玄虛，不可以形求。故曰『易無體』，所謂先天也。日月得天而能久照。剛柔所以立本也，變通所以趨時也。易即是道，謂之曰『從』，猶二之也。範圍曲成，通乎晝夜之道而知者，良知也。」

蕭子問夫子與點之意。先生曰：「天下事不喫人執定做得，必須淡然超然，若一毫無意於天下之事者，方能了得。深山之寶，得於無心；赤水之珠，索於罔象。故運甕者在甕外，以無用爲用也。三子皆欲得國而治，未免執定做去。曾點却似箇沒要緊的人。當三子言志時，且去鼓瑟，眼若無人。及至夫子問他，却舍瑟而對，説出一番無意味話：時值暮春，春服始成，三三兩兩，浴沂雩詠。其日用之常，一毫無所顧忌，狂態宛然。若是伊川見之，必在所擯斥。夫子反喟然嘆而與之，何異説夢？觀其應用之迹，未嘗有意爲三子，而三子規模隱然具於其中，且將超於政教禮樂之外。春服熙熙，即唐虞垂衣之治；童冠追隨，即百僚師讓之化；舞雩風詠，即明良賡歌之氣象。易地皆然，此千古經綸手段，所謂以無用爲用也。孟軻氏云：『天未欲平治天下，如欲平治天下，舍我其誰？』此其願學之志也。自聖學亡，此意不傳。漢唐宋許多豪傑，只了當得三子之所欲爲，尚未彀手。明道再見茂叔，『吟風弄月以歸』，庶幾近之。當時君臣，方且秉執《周禮》，毅然欲有所爲。雖知其賢而不能用，且天靳其年，不及需於大行，所謂世與道交喪也。」

或問生死輪迴有無之説。先生曰：「此是神怪之事，夫子所不語。力與亂分明是有，怪與神豈得謂無？但君子道其常，此等事恐惑人，故不以語耳。大衆中尤非所宜問，亦非所當答。」諸友請叩不已。先生曰：「人之有生死輪迴，念與識爲之祟也。念有往來。念者，二心之用，或之善，或之惡。往來不常，便是輪迴種子。識有分別。識者，發智之神，倏而起，倏而滅。起滅不停，便是生死根因。此是古今之通理，亦便是見在之實事。儒者以爲異端之學，諱而不言，亦見其惑也已。夫念根於心，至人無心則念息，自無輪迴；識變爲知，至人無知則識空，自無生死。爲凡夫言，謂之有可也；爲至人言，謂之無可也。道有便有，道無便無。有無相生，以應於無窮。非知道者何足以語此？」

好甚

或問：「『磨而不磷，涅而不緇』，先儒觧爲堅白不足，自試於磨涅，何如？」先生曰：「天下之堅莫如玉，天下之白莫如雪，未有不可得而緇磷者，以其有形有色，故不能免於污壞，所謂器也。夫子是從無處安身立命，心同太虛，超乎形色之外，故不可得而磷，不可得而緇，所謂不器也。故曰：『吾豈匏瓜也哉？』其旨微矣！當時三家以大夫而叛諸侯，佛肸以陪臣而叛大夫，其稱名借號，欲將國命挈而歸之公室，亦倡義之舉也。孔子欲往，亦隳三都之意。此是夫子反正之微權。知其勢不可行，故卒不往。豈門弟子之所能識也？」

或問：「灑掃應對便是精義入神，於義何居？」先生曰：「此一點靈明，所謂天之性也。率此則謂之道，修此則謂之教。灑掃應對是其致用之時也。時遇灑掃，不疾不徐；時遇應對，不阿不激。循其則而不過，是爲制事之義、宰物之神，皆靈明之妙應也。此易簡直截根源。譬之空谷之聲，自無生有，一呼即應，一應即止。前無所來，後無所往，無古今，無内外，炯然獨存。萬化自此而出，天以之清，地以之寧，日月以之明，鬼神以之幽，山川草木以之流峙開落，唐虞以之爲揖讓，湯武以之爲征誅。大之爲仕止進退，小之爲食息動静。仁人之所憂，智士之所營，百姓之所與能，盡此矣。所謂一點靈明者，良知也。精義入神者，致其良知之用也。外良知而知，謂之鑿；舍致知而學，謂之蕩。其機存乎一念之微。聖狂之分，罔與克之間而已。是爲虞廷精一之傳，孔門退藏之旨，千聖之學脉也。譬之眼際之毫，只緣太近，所以不見，可謂至微而顯者矣。」

龍南山居會語

定宇鄧子將北上，渡錢塘，訪先生于會稽。會宿龍南小居，陽和張子、康洲羅子與焉。中夜，鄧子擁衾問曰：「良知渾然虚明，無知而無不知。知是知非者，良知自然之用，亦是權法。執以是非爲知，失其本矣。」先生曰：「然哉！是非亦是分別相。良知本無知，不起分別之意，方是真是真非。譬之明鏡之鑑物，鏡體本虚，物之妍媸，鑒而不納，過而不留，乃其所照之影。以照爲明，奚啻千里？孟氏云：『是非之心，知之端也。』端即是發用之機。其云性善，乃其渾然真體，本無分別。見此方謂之見性，此師門宗旨也。」曰：「學貴自信自立，不是倚傍世界做得的。天也不做他，地也不做他，聖人也不做他，求自得而已。」先生笑曰：「如此狂言，從何處得來？儒者之學，崇效天，卑法地，中師聖人，已是世界豪傑作用。今三者都不做他，從何處安身立命？自得之學〔好〕，居安則動不危，資深則機不露，左右逢源則應不窮。超乎天地之外，立於千聖之表，此是出世間大豪傑作用。如此方是享用大世界，方不落小家相。子可謂見其大矣。達者信之，衆人疑焉。夫天積氣耳，地積形耳，千聖過影耳。氣有時而散，形有時而消，影有時而滅，皆若未究其義。予所信者，此心一念之靈明耳。一念靈明，從混沌立根基，專而直，翕而闢，從此生天生地，生人生萬物。是謂大生廣生，生生而未嘗息也。乾坤動靜，神智往來。天地有盡而我無盡，聖人有爲而我無爲。冥權密運，不尸其功，混迹埋光，有而若無。與民同其吉凶，與世同其好惡，若無以異於人者。我尚不知我，何有於天地，何有於聖人？外示塵勞，心遊邃古，一以爲龍，一以爲蛇，此世出世法也。非子之狂言，無以發予之狂見。只此已成大漏泄。若言之不已，更滋衆人之疑，默成之可也。」鄧子復叩曰：「康洲、陽和二子曾見此意否？曾得破除世界否？」先生曰：「康洲温而栗，陽和毅而暢；康洲如金玉，陽和如高山大川。但得循守隨身規矩，以天地爲法，以聖人爲師，時時不忘此念，便是世間豪傑作用。久久行持，水到渠成。自當有破除處，不須速説質明。」復相與爲蘭亭之遊，尋永和流觴故事，瞻拜陽明夫子墓，所以慰生平願慕之懷。鄧子復謂先生曰：「孔門惟顔子爲好學，止曰『不遷怒，不貳過』，其義何所當也？」先生曰：「顔子之學，只在理會性情。遷與止對，貳與一對。顔子心常止，怒即旋釋，故能不遷，猶無怒也。心常一，過即旋改，故能不貳，猶無過也。先師謂『有未發之中始能』。若後儒訓解，閔、憲以下皆能之，何以謂之絶學？」鄧子憮然曰：「如此方見古人之學。所以孔門注意如此之深，以爲『今也則亡，未聞好學者也』。」次日，鮮維而別。先生貽之書曰：「連日面承教議，如靜中所得甚深，所見甚大，然未免尚從見上轉換。此件事不是説了便休，須時時有用力處，時時有過可改，消除習氣，抵於光明，方是緝熙之學。此學無小無大，無内無外，言語威儀，所以凝道。密窺吾兄，感應行持，尚涉做作，有疎漏。若是見性之人，真性流行，隨處平滿，天機常活，無有剩欠，自無安排，方爲自信也。」

白雲山房問答

白溪王子偕諸友餞先生於白雲山房，先生曰：「予念諸友相與之情，不欲虚辱，古人於旅也語，况同志之會，可徒飲食相徵逐而已乎？古人立教，憤而後啟，悱而後發，迎其機也。機未動而語之，謂之强聒。君子五教，答問居一焉。辟如醫之治病，必須病者先述病原，知其標本所在，藥始中病，不爲徒發。望氣切脉，終不若自言之真也。」衆中因請問曰：「嘗聞之：『爲學只在理會性情』。請問理會性情之方。」先生曰：「此切問也。人生在世，雖萬變不齊，所以應之，不出喜怒哀樂四者。人之喜怒哀樂，如天之四時，温凉寒熱，無有停機。樂是心之本體，順之則喜，逆之則怒，失之則哀，得之則樂。和者，樂之所由生也。古人謂『哀亦是和』，不傷生，不滅性，便是哀情之中節也。」諸友復請曰：「程門上蔡十年去得一『矜』字，明道歎其善學。今覺性情不得中和，只是傲，傲生於客氣。傲，矜之别名也。敢問去傲之方？」先生曰：「此尤切問也。傲，凶德。纔傲，意氣便驕，聲色便厲，自處便高，視人便下，惟恐一毫喫虧受侮。丹朱與象之不肖，只是傲字結果一生。傲之反，爲謙。謙，德之柄也。處於君臣、父子、兄弟、朋友之間，惟知自反盡分，先意順承，忠信孝友，未嘗有一毫憤戾之態。《謙》之六爻無凶德，内止而外順也。客氣與主氣相對。譬如今日諸君作主，百凡自爲貶損。酒清，雖渴而不敢飲；餚豐，雖饑而不敢食。處於下位而不以爲屈，終日百拜而不以爲勞。

盡爲主之道也。若是爲客，未免易生彼我較計之心，氣便易盈，志便易肆，便有許多責辨人處。若常能爲主而不爲客，志氣自然和平。視人猶己，計較無從而生，不期謙而自謙矣。」諸友復請曰：「吾人見事舉業，得失營營，未免爲累，不能專志於學。將奈何？」先生曰：「是非舉業能累人，人自累於舉業耳。舉業、德業原非兩事。意之所用爲物，物即事也。舉業之事，不過讀書作文。於讀書也，口誦心惟，究取言外之旨，而不以記誦爲尚。於作文也，修辭達意，直書胸中之見，而不以靡麗爲工。隨所事以精所學，未嘗有一毫得失介乎其中，所謂格物也。其於舉業不惟無妨，且爲有助；不惟有助，即舉業爲德業，不離日用而證聖功，合一之道也。讀書譬如食味，得其精華，而汰其滓穢，始能養生。若積而不化，謂之食痞。作文譬如傳信，書其實履，而略其游談，始能稽遠。若浮而不切，謂之綺語。所謂無益而反害也。君子不貴也。」諸友復請曰：「吾人處世，未免身家之累。思前慮後，有許多未了勾當，未免累心。奈何？」先生笑曰：「此亦切問也。何不以不了了之？若知了心之法，隨身有無，隨家豐儉，安分量力，以見在日履，隨緣順應，有餘還有餘，不足還不足，一毫不起非望之想、分外之求。能了心，則身家之事一時俱了。若不能於了處了，只在身家事上討求完全稱意，日出事生，終身更無了期。天不滿西北，地不滿東南，日尚有昃，月尚有虧，造物且然。吾人苦苦要求滿足，亦見其惑矣。夫理會性情，是保攝元氣之道；消客氣，是祛邪之術；習舉業，是應緣之法；隨分了心，是息機養靜之方。皆助道法門也。區區賴師友之訓，志存尚友，頗知在性情上用功夫，窺見未發之旨。

非誇口

心氣稍稍和平，與人相接，惟見人好處，未嘗見人短處。見人之善，若己有之，惟恐其不得爲君子；見人之不善，若己浼之，惟恐其陷於小人。凡人以非禮相加，只知自反，常見己過，不敢以勝心浮氣加於人。雖惡人以暴横相臨，亦惟自反，必有所致之由，不敢作惡於人。見在料理身家，種種缺陷，皆作意安，常覺平滿，無有不足。消息盈虛，時乃天道，默窺造化貞勝之機，惟在虛以待之而已。諸君皆一日千里之足，區區非身爲教，但欲借此爲諸君助鞭影耳。」諸友復請曰：「越中豪傑如林，我輩此會，有指而非之者，有忌而阻之者，又有觀望以爲從違者，若之何而可孚衆人之情，不負先生之教也？」先生曰：「非者忌者，緣彼未曾在身心上理會。言雖過情，不足深咎。善學者聞之，莫非動忍增益之助。以舜之玄德，皋陶陳謨，尚擬以丹朱，戒以漫游傲虐，若命項輩然者，舜皆樂取而無違。此同人大智也。若觀望以爲從違，却更有説。此皆豪傑之輩，有志於此者，但恐因依不得其人，路頭差錯，爲終身之累耳。言念諸君平時雖不能無差謬，然皆可改之過，五倫根本，皆未有傷。譬之昨夢，只今但求一醒，種種夢事，皆非我有。諸君不必復追往事，只今立起必爲聖人之志。從一念靈明，日著日察，養成中和之體。種種客氣日就消滅，不爲所動；種種身家之事隨緣遣釋，不爲所累。時時親近有道，誦詩讀書，尚友千古。此便是大覺根基。或平時動氣求勝，只今謙下得來；或平時狥情貪欲，只今廉静得來；或平時多言躁競，只今沉默得來；或平時怠惰縱逸，只今勤勵得來。寖微寖昌，寖幽寖著，省緣息累，循習久久，脱凡近以遊高明，日臻昭曠。不惟非者忌者，漸次相協，其觀望以爲進退者，知其有益，自將翕然聞風而來，無復疑畏。是長養一方善根，諸君錫類之助也。若夫徒發意興，不能持有不可奪之志，新功未加，舊習仍在，徒欲以虛聲號召，求知於人，不惟非者忌者無所考德，一切觀望者不知所勸，亦生退心。譬諸夢入清都，自身却未離溷厠。斬截一方善根，在諸君亦不能辭其責也。」白溪謂諸友曰：「吾輩聞此警切之教，不覺動心。發明主氣客氣，尤爲聞所未聞。古云處貧難，處富易。僕藉遺資，似覺稍易。諸友不可不加勉也。」先生聞而喜曰：「白溪肯發此念，尤爲難得。雖然，『生於憂患，死於安樂』。富貴福澤，不過厚吾之生；貧賤憂戚，方能玉汝於成。大抵逆境常存戒心，順境易至失脚。在諸友固當勉，在白溪尤不可自忽也。」

書太平九龍會籍

予赴會水西，太平杜子質偕同志二十餘輩詣會所，請曰：「質昔聞先生之教，歸而約諸鄉，立會於九龍。始而至會者惟舉業子也，既而聞人皆可以學聖，合農工商賈皆來與會。兹幸先生至，敢請下教，以堅其約。」乃携貢子玄略、周子順之、吴子崇本、王子汝舟，從藍山歷寶峰以達九龍。會者長少餘三百人，鄉中父老亦彬彬來集，以一見爲快，學究及庵僧，先期俱有夢兆，以爲之徵。會三日，將出山，杜子請一言以示勸戒。予惟古者四民，異業而同道。士以誦書博習，農以力穡務本，工以利益器用，商以貿遷有無。人人各安其分，即業以成學，不遷業以廢學，而道在其中。程子有云：「吾於父子、兄弟、長幼、朋友之間，多少不盡分處。」知不盡分而後能安分，知安分而後能無過分之求。（古云：「玉不琢，不成器；人不學，不知道。」今日之會，諸友習染已久，豈敢便謂人人發有必爲聖人之志？但人生世間，却須了結此身，尋箇做人道路。連日與諸友所論説，無非提醒良知、保護性命之事。不起於意，不動於欲，不作蓋藏。一念靈明，便是入聖真種子，便是做人真面目。時時保守此一念，便是緝熙真脉路，無待於外求也。）❶

興浦菴會語

陽和張子訪蓮池沈子于興浦山房，因置榻圜中，共修静業。沈子蓋儒而逃禪者也。適世友王子泗源訪

❶ 括弧中底本文字不見於《龍谿王先生全集》，應是本書卷一《桐川會約》中竄入文字。

予山中，乃相與拉張子太華，放剡曲之舟，夜抵浦下，與陽和相慰勞。扣關，蓮池出迓，坐丈室。錢子正峰亦在坐中。泗源與蓮池舉禪家察與觀之旨相辨證。蓮池謂：「須察念頭起處。」泗源謂：「察念不離乎意。如滌穢器，須用清水；若以穢水洗之，終不能浄。佛以見性爲宗，性與意根有辨。若但察念，只在意根作活計，所謂泥裏洗土塊也。須用觀行。如曹溪常以智慧觀照自性，乃究竟法。若專於察念，止可初學覓路，非本原實用處也。」蓮池謂：「察即觀也。察念始不落空。不然，當成枯寂。」泗源謂：「無觀，始不免落無記空。若覺觀常明，豈得枯寂？惟向意根察識，正墮虚妄生滅境界，不可不慎也。」辨久不決，陽和請爲折衷。予謂：「二子所見，本不相戾。但各從重處舉揚，所以有落空之疑。譬之明鏡照物，鏡體本明，而黑白自辨。此即觀以該察也。因黑白之辨而本體之明不虧，此即察以證觀也。但泗源一向看得觀法重，謂天地之道，貞觀者也。『盥而不薦，有孚顒若』，乃形容觀法氣象，故曰『觀天之神道，聖人以神道設教』。即是以此觀出教化也。西方奢摩陁三觀，乃觀中頓法；二十五輪，乃觀中漸法。若無觀行，智慧終不廣大，只成弄精魂。然蓮池所舉察念之説，亦不可忽。不察則觀無從入，皆良工苦心也。以吾儒之學例之，察即誠意，觀即正心。所謂正者，只在意根上體當，無有一毫固必之私，非有二也。」

《大學》首章解義

《大學》一書，乃孔門傳述古聖教人爲學一大規矩。若夫法外之巧，則存乎心悟。先師所謂「致知焉盡矣」。大人之學，對小人而言也。大人者，以天地萬物爲一體。若夫隔形骸而分爾汝者，小人矣。大人爲學之道，在于明明德。明德者，心之虚靈，根于天性。明之，所以立天地萬物一體之體也。欲明明德，在于親民。親民者，性之同然，虛靈之貫徹。親之，所以達天地萬物一體之用也。明德以親民，其機在于止至善。至善者，心之本體。天命之性，粹然無欲。其虛而靈者，皆其至善之發見。所謂體用一原，天然自有之中，是乃明德親民之極，而不容少有擬議加損于其間也。止至善者，止諸此而已矣。少有擬議加損于其間，則是私心小智，而非至善之謂矣。是義也，先師已言之詳矣。即本體以爲功夫，聖人之學也。悟得時，只止至善一句，已是道盡。恐人信不及，故復説「知止」一段，以示學者用功之要。知非知識之謂。見性以入悟，真知也。心之本體，原是至善而無欲。無欲則止，有欲則遷。止與遷對，定與亂對，静與動對，安與危對。知止而不遷，則志有定向，故能不亂而定。定故能不動而静，静故能不危而安。蓋知止所以入定，常定曰静，安則静之極也。人心原能通達萬變，經綸酬酢，與國家天下相爲應感，所謂慮也。有欲始窒而不通，知止以至于安，則有以復其無欲之體，故無所不通而能慮。《易》云：「介于石，不終日」，「一致而百慮也」。「慮而後能得」，得者，得至善而止之也。以言乎體，謂之明德；以言乎用，謂之親民。冒天下之道，如此而已矣。此用工夫以復其本體，賢人之學也。悟得時，知止二字，亦已是道盡。又恐人信不及，故復説下面先後次第，以示學者用功之序。明德、親民，一物也，而有本末之序。知止、能得，一事也，而有終始之因。本末以木之根梢言，終始以樂之首尾言。「知所先後」云者，本立而末自治也，始作而終自成也。「近道」云者，與道猶有二，未至于能得也。此是用却困勉工夫，以求復其本體，學者之事也。本體工夫，淺深難易，若有聖人、賢人、學者之不同，及其知之成功，一也。下二段正是詳言先後功夫之條件。「古之欲明明德于天下」，是最初一大志願。合下以天地萬物一體爲己任，不如此便流于私心小智而爲小人矣！夫道有本而學有序。欲明明德于天下，須先治其國；欲明明德于國，須先齊其家；欲明明德于家，須先修其身。身者，家國天下之本，而心又身之本也。以其虛靈主宰而言，謂之心；以其凝聚運用而言，謂之身。心與身，一也。修身云者，非禮勿視、聽、言、動之謂也。心本能視，發竅於目；心本能聽，發竅于耳；心本能言，發竅于口；心本能動，發竅于四肢。聰明者，視聽之則；言者，心之聲；四體之動，以定命也。無心則無身矣。故欲修其身者，必先正其心。心無形體，無從而正；纔欲正心，即屬于意。意者，心之所發。心本至善，動于意始有善有不善。故欲正其心者，必先誠其意。誠意云者，真無惡而實有善之謂也。然所以辨別惡善之機，則在于良知。良知者，是非之心，善惡之則。不致其知，則真妄錯雜，雖欲勉强以誠之，不可得而誠矣。故欲誠其意者，必先致其知。致知云者，非若擴充其知識之謂也，致吾心之良知焉爾。致者，至也。《易》言：「知至，至之。」知至者，良知也；至之者，致也。然欲致其知，非影響無實之謂，是必有其事矣。物者，事也。良知之感應謂之物。物即「物有本末」之物，不誠則無物矣。格者，天然之格式，所謂天則也。「致知在格物」者，正感正應，順其天則之自然而我無容心焉，是之謂格物。故曰格其心之物也，格其意之物也，格其知之物也，合内外之道也。此自末而歸之于本，終而始也。蓋視聽之物格，則知視聽之知至，而欲視聽之意始誠。言動之物格，則知言動之知至，而欲言動之意始誠。意誠，則有以復其本體，心可得而正矣。心正，則視聽言動一于禮，身可得而修矣。士庶人以一家爲感應，則謂之家齊。卿大夫諸侯以一國爲感應，則謂之國治。天子以天下爲感應，則謂之天下平。是之謂明明德于天下，是之謂盡性。此自本而推至于末，始而終也。夫良知者，性之靈竅，千古聖學之宗，所謂是非之心、好惡之實也。好惡必有物。誠意者，真好真惡，毋自欺其良知而已。正心者，好惡無所作，復其良知之體而已。修身者，好惡無所偏，著其良知之用而已。

同其好惡，至要，至要！

好惡同于一家，則家可齊；好惡同于一國，則國可治；好惡同于天下，則天下可平。自誠意以至平天下，好惡盡之矣。好惡之實，是非盡之矣。是非之則，致知盡之矣。此至易至簡、可久可大之德業，自天子至于庶人，皆所當從事者。是非實有大人之志、悟其巧于規矩之外，其孰能與于此乎？先儒嘗有「三綱領」「八條目」之説矣，嘗有「敬爲聖學始終」之説矣，嘗有補格物致知之義矣。自今言之，綱領惟一。綱舉則目張，領挈則裘順。若曰「三綱領」，則將何所施其用乎？條目者，功夫先後之次第，如環之相連，不可以節段分也。若曰「八條目」，則將何所陳其數乎？實心之謂誠，誠即敬也；一心之謂敬，敬即誠也。《大學》之要，在於誠意，則不必言敬而敬在其中矣。若曰「敬以誠意」，不幾于贅乎？蓋其既以格物窮理爲致知，則于身心若無干涉，故不得不以敬爲聖學之始終，而不自知其説之非耳。格物致知者，誠意之功。「自天子以至庶人，一是皆以修身爲本」，言修身，則格致誠正舉之矣。「此謂知本，此謂知之至也」，正所以發格物致知之義，實未嘗亡而有待于補也。故曰「合之以『敬』而益贅，補之以《傳》而益離」，此不得已之心也。蓋不忍異者，先師之本心，而道之所在；不得不與之異者，天下之公學，非先師所得而私也。世之學者，能以虚心觀之，不以一毫意必向背介乎其中，則聖學庶乎可明，而先師之苦心亦可得而諒矣！

《中庸》首章解義

《中庸》，盡性之書。子思子懼性學不明于世，學者失其所宗，故述其家學。首以三言發之。因世之人認欲爲性，故以性歸諸天。天命者，無欲之體，所謂「惟天之命，於穆不已」是也。聖人無欲，與天同體。無所障蔽，無所污染，率性而行，無不是道。故曰：「誠者，天之道也。」賢人以下，不能無欲。染有輕重，蔽有淺深，雖欲率性而行，爲欲所碍，不能即達，必須遵道而修，以通其蔽而滌其染。故曰：「誠之者，人之道也。」性曰天性，則道曰天道，教曰天教。《中庸》爲誠之者而作，修道之事也。故曰：「自誠明，謂之性；自明誠，謂之教。」一念獨知，不容自昧，若天有以啟之。故曰：「天道至教，風雨霜露，無非教也。」由教而入者，由諸此而已。道也者，性也，不可須臾離也。道中而已。過與不及，離也。是故君子有修道之功。「戒慎乎其所不睹，恐懼乎其所不聞」。不覩不聞，道之本體，所謂視之而不見、聽之而不聞是也。道，虛而已。戒謹恐懼，修之之功，無間于動静。致虛所以立本也。不覩雖隱，不聞雖微，而實莫見莫顯。隱即「費而隱」之隱，微即「微之顯」之微，莫見莫顯，即所謂「體物而不可遺」也。「故君子必慎其獨」者，申言不可不戒懼之意，非加謹也。謹于一念獨知之微，正所以奉行天教也。未發之中，性體也。「有未發之中，而後有發而中節之和」，道修而性復矣。戒懼慎獨而中和出焉是也。未發之中，非對已發而言，即感而寂，非寂而後生感也。人者，天地之心，萬物之宰。致中和，則大本立而達道行。爲天地立心，而天地于此乎位矣；爲萬物作宰，而萬物於此乎育矣。此修道之極功也。先師謂：「子思括《大學》一書爲《中庸》首章。」戒懼慎獨者，致知格物之功，所謂誠意也。未發之中，正心邊事；中節之和，修身邊事。中和位育者，家齊國治而天下平，盡性以至于命也。此易簡直截之旨，一貫之宗傳也，而世之言修道者離矣。聖人立人極，盡己之性以盡人物之性。説者并指蜂蟻虎狼爲率性之事，似爲戲論。禮樂刑政，既以屬之教矣。由教而入者，乃舍此而別有戒懼慎獨之功，似爲剩法。以不覩不聞爲静存，莫見莫顯爲動察，則非動静無端之功。以隱爲暗處，微爲細事，則非顯見相乘之義。「未發之中，由戒懼而得，不可謂常人俱有」，先師嘗有病瘧之喻矣。常人亦有未發之時，乃其氣機偶定，非大本達道也。戒懼之内，更有可約，即爲着空；謹獨之外，更有可精，即爲緣物。中和原是一道，以心氣分屬天地萬物，或失則支；聖學只論見在功夫，以效驗求位育，或失則漓。凡此數端，皆顯然同異可指之迹，善學者當知所辨矣。昔者明道見人解《中庸》，笑曰：「只怕連『天命之性』便錯起了。」予豈敢妄議儒先？聊述所聞，與諸賢共商之。吾輩不務自修自復，實體諸身，徒騰口説以咨同異，得罪於儒先亦甚矣！

先天後天解義

或問：「伏羲八卦、文王八卦，布列方位迥然不同，何取於義而云爾也？」先生曰：「此造化自然之法象，非人力之所能爲，後儒特未之深察耳。夫伏羲八卦，乾南坤北，離東坎西，謂之四正；震兑巽艮則居於四隅。此存體之位，先天之學也。文王八卦，離南坎北，震東兑西，謂之四正；乾坤艮巽則居於四隅。此入用之位，後天之學也。先後一揆，體用一原。先天所以涵後天之用，後天所以闡先天之體。在伏羲非有待於文王，在文王非有加于伏羲也。上下左右，四正相交，四隅不相交。交者，變其卦體；不交者，易其方位。乾下交於坤，得其中爻而變爲離。坤上交於乾，得其中爻而變爲坎。離爲火，西交于坎，火主炎上而變爲震。坎爲水，東交于離，水主潤下而變爲兑。離居乾位，而上交之坤，遂置於西南。坎居坤位，而下交之乾，遂置於西北。坤既居巽之位，則巽不得不移置於東南；乾既居艮之位，則艮不得不移置於東北。故曰此造化自然之法象也。吾人處於天地之間，上爲乾，下爲坤；離爲日，生於東；坎爲月，生於西；艮爲山，奠於西北；兑爲澤，滙於東南；震爲雷，奮於東北；巽爲風，起于西南。八卦成列，此寂然不動之體，即所謂先天也。上下無常，剛柔相易。山澤以氣通，雷風以形薄。八卦摩盪，此感而遂通之用，即所謂後天也。坎離者，乾坤二用。二用無爻位，周流行於六虚，後天奉時，以復於先天也。坎者，陰中之陽，命宗也；離者，陽中之陰，性宗也。而其機不外于一念之微。寂感相仍，互爲體用，性命合一之宗也。吾人可以觀學矣！」聞者憮然曰：「旨哉言乎！今而後知造化之爲學也。」

河圖洛書觧義

或曰：「河圖爲順，洛書爲逆。一順一逆，造化之機。圖書五皆居中，一皆居下。造化示人之精蘊，則既聞命矣。敢問伏羲則河圖以畫卦，大禹則洛書以敘疇，其義何所當也？」先生曰：「《易》曰：『河出圖，洛出書，聖人則之。』是圖書皆可以畫卦也。天地之間，不過一陰一陽，五行而已。陰陽之變，不可勝窮。陰陽之純，則爲乾坤；陰陽之雜，則爲六子。若曰某點爲奇畫，爲某卦；某點爲偶畫，爲某卦；一一比而則之，則幾於泥矣。五行有氣有質，皆藉於土。天一生水，水之氣也。一得五而爲六，水之質始成。以至地五生土，土之氣也。五得五而爲十，土之質始成。五行者，陰陽之變化也。至于洛書所陳九疇，皆帝王治天下之大經大法。每疇之首，不過以數起之，與所敘之疇絶無關涉。《書》曰：『鯀汩陳其五行，天不畀洪範九疇。禹能嗣興，治水成功，天始錫之。』此其證也。若曰羲禹畫卦敘疇之時，河馬洛龜適至，聖人因而驗之，如嶰谷律吕協於鳳鳴，或如《春秋》成而麟出，以呈其瑞，理或有之。昔儒謂：『龜，微物也，可以起數。』乃知聖人胸中自有全經，固不在於紛紛點畫之盈縮，以爲分合湊補也。若以後天圖配洛書，則四時無不順，七十二候無分毫加損，亦天地生成之妙也。故曰『河圖洛書相爲經緯，八卦九章相爲表裏』，或虚其中，或總其實。河圖固可以畫卦，亦可以敘疇；洛書固可以敘疇，亦可以畫卦。庶幾不失圖書之本旨，於學思過半矣！」

易與天地準一章大旨

天地間，一氣而已。易者，日月之象，陰陽往來之體，隨時變易，道存其中矣。其氣之靈，謂之良知。虚明寂照，無前後内外，渾然一體者也。所以「準天地而彌綸之」者，必有本以出之，非徒法象相示而已也。易者，陰陽而已。幽明、生死、鬼神皆陰陽之變，天地之道也。知者，良知也。致良知，所謂「説」、所謂「情狀」，可不言而喻矣。天地之道，知仁而已。仁者，知之不息，非二也。痿痺則爲不仁，靈氣有所不貫也。不違、不過、不流，樂天而不憂，安土而能愛，莫非天則之自然，良知之順應也。範圍者，良知之極於大而非蕩也，故不過。曲成者，良知之體乎物而非淆也，故不遺。幽明、生死、鬼神，即晝夜之謂。通乎晝夜之道而知，變動周流，不爲典要，天地萬物有所不能違焉，是謂無方之神、無體之易。纔有典要，即著方體，不可以適變。故曰：「大哉易也，斯其至矣！」明道云：「只窮理便盡性，以至于命。」一也，分爲三事則支。易，心易也。以易爲書則泥，是皆未明于大易之過也。善學者能於一念入微求之，得其所謂虚明寂照一體之機。易不在書而在於我，可以卧見羲皇，神游周孔之庭，大丈夫尚友之志也。

艮止精一之旨

「艮其背」三字，是孔子提出千聖立命真根子。艮，止也。艮其背，止其所也。耳目口鼻四體諸根之用，皆在于面，惟背爲不動，故以取象。目之于色，耳之于聲，鼻之于臭，口之于味，四體之于安逸，皆自然之生理。故曰：「性也。」然有命焉，立命所以盡性也。目之視色，如以背視，則目不爲色所引，而視止于明矣。耳之聽聲，如以背聽，則耳不爲聲所引，而聽止于聰矣。所謂先立乎其大者，立命之符也。陰陽和則交，不和則不交。艮止上下，陰應於陰，陽應於陽，應而不和，若相敵然。故曰上下敵應，不相與也。惟得其所止，是以不獲其身，不見其人，忘己忘物，而無咎也。天地之道，一感一應而已。和則交，謂之和應；不和則不交，謂之絶應。和應，凡夫俗學也；絶應，二乘禪學也。應而不與，不墮二見，謂之敵應，吾儒聖學也。背雖不動，五臟皆繫於背。九竅百骸之滋潤，背爲之輸。故曰「盎於背」，是以無用爲用也。知無用之用，則知無知之爲知矣。艮之大象，復以「思不出其位」發之，其旨尤微。艮之爲卦，上下皆山，故有兼山之象。六子者，乾坤之用。雷風水火與澤皆有往來之義，惟艮兩山並峙，不相往來，止之象也。艮非無心，同於木石。心之官以思爲職，所謂天職也。位爲所居之位，不出其位，猶云「止其所」也。不出位之思，謂之無思之思。如北辰之居其所，攝持萬化而未嘗動也；如日月之貞明，萬物畢照而常止也。思不根於心，則爲憧憧；物交而引，便是廢天職。《洪範》五事，貌言視聽皆本於思。「思曰睿，睿作聖」，故曰：「思者，聖功之本。」思不可以有無言。着于無，謂之沉空；着于有，謂之逐物。無思而無不通，何思何慮，常寂而感，千聖學脉也。睿爲良知，「心之良知是爲聖」。知是知非，而實無是無非。知是知非者，應用之迹；無是無非者，良知之體也。譬之明鏡之照物，鏡體本虚而妍媸自辨。妍媸者，照之用也。以照爲明，奚啻千里？夫萬物生于無而顯于有。目無色，然後能辨五色；耳無聲，然後能辨五聲；口無味，然後能辨五味；鼻無臭，然後能辨五

不可

錯會

妙妙

要緊

臭；良知無知，然後能知是非。無者，聖學之宗也。非深於《易》者，其孰能知之！

或謂：「先生之論學玄矣，稽諸六經四書，何所當也？」先生曰：「《書》云：『道心惟微。』微者，心之體。語其功，謂之不睹不聞；究其至，謂之無聲無臭。精者，精此也；一者，一此也。雖天地不能使之著，聖人不能使之著，是謂玄德。若曰微者著，即墮聲臭、滯睹聞，非虞廷精一之傳矣。穆穆文王，其德不顯，不識不知，所以順帝則也。若曰豈不顯哉，文王之德，則非文王之所以文也。《禮》曰『儼若思』，敬德之形容，徹動静，通有無，聖學之要也。或以時言，或以正顔色而近信分疏之，淺之乎其爲觧也。樂之實，手舞足蹈而不自知。不知之樂，乃爲真樂。古人之樂，視於無形，聽於無聲。哀樂相生。正明目而視之，不可得而見也；傾耳而聽之，不可得而聞也。孔子曰：『吾有知乎哉？無知也。』無知也者，空空也。無聖無凡，孔子之空空與鄙夫之空空（空空，妙妙），一也。兩端者，良知之是與非也。『叩兩端而竭』，則是非忘矣。孔子稱顔子曰：『回也，庶乎屢空。』柴愚、參魯、師辟、由喭，皆滯於有，不能空也。子貢不受命，以多識爲學，自外而入，若貨殖然，億而屢中，不知空也。故孔子每以回、賜並舉而進之，『弗如之』與『予欲無言』之誨，所以儆之者屢矣。賜終疑而未知。使學可以言傳而得，則凡及門之士皆可以爲顔子。惟其不可以言傳，故雖穎悟如子貢，亦不能使之悟也。濂溪主静無欲，歸於無極；明道定性無事，本乎兩忘；蓋幾之矣。陽明先師生千百年之後，首倡良知之説以覺天下。上遡濂洛，以達於鄒魯，千聖之絶學也。良知無知而無不知，人知良知之爲知，而不知無知之所以爲知也。神道設教，人知神之爲神，而不知不神之所以爲神也。虚以通變，不爲典要；寂以通感，不涉思爲。是即顔氏所謂屢空，孔子空空之旨也。世之學者，泥於典要思爲，昧夫虚寂之體，反閧然指而非之。洞庭之樂，聞者驚耳，無怪其然也。」

天根月窟説

或問天根月窟之義。先生曰：「此是堯夫一生受用底本，所謂竊弄造化也。天地之間，一陰一陽而已矣。乾，陽物也；坤，陰物也。陽主動，陰主静。坤逢震，爲天根，所謂復也；乾遇巽，爲月窟，所謂姤也。震爲長子，巽爲長女。長子代父，長女代母。乾坤，先天也。自一陽之復而臨，而泰，而大壯，而夬，以至於乾。自一陰之姤而遯，而否，而觀，而剥，以至於坤。由後天以返於先天，奉天時也。根主發生，鼓萬物之出機；窟主閉藏，鼓萬物之入機。陽往陰來之義也。古之人仰觀俯察，類萬物之情，而近取諸身，造化非外也。一念初萌，洪濛始判，粹然至善，謂之復。復者，陽之動也。當念攝持，翕聚保合，不動于妄，謂之姤。姤者，陰之静也。一動一静之間，天地人之至妙者也。夫『一陰一陽之謂道，繼之者善』，即謂之復；『成之者性』，即謂之姤。復與姤，人人所同具，百姓特日用而不知耳。顔子擇乎中庸，有不善未嘗不知、未嘗復行，無祇于悔，所謂復也；能擇而守，拳拳服膺而弗失，所謂姤也。復者，陽乘陰也；姤者，陰遇陽也。知復而不知姤，則孤陽易蕩而藏不密；知姤而不知復，則獸陰易滯而應不神。知復知姤，乾坤互用，動静不失其時，聖學之脉也。堯夫所謂丸，即師門所謂良知。萬有生於無，知爲無知之知，歸寂之體，即天根也。萬物備于我，物爲無物之物，應感之用，即月窟也。意者，動静之端，寂感之機。致知格物者，誠意之功也。此孔氏家學也。」問曰：「堯夫之學似即孔門之學，而明道不以爲然者，何也？」先生曰：「堯夫亦是孔門别派，從百源山中静養所得。」「然則程門見學者静坐，嘆以爲善學，又何也？」先生曰：「此古人立教苦心。學絶教弛，吾人從生以來，失其所養，思慮内營，聲利外汩，逐境流注，常失于動而不自覺，不得已教之静坐。遣慮息緣，使精神漸知向裏，窺見本來虛寂之體，而後道可幾也。吾黨肯從静中攝養，收其放心，從事於德性之學，未必非入道之因、對病之藥也。」

性命合一説

性與命，本來是一。孟子論性，蓋本于《繫辭》「繼善成性」之説。「繼之者善」，是天命流行。「成之者性」，「人生而静」已上不容説。纔有性之可名，即已屬在氣，非性之本然矣。性是心之生理。性，善之端，須從發上始見。惻隱羞惡之心即是氣，無氣則亦無性之可名矣。凡聖賢立言，皆爲捄世而發。春秋之時，性學不明，世人以欲動處爲性，故孔子提出「天命之性」以示人。所謂「人生而静，天之性也」。以欲爲性，即非自然之生理矣。戰國之時，告子以食色爲性，以諉于所遇爲命。故孟子從性命重處立法以示人，正是性命合一之宗。世儒分屬氣質、義理，便非合一之謂矣。「甘食悦色」，人之所欲是性，然却有個自然天則在。若一向任了欲去，不成世界。立命正所以盡性，故曰「有命焉」。論性而不及命，「君子不謂之性」也。仁于父子，天合自然是命。然父子天性所當親，若一向諉于自然，也不成世界。盡性正所以至命，故曰「有性焉」。論命而不及性，「君子不謂之命」也。告子認欲爲性，以甘食悦色爲生理，而甘之説之，昧了天則之自然，便是不知命。諉命于遇，以白與長爲自然，而白之長之，昧了本心之生理，便是不知性。一則推夫天理之自然，一則本諸自然之生理，使人從重處用力，以歸于合一之宗。此是孟子立法最善形容處。非性待命補，命待性捄，故欲分而二之也。

孟子告子之學

千古聖人之學，只是箇不動心。學者只是學箇不動心，舍不動心之外無學也。然不動心之道有二：有自得而不動者，有强制而不動者。差若毫釐，其謬乃至千里。此古今學術大界頭處，不可以不辨也。「是集義所生，非義襲而取之也。」「行有不慊於心」，是申明集義所生也。「義外」是申明義襲而取也。正所謂毫釐之辨，王伯之所由分也。後儒訓「集義」謂「事皆合義」，正是説了義襲功夫，而集義之旨遂亡。告子曰：「彼長而我長之，非有長於我。」二者一般，莫生分别即所謂義襲也。孟子曰：「長者，義乎？長之者，義乎？」即所謂集義也。毫釐之辨，辨諸此而已。

「必有事焉而勿正，心勿忘，勿助長也。」先師謂：『必有事』，只是集義。集義只是致良知。」着實致良知，則自無忘之病，不必更説勿忘。無將迎意必之私，則自無助之病，不必更説勿助。「勿忘勿助」，只是集義調停火候之節度。若舍却「必有事」，專在「勿忘勿助」之間求箇正當處，先師「煮空鐺」之喻，可以自悟矣！

告子「不得於言」，而曰「我知言」；告子「不得於氣」，而曰「我善養浩然之氣」。知言養氣雖是孟子所長，亦因告子之病，故發此藥以救之。若知致良知之學，時時求慊於心，安有「不得於心」之病？心通於道，又安有「不得於言」之病？此孔氏之的傳也。孟子與諸子則曰「姑舍是」，於伯夷、伊尹則曰「不同道」，及其自許，唯曰「乃所願，則學孔子也」，毫釐辨決，昭若指掌。自今觀之，所舍者何義？所不同者何道？所願學者何事？可以不言而喻矣。先師曰：「心之良知是謂聖」，「同此謂之同德，異此謂之異端」。虚而適變，寂而通感，千聖之秘藏也。後世之學，狥典要，涉思爲，終身溺於義襲而不自知，語及虚寂，反閧然指以爲異，聖學何由而明乎？「養氣」章後即以王伯繼之，不爲無意。以德行仁便是集義，假仁便是義襲，七篇之中，多發此意。「由仁義行」，集義也；「行仁義」，義襲也。「哭死而哀者」，集義也；「爲生者」，義襲也。狂狷可與進於中行，集義也；鄉愿之自以爲是，義襲也。過化存神而皡皡，集義也；驩虞，義襲也。自信本心，自信而是，天下非之而不顧，自信而非，得天下有所不爲，集義也；不能自信，以外面毁譽爲是非，義襲也。所争只在毫釐。董子曰：「正其誼不謀其利，明其道不計其功。」正誼明道即是集義，謀利計功即是義襲。自聖學不明，道義之風日微，功利之毒淪洽於人之心髓，殆千百年於兹。苟不從一念入微處察識誠僞，求慊於心，求通於道，縱使擬議卜度，盡將古人行過好事輳貼身上行持，以爲集義，正墮在義襲窠臼。名爲宣暢光復，適足以增伯者之藩籬，而聖學之門牆不可復覯，其亦可哀也已！所幸良知在人，千古一日，一念自反，即得本心。此是挽回世界大機括，非夫豪傑之士無所待而興者，將誰與望乎！

致知難易解

或問致知難易，因舉念菴「收攝保聚」之説請正。先生曰：「致知之功，非難非易。襲於其易，則忽而無據；狃於所難，則阻而鮮入。善學者默體而裁之，求所以自得焉可也。世之談學者，其言曰：『無事襲取之勞，而爽然以爲固有；不假纖毫之力，而充然以爲天成。』念菴子惧其傷於易也，倏忽變化，將至於蕩無所歸，故爲『收攝保聚』之説以捄之。其意以爲，日月之貞明，人皆仰之，至其所以生明，未有測其然者。觀之於夕，群動息矣，然後真機回復而爲朝；觀之於晦，六陰窮矣，然後真陽逆受而爲朔。蓋藏不密者用不章，畜不極者施不普。收攝保聚，乃所以爲復爲逆，培其固有貞明之體，而達其天成之用也。世之學者，任作用爲率性，藉測億爲通微，倚計度爲經綸，執知解爲覺悟，良知所存，亦已無幾，盍亦從事於收攝保聚？無以爽然充然者，自畫焉可也。此念庵苦心也。雖然，良知在人，百姓之日用，同於聖人之成能，原不容以人爲加損而後全。乞人與行道之人，怵惕羞惡之形，乃其天機之神應，原無俟於收攝保聚而後有，此聖學之脉也。雖堯舜之生知安行，其焦勞怨慕，未嘗不加困勉之功，但自然分數多，故謂之生知安行。愚夫愚婦，其感觸神應，亦是生知安行之本體，但勉然分數多，故謂之困知勉行。及其知之成功，一也。」

意識解

予贈麟陽趙子有「意象識神」之説，或者未達，請究其義。予曰：「人心莫不有知，古今聖愚所同具。直心以動，自見天則，德性之知也。泥於意識，始乖始離。夫心本寂然，意則其應感之迹；知本渾然，識則其分别之影。萬欲起於意，萬緣生於識。意勝則心劣，識顯則知隱。故聖學之要，莫先於絶意去識。絶意非無意也，去識非無識也。意統于心，心爲之主，則意爲誠意，非意象之紛紜矣。識根於知，知爲之主，則識爲默識，非識神之恍忽矣。譬之明鏡照物，體本虚而妍媸自辨，所謂天則也。若有影迹留於其中，虚明之體，反爲所蔽，所謂意識也。孔門之學，顔子有『不善未嘗不知，知之未嘗復行』，此德性之知，謂之『屢空』，空其意識，不遠之復也。子貢『多學以億中』，以學爲識，以聞爲知，意識累之也。此古今學術毫釐之辨也。知此則知先師致良知之旨，惟在復其心體之本然，一洗後儒支離之習，雖愚昧得之，可以立躋聖地，千聖之秘藏也。所幸良知在人，千古一日，譬之古鑒翳于塵沙，明本未嘗亡，一念自反，即得本心，存乎其人也。」

三 戒 述

孔子云：「君子有三戒：人之幼也，血氣未定，戒之在色。」夫色，非徒牀幃情慾之謂，凡境之所遇、物之所觸，有形可見者，皆色也。少年血穉氣柔，易於緣境逐物。知戒則兢兢常爲主，不爲境遷，不爲物引，嬰兒而有大志，如乳獅之處群而不亂，如日之初升而群暗不迷也。「及其長也，血氣方剛，戒之在鬬。」夫鬬，非徒攘臂用壯之謂，凡才能藝術、與物爲兢，常懷欲上人之心，皆鬬也。壯年血盛氣充，易於改作，凡事可以力勝。知戒則卑卑自持，虛中以來天下之益，如群龍之無首，如水之潤下，遇曲隨直而無所礙也。「及其老也，血氣既衰，戒之在得。」夫得，非徒殖貨懷貲之謂，凡一生幹當，可便其身圖者，皆得也。老年血氣耗泄，鼓舞已倦，少得爲足，不肯舍之以圖遠業。知戒則精神常自奮，一息尚存，不忍以姑恤自恕，如金之愈鍊愈剛，如天之健行而不息也。夫隨時而變者，血氣也；所以主乎血氣者，性之靈也。先天地而生，後天地而存，變而未嘗變也。若此者，莫非真性之流行，未嘗有所强。蒙養以貞，可證聖功，自能宰萬物而不擾；謙光巽入，自能處乎萬物之下而不爭；恒德日新，憤樂相生，自不知老之將至。是謂無方之神，無體之易，通乎晝夜而知。此孔氏家法也。故《中庸》復性，以戒爲首，戒懼而中和出焉。大本立而達道行，天地此位，萬物此育，學問之極功也。吾人生於天地之間，與萬物同其吉凶，自少而壯而老，未嘗須臾離也。君子之學，不日進則日退。從欲好勝，習之難除，由前二戒，乃吾人對症藥物。或爲先事之防，或爲臨事之警，所當隨時修服，不容自已者也。不肖年已望八，百念盡灰，業不加修，徒負初志。由後一戒，區區所當自力，以收桑榆之功，不敢以耄而自棄也。

憤樂説

先生過嘉禾，諸友會宿于東溪山房，請問憤樂之義。先生曰：「此是夫子終身受用之實學。知夫子之樂，則知夫子之憤；知夫子之憤，則知夫子之樂。憤是求通之義，樂者心之本體。人心本是和暢，本與天地相爲流通。纔有一毫意必之私，便與天地不相似；纔有些子邪穢渣滓，攪此和暢之體，便有所隔礙而不能樂。發憤只是去其隔礙，使邪穢盡滌，渣滓盡融，不爲一毫私意所攪，以復其和暢之體，非有所加也。憤樂相生，勉焉日有孶孶，不知老之將至，夫子至誠無息之學。譬之于目，自開自闔，原是快快活活，原是樂，纔爲些子沙屑所礙，便不快活，便入于苦。欲復本來開闔之常，惟在去其沙屑而已，亦非有所加也。」請問：「夫子由志學以至從心當不踰矩之時，還有憤否？」先生曰：「學在立志，行不越其所思，志定而後可以言學。夫子十五志于學，至于三十而始立。立者，志立也。未至于立，還有私意纏繞在，必須發憤以去其私。能立便是樂。四十而不惑者，志無所疑也。未能不惑，必須發憤以釋其疑。不惑便是樂。五十而知天命，志與天通也。未能與天相通，必須發憤以通其微。知天命便是樂。六十而耳順，志忘順逆也。順逆尚存，必須發憤以袛于忘。耳順便是樂。雖至七十，而從心所欲不踰矩，亦只是志到熟處。未能從心，猶須發憤以入于神化。所欲不踰矩便是樂。此志朝乾夕惕，老而不倦。憤是天然之勇，樂是自然之和暢，故曰憤樂相生。此夫子至誠無息、同天之學也。然此樂人人之所同有，但衆人蔽於私意，失其本心，便與聖人不相似，亦便與天地不相似。夫子又曰『不憤不啟』，以此自考，亦以此教人。不厭不倦，成己成物，性之德也。顔子能竭才，欲罷不能，便是顔子發憤處，故能服膺，不改其樂，所謂大勇也。吾人欲尋仲尼、顔子之樂，惟在求吾心之樂。欲求吾心之樂，惟在去其意必之私，蕩邪消滓，復還和暢之體，便是尋樂真血脉路。」問曰：「時習而悦，朋來而樂，悦與樂有二義否？」先生曰：「學者，覺也。覺與夢對。時習是常覺不昧，學而時習則欲罷不能，而悦之深矣。悦乃入樂之機，樂是萬物同體之公心。朋自遠來，得英才而教育之，是遂其同體之願，故樂。然此樂原無順逆、無加減，故人雖不知而無所愠。所謂『遯世無悶，不見是而無悶』，聖修之極也。遯世而人以爲是，賢人以下皆能之；惟遯世而人不以爲是，則非之者至矣，若是而能無悶，非聖者不能也。

好

蓋根愈深則華愈斂，德愈潛則迹愈混。故曰：『知我者希，則我貴矣。』吾人在世，所處不同，惟有順逆二境。樂則行之，憂則違之；得志則澤加于民，不得志則修身見于世。故明此在上則爲伊、傅，明此在下則爲孔、顔，各求自盡以成其德業，未嘗有所意必而動于境也。」

政學合一説

君子之學，好惡而已矣。賞所以飾好也，罰所以飾惡也。是非者，好惡之公也。良知不學不慮，百姓之日用同於聖人之成能，是非之則也。良知致，則好惡公而刑罰當。學也，而政在其中矣。《大學》之道，自誠意以至于平天下，好惡盡之矣。「如好好色，如惡惡臭」，意之誠也。好惡無所作，心之正也。無作則無僻矣，身之修也。好惡公於家，則爲家齊；公于國與天下，則爲國治而天下平。政也，而學在其中矣。明道云：「有天德可語王道，其要只在謹獨。」獨知無有不良。能慎獨，則天德達而王道出，其機在於一念之微，可謂至博而至約者矣！

天心題壁

先師嘗有「備物養生，借物請客」之喻。以養生爲主，客有至者，出其緒餘即可以請；專以請客爲主，則養生之計疎矣。士之於舉業，猶農夫之於農業。伊尹耕於有莘，以樂堯舜之道，未聞農業與堯舜之道爲兩事也。夫士在學校則有舉業，及居官則有職業，爲宰輔則有相業，懸車而歸則有山林之業。隨其身之所履而業生焉，乃吾進德日可見之行也。只緣世人看得舉業太重，故與德業相對而言。惟其看得太重，非此不足以發科第，遂其所欲，是以得失之念營營在心，終日傍人門户，學人見解，隨人口吻脚根，剽竊餖飣以圖詭遇。自己天聰明做主不起，反被蔽塞埋没，無從出頭，其不自信亦甚矣！夫舉業一藝耳。志於道，則心氣清明，不惟德修，而業亦可進；志於藝，則心雜氣昏，德喪而業亦不進；勢輕重也。

先師云：「心不可以二用。」今一心在得，一心在失，一心在文字，是三用矣！終日佔畢沉吟，精神恍惚，寧有佳思？學者可以自考矣！此件事本自明白易曉，但人習於常見，由之而不知耳。若曉得講學做工夫，時時愛養精神，時時廓清心地，不爲諸般外誘所侵奪，天機時時活潑，時時明定。終日不對卷，便是看書一般；終日不執筆，便是作文一般。觸機而動，自無凝滯。以我觀書，不爲法華所轉；如風行水上，不期文而文生焉。不肖未敢爲已試之方，蓋嘗折肱於此者也。今人荒廢舉業者，緣不曾在心地上打叠，未免奪於外誘，雖暫時清潔，如水上浮萍，隨打隨合，不得受用。若肯專志在心地上用功，天聰明做得主起，自家精神到處平滿，經綸位育大業，將自此而出，舉業特其餘事耳。昔人謂：「舉業不患妨功，惟患奪志。」學者可以自悟矣！就是世間舉業，亦有兩般：有上等舉業，有下等舉業。吾人講學去做舉業，不惟不相妨，原是有助；不惟有助，原只是一件事。言不可以僞爲，言之精者爲文。若時時打叠心地潔浄，不以世間鄙俗塵土入于肺肝，以聖賢之心，發明聖賢之言，自然平正通達，紆徐操縱，沉着痛快，所謂本色文字，盡去陳言，不落些子格數，萬選青錢，上等舉業也。若不自信自己天聰明，只管傍人學人，爲詭遇之計，譬之優人學孫叔敖，改换頭面，非其本色精神，縱然發了科第，亦只是落套數、低舉業，有志者所不屑也。明道十五六時，聞濂溪之學，便棄舉業，及至弱冠，又發了科第，此是上等舉業榜樣，所謂「深山之寶，得於無心」也。明道嘗云：「吾於寫字時甚敬，非是要字好，只此是學。」既非是要字好，所學又何事耶？予亦曰：「吾於舉業時甚敬，非是要舉業好，只此是學。」大丈夫事，可當兒戲？諸君思繹之，毋忽！

予謂終日不對卷、不執筆，非是教人廢讀書作文也。讀書作文，原是舉業之事。讀書有觸發之義，有栽培之義，有印證之義。以此筆之於册，謂之文。就時文格式，發吾所見之義，則謂之時義。只此是學。故曰「不患妨功」。但恐動於得失，爲學之志反爲所奪耳。看刊本時文，徒費精神，不如看六經古文。六經古文，譬之淳醪，破爲時酒，味猶深長。若刊本時文，已是時酒中低品，復從其中討些滋味，爲謀益拙矣！所云「言不可以僞爲」，乃是不誑語，豈有世俗心腸能發聖賢精微之藴者乎？凡讀書，在得其精華，不以記誦爲工；師其意，不師其辭，乃是作文要法。古人作文，全在用虚。紆徐操縱，開闔變化，皆從虚生。行乎所當行，止乎所不得不止，此是天然節奏，古文時文皆然。予望人人做聖賢，乃復叨叨以舉業爲説，只緣朋友中所重在此，所謂隨方解縛法也。象山：「古人闢邪説以正人心，予只闢得時文。」自今觀之，真可一笑。

卓吾先生批評龍谿王先生語録鈔卷四

卓吾先生批評龍谿王先生語録鈔卷五

新安後學　吴可期　吴可善　校正

書

答聶雙江

伏誦教言及所致緒山書，知我丈之學日造精深。謂良知自能知能覺，而不以知覺爲良知，故孩提之愛敬，令人於未發處體驗。師門正法眼藏，得我丈一口道破，當下便有欛柄入手，不犯道理知解分疏，有功于師門大矣！竊意良知無分于未發已發，所謂「無前後内外而渾然一體」者也。纔認定些子，便有認定之病。後儒分寂分感，所争亦只在毫釐間。所謂「致知在格物」，格物正是致知實用力之地，不可以内外分者也。若謂「工夫只是致知」，而謂「格物無工夫」，其流之弊，便至于絶物，便是僊佛之學。徒知致知在格物，而不悟格物正是致其未發之知，其流之弊，便至于逐物，便是支離之學。争若毫釐，然千里之謬，實始于此，不可不察也。吾人一生學問，只是改過。所謂復者，復于無過者也。良知真體，時時發用流行，便是無過，便是格物。其工夫之難易精粗，存乎所造之淺深，而以改過爲宗，則一而已。吾人之學所以異于僊佛，正在于此。過是妄生，本無安頓處，纔求個安頓所在，便是認着，便落支離矣。

與聶雙江

日與東廓諸丈紬繹立本之義，頗有端緒。吾人一向在欲染擾擾上打混，不曾實落于無欲源頭，立定命根，所以致知工夫不得力。無欲不是效，正是爲學真正路徑，正是致知真正工夫。然欲立定命根，不是懸空做得。格物正是致知下手實地，故曰「在格物」。格是天則，良知所本有，猶所謂天然格式也。若不在感應上參勘得過、打叠得下，終落懸空，對境終有動處。良知本虛，格物乃實。妙 虛實相生，天則常見，方是真立本也。此中無纖毫意見可湊泊，無纖毫玄妙可追尋，無纖毫虛静可倚靠。吾丈主張立本之説，在吾人誠爲對病之藥，敢忘服食？若云「格物上無工夫」，先後分疏之間，恐亦未免有意。何時奉侍道顔，究竟此事，亦大快也！

答鄒東郭

歲裏于雙江丈、念菴兄石蓮洞所惠書，拈起「寂然處用功」一語作話頭，「孩提之愛敬，是良知發用流行處，須有未發爲之根，見其中有物也」。昔人分寂分感，所争只在毫髮間。魏莊渠公亦有天根天機之説。蓋良知只是一個良知，無分于未發已發。若于已發處求未發之根，復于未發處循已發之用，未免墮落二見。

但吾人今日受病，又未免倚傍道理分疏，不肯直下歸根承受，得此一番提掇，迺是對病之藥。不可因其話頭未相打併，並其宗旨而忽之也。况雙江公迺是覿體煆鍊出來公案，所指寂然處，實有下落，自以爲不屬見解，吾人各各去其執著之見，虛心領受，務歸大同，方爲有補于師教耳。某亦有柬致雙江公，便中幸索觀之。緒山兄此番趨教，專爲老師年譜一大事。今年再不成稿，日後益難起手矣！然亦須此學打併歸一，絕無疑貳，下筆方得其精神。蓋學術既明，一切事功特其餘事。而即事功爲學術，何啻千里？

復劉獅泉

吾兄日來于分水路頭，更明白否？雙江公近于寂然處自信，真有得力，非從意見解去，亦非從依傍道理得來。念庵兄心已服，東郭丈則未相打併，未知兄曾與證究否？有柬達雙江、念庵，略致請質之懷，幸索觀之，並以復我。緒山兄此來，專爲老師年譜一大事，幸勿再與放過。然欲成此稿，須吾輩各各自信此學，縱横權實，信手拈來，了無疑礙，信得老師妙手，不涉安排，學術事功打成一片，將精神描寫出來，方可以信今而傳後耳。

與魏水洲

歲終匆匆惜別，未盡請益之懷。日來道體想益充裕，但中秋結胎之旨，終覺有未盡契。若吾丈一種懇懇保任性命之心，教我多矣！大抵我師良知兩字，萬劫不壞之元神，範圍三教大總持。良知是性之靈體，一切命宗作用，只是收攝此件，令其堅固，弗使漏洩消散了，便是長生久視之道。古人以日月爲藥物，日魂之光便是良知，月魄便是收攝日光真法象，所謂偃月爐也，其幾只在晦朔之交。不得先天真氣爲種子，皆後天渣滓也。幸密察之！

與魏水洲

省中會林艾陵，知吾丈山居静養之迹，甚用慰浣。結丹許時，當有脱胎神化之漸。路阻未由覿叩，爲念。近有方外傳圜中術者，徹頭徹尾，只以了性爲宗。性是萬刼不壞之真體，所謂無漏清浄法身。只緣歷刼虚妄，凡心不了，故假修命延年之術，以爲煉養復性之基。徒守後天渣滓，不究性源，到底只成守尸鬼，永無超脱之期。上品先天之學所不屑道也。若能見性，不爲境緣所移，到處隨緣，緣盡則去，去來自由，無所碍滯，如金之離鑛，潛藏變化，皆由自得，方成大超脱。延促非所論也。中間精樞、氣機、神室、火候、進退、藥物、交媾，存乎口訣。何時與丈連牀默証，亦千載一快也！

與李原野

昨者匆匆奉晤，大衆中未緣細請，殊切耿懷。知吾丈默默之情，亦若相念不能忘也。吾丈氣正而行方，知不諧于俗調。善處世，對症藥。吾人在世，自有隨身規矩，輕輕重重，權衡在我，不容差池。一切交承，辭氣違順之間，事體同異之迹，無大害于義者，自可放過。若其有所關係、不容放過處，亦須以平懷應之，直而勿亢，宛而勿阿，如權之稱物，隨其低昂而輕重自見。常令胸中廓然，弗作纖毫凝滯，固不容舍規矩以狥方員，亦不因輕重而爽吾權衡之用，爲不容已耳。且我能忘機，人之機亦將自息。感觸神應，不可誣也。吾丈夜間少睡，亦是凝滯未釋，猶有機在。機眩神馳，冲氣散逸，展轉反側，祇益躁煩，不睡之因，或在于此。古人云：「未睡眼，先睡心。」若果百念放得下，無些子掛帶，自將頽乎其委順矣！湖中請教，息之一字，非止對治之方，乃是養生要决，亦便是學問真正路頭。至人有息而無睡。睡是後天濁氣，息是先天清氣。莊生所謂「六月息」，孔子所謂「向晦入燕息」。息者，隨時休息之謂。終日間，眼視色，耳聽聲，鼻聞臭，口吐聲音，手足動觸，魂魄精神，隨意流轉，隨在洩漏，是謂生機。循晦至夜，機事已往，萬緣漸消，目無所見，耳無所聞，鼻無所臭，口止不言，四肢静貼，魂魄藏伏，精神翕凝，一意守中，如潛如蟄，如枝葉剥落而歸其根，是謂殺機。生機爲順，殺機爲逆，逆順相因，如循環然，在知道者默而識之。若果信息之一字，可使終夜不打一鼾，不作一夢，一念烱然，自由自在，先天補益之功，自有出於昏睡之外者矣。若果信得及，可使終日酬應萬變，而此念寂然不爲緣轉，是謂通乎晝夜之道而知，聖功生焉，神明出焉。蓋養德養生，原非兩事。但其求端用力，作用不同，中間行持，頗有節候，回途就正，終此合併也。

答李克齋

承兄慰存，痛苦之情，藉以少舒，江行亦漸遣釋。默默哀苦中，悟得自己只有一點靈光，是從生帶來的，雖男女至親，一些子靠不着，况身外種種浮浪長物，尚可藉以長久耶？古人云：「非全放下，終難湊泊。」眼前且道放不下的是何物？　吾人只在世間討箇完行名色，將一種好意見，揀些好題目，做包裹周旋，討些便宜，挨過歲月，亦是結果了一生。　若要做箇千古真豪傑，會須掀翻羅籠，掃空窠臼，徹内徹外，徹骨徹髓，潔潔浄浄，無些覆藏，無些陪奉，方有箇宇泰收功之期。　吾人今日之學，欲求取信於天下，須從自家信起。　暗室之内，勿謂人可欺，鬼神時時照察。　若自己處心積慮，一毫有愧於鬼神，便是自欺。　縱使要討世間便宜，鬼神會能算帳，不由人討得。　鬼神與人，幽明只一理，欺不得己，便是欺不得人。　自己信不過，欲求人之信己，譬之身入鮑魚，而欲求人以芝蘭親就，不可得也。　不肖賴天之靈，偶然得箇悟入，故深信不疑，以爲千古絶學，庶幾有在於此。　不惜口業，每每與諸公一談，以盡交修之懷，非不自量也。　若不是自己真有箇悟入處，雖盡將先師口昭言句，一字不差、一一抄謄與人説，衹成剩語，誑己誑人，罪過更大，以其無得於己也。諸公果肯信不肖之言不爲虚妄，只當聽信先師之言一般，還須轉箇關捩子，默默體悟，方得相應。　若只以世間包裹陪奉心腸，便欲承當此件事，譬之懦夫擔負九鼎，不待知者而後知其不勝任也。

佛

與李克齋

藉庇已抵北關。　一路感觸傷悼，苦情鬱鬱。　所賴一點靈明，自主自照，未至昏憒。　始信古人「毁不至滅，哀亦是和」，不我欺也。　上天以此極傷心事降割於我，皆是不肖平時修行無力，包藏機智，欲與造化争巧所致。　驚洊雷而喪匕鬯，震及于躬矣！　敢忘恐懼修省？　自今以後，誓與心盟，徹骨徹髓，掃空巢穴，務令念念可質鬼神，無復一毫牽纏躲閃，順逆好醜，皆作意安，庶不辜負上天一番成就至意。　因此勘破世間原無一物可當情，原無些子放不下。見在隨緣，緣盡即空，原無留滯。雖兒女骨肉，亦無三四十年聚頭，從未生已前觀之，亦是假合相，况身外長物，可永保乎？所留《會紀》，敷陳梗概，傷於漏洩，亦是罪過。愛人念重，不覺縷縷至此。人生只有這件事，凡生時不曾帶得來、死時不曾帶得去的，皆不須一毫着念、認爲己物，方是超物外大丈夫。公餘不妨與諸公時時覔會，究明此件事。此件事原是爲自己性命，教學相長，不是立門户、了故事做的。老師一脉，僅存如綫，望兄出頭擔負，從心悟證，從身發明，使此學燁然光顯於世，與吾黨作榜樣，不徒氣魄承當而已也。

與孟兩峰

與兄相違，忽忽復逾歲月。追憶滁陽燕遊聚處之樂，又在春雲之外矣，念之惘然。老師良知之旨，原是千古絶學。顔子一生功夫，只受用得此兩字。自顔子没而聖學亡，世之學者，以識爲知，未免尋逐影響，昧其形聲之本耳。夫知之與識，差若毫釐，謬實千里，不可不辨。無分别者，知也；有分别者，識也。知是本心之靈，是謂根本，知無知無不知。性是神解，不同妄識托境作意而知，亦不同太虚廓落斷滅而無知也。弟與兄同事夫子，聞之已熟，於此勘得更何如？此事性命根原，生死關捩，其機只在一念入微處取證。不肖衰年行持，亦不出此，千萬自愛！八十老儂，於世情更有何放不下？惟生死一念，眼前實境界，於此超得過，不爲恐怖，方是世出世法，方是豪傑作用。幸兄重留意焉。

答章介菴

伏領來教，併附東廓丈二書，知我丈憂道苦心，愛我良切。聖賢立教，皆爲未悟者説。因其未悟，所以有學。來教謂：「周子『無欲故静』，朱子以心無妄動爲静。」正是吾人學則。因其有欲，故須寡之，以至于無欲；因其有妄，故須反之，以復于無妄。自然無欲無妄者，聖人也；勉强以求至于無欲無妄者，學者之事也。中間淺深、難易、生熟分限何啻什百，然其求端用力，只有此一路。辟之學字，從寫倣書，以至于羲獻精神轉折，萬萬不同。然其布紙下筆，同此一畫，但有巧拙生熟之分耳。聖人自有聖人之學，上達不出下學之中。若以聖人不假修習、超然上達，則虞廷精一之功，果何所事也？夫孩提知愛，及長知弟，此是德性良知本體，不由見聞而得，聖人與衆人所同有，非因悟始有。高虚狂誕，正是倚靠虚見，包藏欲根，不肯實落在德性上克念，以收掃蕩清明之功，乃倚靠包藏之爲害，非良知有所不足，須假借聞見以助益之也。《大易》艮背行庭之旨，正是學者求止功夫，其喫緊正是「艮其背」上用功。艮止功夫不分寂感。時時是寂，時時是感，時時在感應上做得主宰，不爲外境所遷，是謂敵應，不相與也。是以「不獲其身，不見其人」，忘己忘物，而得無咎也。賢如温公，終身未能到此，只爲未悟艮止之意，未免爲中所繫縛。大抵敦行與悟入，功夫須有辨。自古豪傑而未至于聖人者，只少此一著耳。若以虚見爲悟入，何啻千里！

答季彭山龍鏡書

令嗣令坦回自江右，兩辱手教，且遣執禮，迂踈譾薄，愧無相益，徒有抗顔。二子質性頗粹，習氣未深，況久在爐鞴中，意思自好。但未能數會，共致切劘之情耳。來教亹亹數百言，及與月山所論龍鏡一書，深懲近時學者過用慈湖之弊。足知任道懃懇、憫時憂衆之懷。某不佞敢忘佩服？細繹來旨，尚有毫釐欲就正處，兹據其略以請，非敢質言，正以求益也。丈云「今之論心者，當以龍而不以鏡，惟水亦然」云云。夫人心與物無對，無方體，無窮極，難于名狀。聖人欲揭以示人，不得已取諸譬喻，初非可以泥而比論也。水鏡之喻，未爲盡非。無情之照，因物顯象，應而皆實，過而不留，自妍自醜，自去自來，水鏡無與焉。蓋自然之所爲，未嘗有欲。聖人無欲應世、經綸裁制之道，雖至于位天地、育萬物，其中和性情，本原機括，不過如此而已。著虚之見，本非是學，在佛老亦謂之外道。只此著，便是欲，已失其自然之用，聖人未嘗有此也。又云「龍之爲物，以驚惕而主變化者也，自然是主宰之無滯，曷嘗以此爲先哉？坤道也，非乾道也」云云。其意若以乾主驚惕，坤貴自然，驚惕時未可自然，自然時無事驚惕。此是墮落兩邊見解，《易》道宗原，恐未可如是分疏也。夫學當以自然爲宗。驚惕者，自然之用。戒謹恐懼，未嘗致纖毫力，有所恐懼，則便不得其正，此正入門下手工夫。乾乾不息，終始互根。竭力而不以爲勞，省力而不以爲息，道並行而不相悖也。自古體《易》者莫如文王。文王「小心翼翼，昭事上帝」，廼是真自然；「不識不知，順帝之則」，廼是真驚惕。乾坤二用，純亦不已，是豈可以先後而論哉？孔子「發憤忘食，樂以忘憂」，孟子「必有事焉而勿正」，義皆類此。或者以爲聖人本體，自然無欲，學者工夫，豈能徑造？是殆未知合一之旨也。夫道一而已矣！滕文公未嘗學問，孟子開口便教以法堯舜、師文王，豈漫爲之説以誣世哉？誠見道之本一，而學之不容以異也。聖人、學者，本無二學；本體、工夫，亦非二事。聖人自然無欲，是即本體便是工夫；學者寡欲以至于無，是做工夫求復本體。故雖生知安行，兼修之功未嘗廢困勉；雖困知勉行，所性之體未嘗不生而安也。舍工夫而談本體，謂之虛見，虛則罔矣；外本體而論工夫，謂之二法，二則支矣。

入髓之談

此在吾人自思得之，非可以口舌争也。其云「以驚惕而主變化，不若以無欲而主變化，更爲得理」。驚惕只是因時之義，時不當，故危厲生，惟惕始可至于無咎，非龍德之全也。無欲則自然驚惕，當變而變，當化而化，潛見飛躍，神用無方，不涉踪跡，不犯安排。吾心剛健之象，帝命之不容已者，正如此。習懶偷安，近時學者之病則誠有之，此却是錯認自然，正是有欲而不虛。若便指爲先迷失道，以坤體言虛，一入于此，便有履霜之戒，則不惟辜負自然，亦辜負乾坤矣！楊慈湖「不起意」之説，善用之未爲不是。盖人心惟有一意，始能起經綸，成德業。意根于心，心不離念。心無欲則念自一。一念萬年，主宰明定，無起作，無遷改，正是本心自然之用，艮背行庭之旨。終日變化酧酢而未嘗動也，纔有起作，便涉二意，便是有欲而罔動，便爲離根，便非經綸裁制之道。慈湖之言，誠有過處。無意無必，乃是聖人教人榜樣，非慈湖所能獨倡也。惟其不知一念用力，脱却主腦，莽蕩無據，自以爲無意無必，而不足以經綸裁制，如今時之弊，則誠有所不可耳。又云「良知因動而可見，知者主也」，恐亦未爲定論。《易》曰「乾知太始」，良知即乾知。靈明首出，剛健無欲，混沌初開第一竅，未生萬物，故謂之「太始」。順此良知而行，無所事事，便是「坤作成物」。《本義》訓「知」爲「主」，反使聖人喫緊明白話頭，含糊昏緩，無入手處。只一「知」字且無下落，致知工夫將復何所屬耶？夫良知兩字，性命之根，至微而顯，徹動徹静，徹内徹外，徹凡徹聖，徹古徹今，本無汙染，本無增損得喪，寂感一體，非因動而後見也。老師雖爲拈出示人，原是聖門宗旨，蓋「有不知而作，我無是也」，「吾有知乎哉？無知也」，「夫婦之愚可以與知，聖人天地所不能盡」，蓋指此良知而言也。範圍天地，曲成萬物，其要只在通乎晝夜之道而知。即此知是良知，即此知是致知；即此知是本體，即此知是工夫。純此之謂乾，順此之謂坤；定此謂之素定，覺此謂之先覺；主此謂之主静，盡此謂之盡性，至此謂之致命，非有二也。顔子發聖人之藴以教萬世，所學何事？顔子有不善未嘗復行，不遠而復。復者，復此良知而已。惟是良知精明，時時作得主宰，纔動便覺，纔覺便化。譬如明鏡能察微塵，止水能見微波，當下了截，當下消融，不待遠而後復，謂之聖門易簡直截根源。當時子張、子貢、子夏諸賢，信此良知不及，未免在多見上擇識，言語上求解悟，億上求中，凑泊幫補，自討繁難，所以不及顔子。故顔子没而聖學遂亡。説者謂明道之學有似顔子，觀其「動亦定，静亦定」「應迹自然」「澄然無事」之論，原委條貫，亦可概見。今日良知之學，乃千聖相傳密機，顔子、明道所不敢言者。後之儒者，不明宗旨，衹是傳得子張以下學術，顧疑良知孤單，不足以盡萬物之變，必假知識聞見而合發之，反將直截根源，賺入繁難蹊徑上去，其亦不思甚矣！夫良知之于萬物，猶目之于色，耳之于聲也。目惟無色，始能辨五色；耳惟無聲，始能辨五聲；良知惟無物，始能盡萬物之變。無中生有，不以迹求，是乃天職之自然，造化之靈體，故曰「變動不居，周流六虚」，「不可爲典要，惟變所適」，易即良知也。今疑此爲不足，而猶假聞見以爲學，是猶假色于目以爲視，假聲于耳以爲聽，如之何其可也？夫良知未嘗離聞見，而即以聞見爲知，則良知之用息；耳目未嘗離聲色，而即以聲色爲視聽，則耳目之用廢。差若毫釐，謬實千里。豈惟不足以主經綸而神變化，揜閉靈竅，壅閼聰明，將非徒無益，而反害之也。愚竊有隱憂焉。雖然，孔門諸賢誦法孔子，皆以聖人爲學，雖不免意見之雜，然未嘗落于世情。今時之弊，則又十百千萬于此矣。蓋自伯術以來，功利世情漸漬薰染，入于人之心髓，已非一朝一夕之故。吾人種種見在好名、好貨、好色等習，潛伏膠固，密制其命，不求脱離，終日倚靠意見，牽搭支撑，假借粉飾，以任情爲率性，以安逸因循爲自然，以計算爲經綸，以遷就爲變通，以利害成敗爲是非，以憤激悻戾爲剛大之氣，方且圖度影響同異，駕空獵虚，談性説命，傲然自以爲知學，譬如夢入清都，自身正在溷中打眠，全無些子受用。今日學問所以不能光顯于天下而致兹多口，在吾人誠有不得不任其咎者矣。此事關涉甚大，豈可强爲？吾人欲與直下承當，更無巧法，惟須從心悟入，從身發揮，不在凡情裏營窠臼，不在意見裏尋途轍，只在一念獨知處默默改過，徹底掃蕩，徹底超脱。良知真體，精融靈洞，纖翳悉除，萬象昭察，緝熙千百年之絶學，以抵于昌大休明，使人不以西河致疑于夫子，始爲報答師恩耳。某本貧人，無可受用，然説金處，自信頗真。執事師門倚頓也，倘忘其乞食之嫌，相信弗疑，不以世情意見參次其間，則此學真如精金，將益光顯于世，德日崇而業日廣，人心世道，庶乎有一變之機矣！

與潘笠江

去住匆匆，雖未盡請益之懷，吾丈惓惓欵教之至情飲茹多矣！丈平時好養生之術，自謂已得其髓。吾儒之學，未嘗不養生，但主意不爲生死起念。陽明先師良知兩字，乃是範圍三教之宗，是即所謂歷劫不壞先天之元神。佛 養生家一切脩命之術，只是隨時收攝、保護此不壞之體，不令向情境漏泄耗散，不令後天渣滓攙和混雜，所謂神丹也。凡鉛汞龍虎種種譬喻，不出性情兩字。「情來歸性初，乃得稱還丹」，已一句道盡，外此皆旁門小術。仙 吾儒未發之中、發而中節之和，皆是此義。其要只是一念之微識取，戒懼慎獨，而中和出焉，即火候藥物也。中和位育，即宇宙在手，萬化歸身也。此千聖相傳性命之神機，在人時時能握其機，不爲情境所奪，不爲渣滓所染，謂之還丹。隨緣聚散，一日亦可，百年亦可，更無生死執吝，與太虛同體，與大化同流，此大丈夫超脱受用、功成行滿之時也。微軀繫念，去道日遠，千聖過眼，良知吾師。毋謂吾儒與養生家各有派頭，長生念重，未肯放舍。望只專心定念，承接堯舜姬孔一派源流，亦不枉却大丈夫出世一番。未脩儒道，先脩人道，到此辨别神儒有無，未爲晚也。

答萬履菴

區區「思慮未起不與已起相對」之説，執事謂「如此立言，則太玄遠，不免影響之疑。《中庸》言『發而中節』，不言不發也。但吾人戒懼之功，未發時尤爲緊要」云云，此是後儒通見，不足爲異。其實未發不以時言。心無體，故無時無方，故曰「出入無時，莫知其鄉」。吾人思慮，自朝至暮，未嘗有一息之停，譬如日月自然往來，亦未嘗有一息之停，而實未嘗動也。若思慮出于自然，如日月之往來，則雖終日思慮，常感常寂，不失貞明之體，起而未嘗起也。《中庸》喜怒哀樂觀於未發之前，可以默識矣。不論鈍根利器，皆須如此行持，此萬古人心之本體。上乘如此用力，是即本體是功夫；下學如此用力，是合本體爲功夫。若有未發之時，則日月有停輪，非貞明之謂矣。學者果能日加點檢，如痛癢之切身，實犯手做，無一毫遮飾其間，雖分未發已發，亦不妨有用力處，久久悟入，自當忘見。但既有所分，終非動静無端破的之學。此是從一念立根基，無分無合，不可須臾離之日履。顧謂懸空妄想，捕風捉影，卒之修身應事，無一得力，是徒泥典要，而反懼變動周流之爲虚幻也。執事謂不肖稟上品之資，若故爲玄遠之説，以蘄人之信，不惟過情之譽，非所敢當，亦非區區就正之初心矣。

與呂沃洲

見邸報，知爲聖心眷留。儒者得君，自合有此。存齋公同志默主斯道之柄，道義夾持，夔龍滿座。兄以邁志玄覽，倡率鼓動其間，得朋之慶，不占有孚。弟去秋過江右，與雙江、念菴、少初、踈山羣聚默証，頗受教脩之益。人生只有此一事，固不以出處有間也。念菴雖不出户，却儘耐煩，同善之心，比舊較切。惜東廓丈捐背，遠邇傷悼。弟冬仲適至安成，三千里同心之交，得盡永訣，人皆以爲奇事。東廓平生學博名高，禄位崇峻，子姓福澤盛長，世皆羨之。臨時一些帶不去。（佛）可自信者，惟炯然一念光明，不令昏散，爲末後了手一着。（佛）其他種種，皆屬空華。（佛）吾人未死之年，倘身外些子放不下，（佛）縱使勛業横四海，辯才超三界，皆是前塵影事，與本來性命，未見有纖毫干涉也。古云「一念萬年」，平時感應，于物物頭上，萬境忘情，念念無雜，無昏無散，臨時始能不昏不散，不爲境轉。所謂「通晝夜之道而知」，知晝夜則知生死矣！弟年來于此件事頗覺切心，亦頗有悟入處。去年白下之會，草草未盡。所請老師良知宗旨，虚靈寂照，乃是萬刼不壞真性。（佛）此性無體，易于緣物，一切命術是鍊性之法，不過收攝堅固此件而已。譬之日光普照，必得月魄爲之收攝，始能斂而不散，凝而不溢，相視而能久照，其機只在晦朔之交。自朔至望，性歸于命；自望至晦，命伏于性。返照逆流，水火交（姤）〔媾〕，升降消息，自然之所爲，乃真境界。若非真性作用，皆旁門小術，儒者不道也。

與吕沃洲

獻歲譾知道履亨泰，爲慰。去年訟事，是吾丈魔障所遭，但降魔功夫尚覺有大動念處。機雖已息，純白未免受傷。老年舖面，只應收攝保愛，討個受用。經此一番狼籍，與泰然忘機境象，有差別否？蓋緣吾丈平生證入，尚未離見，因見生機，因機作業，乘業發見，見復成境。盖見地未忘，謂之見剩。以此爲對治之法，謂之法塵。此中須有一着大轉身處，未可只如此挨排遣釋，以爲究竟法也。不肖受吾丈信愛，當不以率直爲嫌。吾人八十上下，煞該喫緊時候，應緣而來，緣盡而往，獨往獨來，討箇臨行脱洒受用，方不負大丈夫出世一番也。

與潘水簾

此件事是吾人隨身資糧，不可一時不究察，但其間煞有機竅。若不得其機，不入其竅，雖終日檢點矜持，只成義襲之學。且如司馬君實平生無妄語，心事可質神明，名重四夷，豈非世間豪傑之士？但一念入微，未得穩貼，每疚於心，時常念個中字，未免又爲中所纏縛，其擬《玄》作《潛虚》，亦是繫心之法，以其未得機竅也。人心本虚，本有未發之中，若悟得時，中不待念，虚不待潛，反身而求，無不具足。時時慊於心，是謂集義所生，孔孟家法也。自古聖賢須豪傑人做，然豪傑而不聖賢，亦容有之，未免行不著、習不察，未爲聞道，以其未悟也。陽和謂予曰：「學者談空説妙，無當於日用，不要於典常，是之謂詭。口周孔、身章縫而行商賈，是之謂僞。懲詭與僞之過，而遂以爲學可不講，好友可不會，獨學自信，冥行無聞，是之謂蔽。間有行比一鄉，智效一官，自以爲躬行君子，安於小成而不求上達，是之謂畫。兹四者，病雖不同，其爲無得于學均也。陽明先生云『心之良知是謂聖』，揭出『致良知』三字示人，真是千古之秘傳，入聖之徒徑！時時提醒，時時保任，不爲物欲所遷、意識所障，易簡廣大，天下之能事畢矣。某非私一陽明先生。千聖之學脉，的然在是，不可得而異也。可謂卓然自信，好甚好甚勇於任道者矣！舊有會所曰水西最盛，今廢矣。」聞之，惻惻動心。昔元老諭及友人屠坪石司成，謂屠子好談理學，雅稱同志，不惟不以爲諱，且從而縱臾之，當事者之心，盖可諒矣！其意切切以虚談無實爲戒。魚兔未獲，毋舍筌蹄；家當未完，毋撤藩衛。盖將以明之，非有所作惡苦哉而欲抑毁之也。但恐吠聲怖影之徒，巧於承望，遂致有所變置改毁，反使志學初心鬱而未暢，至動海内善類之疑。譬之太虚清明中，忽生片雲，未免有所點綴。世道污隆，學術興替，舉足重輕，關係不小。此等氣象乃末代陋習，非聖世所宜有。别嫌明微，當事者不可以不慎也。

與陸平泉

某不類，荷公教愛獨深。每憶龍池燕坐，超然默對之樂，恒不忘夢寐間。邇來静中課業更何如？所請《中庸》未發之旨，乃千古入聖玄機，虚以適變，寂以通感，中和位育，乃其功用之自然，是非有假於外也。世之學者，不得其機，未免涉思爲、泥典要，甚至求假于刑名器數，助而發之，充其知識，以爲儒者之學在是矣。

語及虚寂，反鬨然指以爲禪。間或高明之士有得於禪者，復以儒者之學在於敘正人倫，未盡妙義，隱然若有伸彼抑此之意。聖學何由而明乎？先師良知之教，信手拈出，不學不慮，周於倫物之感應，千聖之絶學也。人孰不聞？能實致其知者有幾？能悟於言句之外者有幾？况海内同志凋謝，落落如晨星，一綫之脉，所存幾何？我公深信先師之學，又深有得於禪理，同異毫釐之間，辨之已久，幸有以終教之。夫我公托疾，決志還山，人言有所不恤，是非有矯於世，亦非優游好遁，求以適逸，薄君寵而不顧也。既爲此大事因緣，出世一番，固將心存萬古，了此大事，思以繼聖修而開來學。此等苦心，豈士之譾譾者所能識？亦求自信而已。既不肖年逾七十，百慮盡灰，而一念求助之心，老而彌切，相觀相證，以衍此一脉之傳，固不自量之鄙懷也。辱誤愛，亦豈能恝然忘情于不肖哉？存齋公好學不倦，見處超然，誠睿聖之資。公既密邇，不惜時過周旋，了此究竟之説。譬寶珠入于倚頓之手，人將益信且愛，比之貧兒衣帶所繫，萬不侔矣！存齋公門第峻絶，雖極謙光，鄉人未盡孚恊，此亦一大魔障，勢使然也。入得魔，降得魔，不作礙相，方是大佛作用。公會間，幸默致此意，時時以武公不愧屋漏之學相詔勉。洒掃庭内，法行自近，以示訓于鄉人，即此便是中和位育真胚胎，使聖學彌有光于世，固吾黨大幸，亦大願也！

信佛

與陸平泉

我公静養多年，驟當忙局，日應萬變，此心寂然，素定之徵也。向嘗請教入佛入魔之説，公已無逆於心。魔有二：有正道試法之魔，有陰邪害法之魔。若于此中識得破、打得徹，弗令試脱，弗爲擾害，方是超出三

好好

界大佛作用。我公深契師門宗旨，良知兩字，是照妖大圓鏡，真所謂赤日當空、魍魎潛消者也。新天子踐祚，童蒙之吉，得公以剛中之德相應，助成聖功，亦千古大快事。然此未易言也。包蒙納婦，方爲克家之子，非有入魔真手段，未足以與此。幸默識之！

與陶念齋

天子新祚，睿知夙成，童蒙之吉，執事任養蒙之責，其功貴豫。竊意治有大本、有大機。大本莫切於明聖學，大機莫切於和人心。聖學明，蒙養之功始有所就；人心和，協恭之化始有可成。養正之術，全在内外得人。在内所賴全在中官。蓋幼主深處宫闈，舍此輩無與周旋承事。此輩伎倆，染習雖深，然未嘗無是非本心，利害未嘗不明。吾輩無耻者，方倚以爲速化之術；其孑孑自好者，視此輩爲異類，若將浼己，絶不與通，則又若矯枉之過矣！今日欲事蒙養，須與此輩通一線之路，誠心相處，開其本心之明，示以禍福利害之機，使此輩知吾黨之可賴，當有忻然悦而趨向者。得此輩辦幾分好心腸，隨時引沃輔理之益，奚啻外廷百倍！非有不二心之臣、圓機之士，未足以語此。周公輔成王，惓惓于綴衣虎賁之士。所謂「綴衣」，即今尚衣供奉之役；「虎賁」，即今持戟護屏之役；正指此輩而言也。《蒙》九二「包蒙納婦」之吉，其旨深矣！所謂明聖學以成養蒙之功者有如此。唐虞之朝，同寅師師，相讓相親，視爲一體，手足耳目，共爲腹心之用，以成正大光明之業，不必出于己也。後世一體之學不明，人各有心，交搆忿忌，上下争馳于利以相圯軋，欲成一體之治，不可得矣。所謂和人心以昭協恭之化者如此。不肖隱憂不忘，眠食之外，以心代力，纂輯《中鑒録》三册，寄麟陽世丈處，可索取觀之。倘以爲有補萬一，或抄録數册，擇此輩可與言者，無意中授以一册，遞相傳玩，少知勸阻，興其善念，拂其邪心，未必無少助耳。吾儒之學，原與物同體，非止爲自了漢。此念本天授，不以世界窮達有加損、人類同異有揀擇。大丈夫爲大事因緣，出來救世一番，皆吾分内事也。亮之！

何等心腸

與陶念齋

致知無巧法，無假外求，只在一念入微處討真假。一念神感神應，便是入聖之機。孟子所謂集義，是時時求慊于心。纔有億度，便屬知解；纔有湊泊，便落格套；纔有莊嚴，便涉氣魄；皆是義襲，王伯誠僞之所由分也。唐虞之時，所讀何書？危微精一之外無聞焉。後儒專以讀書爲窮理，循序致精，居敬持志，隔涉幾許程途？揣摩依彷，將一生精神寄頓故紙堆中，忘却本領工夫，談王説伯，别作一項伎倆商量。晦翁晚年，亦已自覺其非矣！所謂君子之過，聖賢之用心也。先師信手拈出良知兩字，不學不慮，以直而動，乃性命之樞，精一之宗傳也。邇者浙江撫按，連疏申舉先師從祀，以補聖朝之缺典，已蒙平泉宗伯題請。荷聖旨俞允會議，近今未見題覆。聖天子睿知夙成，童蒙之吉，柔中之德，臨之于上，諸大老以剛中之德應之于下，剛柔相濟，大義自定。雖有紛紛之論，無自而入也。吾世丈既已深信其學，又當可爲之時，會須明目張膽，一陳昌言，使此學曉然光顯于天下。已信者益堅其信心，未信者漸釋其疑慮。使忌者獻誠，慢者致恭，所謂萬代瞻仰清明，一盛事也。夫學有嫡傳，有支派，猶家之有宗子與庶孽也。良知者，德性之知。性無不善，故知無不良。明睿所照，默識心通，顔子之學，所謂嫡傳也。多學而識，由於聞見以附益之，不能自信其心，子

通篇詞嚴義正，先生真其人哉！

貢、子張所謂支派也。蓋良知不由聞見而有，而聞見莫非良知之用。多識者所以畜德；德根於心，不由多識而始全。内外毫釐之辨也。顔子没而聖學亡；後世所傳者，子貢、子張一派學術，沿流至今，非一朝一夕之故。先師所倡良知之旨，乃千聖絶學，孔門之宗子也。漢唐以來，分門傳經，訓詁註述之徒，所謂庶孽者，昂然列于廡下，而爲宗子者，尚泥于紛紛之説，不得並列于俎豆之間，以承繼述之重，豈亦有似是而難明者乎？向來臺諫言事者，每以薛文清與陽明先師並舉從祀，説者爲文清之學，舉世皆以爲是，而陽明尚有議而非之者，久之以待其定。夫丈夫盖棺，事已定矣！何待于久？若以是非之有無爲高下，恐非所以卜人品而明學術也。自良知之學不明于世，人人失其本心，未免以毁譽爲是非，是其所非，非其所是，容有之矣！是非者，好惡之所從出也。孔子云：「不如鄉人之善者好之，不善者惡之。」若徒以毁譽爲是非，鄉愿之媚世，反若賢于仲尼也，而可乎哉？世有冒認宗傳，以庶易嫡，是非無從而明者，則滴血以爲證。良知者，是非之則，千聖相傳真滴血也。人品之高下，係學術之邪正；學術之邪正，係吾道之盛衰；吾道之盛衰，係世運之汙隆。此在當局諸公主持世教之責，非區區阿好所得而私也。

答趙尚莘

使至，拜領手書，儼對顔面。所示日來工夫，想見兄日用行持，煞肯用力，煞肯參究，此中正好商量。「嗜慾深痼，割情極難」，此已一句道盡。若非極下苦功，令本心時時作得主宰，未有不以從欲爲自然者。孔子年七十，方能從心所欲不踰矩，吾人豈可容易放過？然此却非禁絶所能制，須信本心自有天則，方爲主宰；須信種種嗜欲、皆是本心變化之迹，時時敵應，不過其則，方爲煆煉。若不信得這些子，只在二見上湊泊支持，下苦工時，便是有安排，討見成時，便成無忌憚，未免墮落兩邊，其爲未得應手，則一而已。

與趙尚莘

承示本體工夫合一之意，此本簡易明白，但吾人習于聞見，本體外別作一項工夫商量，故見其有不合處。要之，還是爲性命心未懇切，未免從見上轉。

與趙尚莘

去住匆匆，未盡合併，別後怏怏，如有所失。包裹扭捏，是吾人通病，今亦不能于病上屑屑去得，只密察本來真性，時時令其直達流行。不從痛癢上起廻護見，則包裹自去；不從名色上起照管見，則扭捏自除。時時是真性直達，乃是真放下；時時是真性流行，乃是真舉揚。若作二義商量，未免墮落兩邊見解，于本性上未免有一紙之隔，所當深究而早辨者也。不肖承兄誤愛，二人同心，其利斷金，一切毁譽之來，正可爲吾人切劘之助。若以此過動其心，則又惑矣！

答趙尚莘

領兄手教，知爲這件事甚着緊。吾人此生，原只有這件事。但世人凡緣染重，外境累深，未免將自己精神向外馳求漏泄，反把這件事作第二義看。間有覺破其弊，欲與收攝，自爲主張者，又未免從意見好名色上扭捏轉移，不肯專專向一念上求生死下落，是與終日馳求者雖稍不同，其爲不得真性流行，則一而已。

佛

答茅治卿

向承以所見録示，足知信道之勇，求悟之切。細閲來教，見處不無，大都從意解上凑泊，不免纏繞文義，未見有超然悟入之趣。昔人謂葛藤窠，其信然耶！某非不欲答，恐分疏得明時，反滋葛藤之病，姑爾遲遲，非敢自外也。再辱手教，令人心目開明，未得謂得，未証謂証，是兄真實不誑語。某今則可以言矣！來教謂：「道理本來具足，起心求之而愈遠，放下即是。天地設位，而易行乎其中，齋戒神明，洗心退藏，此也。」所見彌近，然亦從耳根入來，終費許多摹擬。只今且道所起是何心？所放是何事？行乎其中是何物？所齋戒、所退藏是何行持？若是真悟漢，言下便須了徹。才涉商量，劍去久矣！

佛

來教疑致知反在格物之先。夫先師格物致知之旨，本無先後。致知者，致不學之知，是千古秘密靈明之竅；格物者，格見在之物，是靈明感應之實事。故致知在于格物，則知非空知；格物本于致知，則物非外物。此孔門一貫之旨，無内外，無精粗，而不可以先後分者也。世固有以明心見性爲致知者矣，而遺棄人倫物理，則真性便有不遍之處，是謂落空。亦有以窮至物理爲格物者矣，而以知識爲知，反在事物上求箇定理，則内外便成對法，是謂玩物。二見紛紜，而聖學始亡。道之不明于世，有自來矣！來教云「湯武以下，用何工夫而至此」云云。夫良知本來是真，不假修證，只緣人我愛憎，分别障重，未免多欲之累，才有所謂學問之功。堯舜清明在躬，障蔽淺，是即本體便是功夫，所謂性之之學。湯武以下，嗜欲重，障蔽深，是用功夫求復本體，所謂反之之學。其用力雖有難易深淺不同，而于良知本來，實未嘗有所加損也。然非獨聖賢有是也，人皆有之。雖萬欲騰沸之中，若肯反諸一念良知，其真是真非，炯然未嘗不明。只此便是天命不容滅息所在，只此便是人心不容蔽昧所在。此是千古入賢入聖真正路頭，舍此更無下手用力處矣！吾人甘心不學則已，學則當以顔子爲宗。顔子不遠而復，且道顔子是何學？迺孔門易簡直截根源、先天之學，非可以知解想像而求者也。自此義不明，後世所傳，惟以聞見臆識爲學，揣摩依倣，影響補凑，種種嗜慾，反與假借包藏，不肯歸根反源，以收掃蕩廓清之績，是殆壅閼靈明而重增障蔽也。沿流以至于今，其濫觴又甚矣，豈不可哀也哉？先師一生苦心，將良知兩字，信手拈出，直是承接堯舜孔顔命脉，而其言則出于孟氏，非其所杜撰也。世儒不此之察，顧一倡羣和，鬨然指以爲禪，將易簡宗旨、反墮于支離繁難而不自覺，豈不重可哀也哉？

與諸南明

吾兄處盛世，位清班，養望自高霄漢，事業可以立致。然區區所望於兄，更有進於是者。人生貴聞道，始有安身立命之地。先師提出良知二字，乃是至道之精神，神感神應，真是真非，一毫不容自昧，乃易簡直截根源，千聖從入之真機。世之學者，信此不及，以爲不足盡天下之變，反雜以知解意識，或泥于格套名義，揀擇假借，自討煩難，昧其機而不自覺耳。吾兄於此既有所悟入，安身立命，當不假於外求。盖良知之宗，寂而常照。舜之明物察倫，照之用也；由仁義行，寂之體也。是謂明覺之自然，是謂無爲而治。千古經綸之學，盡於此矣！纔有不寂，種種明察皆爲用知；纔有所雜、有所泥，種種事業皆爲義襲而取。真假毫釐之機，辨之於一念之微，所謂是非之則也。我朝開國以來，狀元進位宰輔者，無慮數十輩。再世之後，名消影息，皆蕩爲太虛，析爲浮塵，而世之所指而仰者，不過某某數人而已。然則所恃以不朽者，固在此而不在彼也。

與屠竹墟

天地間豪傑有數，此生倏聚倏散，能幾何時？自己真性命，會須安立處。人生精力有限，自有嗜欲以來，破敗不少，古爲强仕之年，今爲始衰矣！此人好色 若不及時回頭，樽節保愛，終日經營身心之外，雖有美譽奇業，到底只成眼前空華，所濟恁事？某不肖，不能早覺，以祇于悔，今以悔心就質于有道，求助之望也。千鈞之鼎，非烏獲不能勝。執事既已豪傑矣，豈肯將聖賢事作第二義？欲見宗廟之美，百官之富，須得其門而入。所謂性命兩字，乃入聖賢血脉門路也。自性自修，自命自固。爲性命之心重一分，嗜欲自然輕一分；全是性命之心，種種嗜慾，自然淡息得下。所謂持衡之勢也。

與李中麓

吾人此生，惟此一大事，吾兄既已見得及，豈宜復爾悠悠？古云：「不雜學，故精。」吾兄天性如許聰明，凡所學習，便能悟入，不可及處在此，受病處亦在此。盖纔能入便得趣，纔得趣便難歇手，不可以不早辨也。堯舜之知而不徧物，臯夔稷契之才不相兼而用。盖人之用心，一則精，二則雜。吾人些小精神，視昔堯舜稷契何如？全體收攝，打歸一路，猶恐不濟事，而乃欲泛泛然偏其所不能偏，兼其所不能兼之務，亦見其惑矣。此中不無有心病，畢竟是好名好勝念頭未能忘却。雖種種力行好事，只在氣魄上支持；種種談説妙義，只在想解上湊泊。轉轉周羅，反從勝心裏增起一番藩籬，終身未見有出頭期也。若是真爲性命漢，言下便有決烈，便須通體放下，以求日新，寧忍更作有漏因果、甘心墮落爾耶？所議官中事體，見兄意象紛紜，疑根未浄，畢竟在名色上轉，在對算窠臼裏作活計。要之，還是致知格物之學未盡明透。此學鍼鍼見血，不涉皮毛，真是真非，本來明白，隨所感應，條理自見。譬之赤日當空，容光必照，魑魅魍魎，從何得來？此原是聖門直截根源，一了百當。後儒却被聞見知解纏繞，自討繁難，所以信不及。相沿既久，被他終身埋没，不自覺耳！

答羅念菴

讀來教，知日來于此件事殺有著落，吾道何幸！　但此中不可生證解。良知非知覺之謂，然舍知覺無良知。良知即是主宰，而主宰淵寂，原無一物。〔佛〕吾人見在感應，隨物流轉，固是失却主宰；若曰吾惟于此處收斂握固，〔老〕便有樞可執，認以爲致知之實，未免猶落内外二見。〔佛〕固知吾兄見處圓融，雖精神著到而不著一物，然才有執著，終成管帶，〔佛〕只此管帶便是放失之因。比之流轉馳逐雖有不同，其爲未得究竟法，則一而已。兄且道孩提精神，〔妙妙〕曾有着到也無？鳶之飛，魚之躍，曾有管帶也無？驪龍護珠，終有珠在；以手持物，終日握固，會有放時。不捉執而自固，逈忘于手者也。惟無可忘而忘，故不待存而存，此可以自悟矣！　所謂「致知在格物」，言致知全在格物上，猶云舍格物更無致知工夫也。如雙江所教「格物上無工夫」，則格物在于致知矣。不肖「虚實相生」之云，本無深説。良知之體本虚，而萬物皆備。物是良知凝聚融結出來的，格物是致知之實，合内外之道也。致知不在格物，便是着空。因兄見示，已曾有簡請質，并達雙江，豈期尚未至耶？有未當心，不惜頻教，求正之願也。

與羅念菴

兄見在行持，曲盡物理，已知不落格套，誠經綸之實際。但云「見在良知必待脩（佛）證，而後可與堯舜相對」，尚望兄一默體之。蓋不信得當下具足，到底不免有未瑩處。欲懲學者不用工夫之病，並其本體而疑之，或亦矯枉之過也。這些子似若不打緊，千古學術主腦毫釐之辨，關涉不小。故復以請正于兄，當在所諒察也。得緒山兄書，云與兄商訂年譜，已有次序。學術事功，須混作一項。提掇學術處詳明曲盡，而于事功種種應迹，正是此學術下手處。使人讀之，則可以默証此學之精微，方是傳神手筆。不知兄以爲何如？先儒誌狀之外，或年譜遺處，皆有各人補傳別誌。凡兄所的聞，如與周龍江云云等類，還望作一補遺，發明這件事，使後來有循據，不致謾地抹過，亦吾人之責也。均役事，歲終想已完結。蓋爲鄉人作數十年福緣，不得不以身任之。然此亦是一時應迹。根極性命宗原，則百尺（佛）竿頭所進，還復有着脚處。古云「打破虚空」，未可盡委于外教之寓言也。

與羅念菴

貴省自廓翁捐背後，青原、復古諸會所荒落殆甚，諸友悵悵，若無所歸。固知此輩未必盡發真心，未能盡爲性命，然風聲鼓動，彼倡此和，主盟斯道者，不可無人。一人倡之，衆人從而和之；已而倡之者衆，和之者益衆。所謂道誼由師友有之，義重敘樂，求此道之不明，不可得也。若各各離居，火力不聚，漸至烟消，寢成灰息，求此道之不明，亦不可得也。吾兄素行超卓，真純粹白，同志素所信向。乃今閉關多年，高臥不出，于一己受用得矣，如世道何？兄見此輩發心不真，遂生厭離，不如自了性命，于計爲得。且見荆川出山，大業未究，遂有所懲，益堅遯世。竊計此亦過矣。大乘禪宗尚不肯作自了漢，況兄平生種下萬物同體真種子，世間痛癢，素所關心，天機感觸，隨處生發，豈容自已？若果夙疾未瘳，不妨隨時休息。春秋會時，還望爲衆出關，將身擔當此事，以爲之倡。務各各以實行相觀法，不徒知解辨説，滋長虚見。使諸會所煒然脩明，有光舊業。庶不枉大丈夫爲此一大因緣（佛），出世一番耳！弟雖老矣，不敢不如期趨晤，共効切劘之助。聞督學不喜講學，而獨敬信吾兄。此公人品非凡流，若果人人如兄，無係籍假道之嫌，彼豈甘心作惡也哉？是知榮辱在于自召，真假可以立决，困衡徵發，可以喻作，未必盡彼之過也。

與羅念菴

去秋，聞兄染痰蹶之疾，手眼有攤挛處，不勝驚念。頃會艾陵，云兄大體已平復，右手微有拘掣，略妨揮灑。豈熙熙穆穆入神之技，上天亦有所忌耶？吾兄身雖處于關中，心未嘗不與海内同志相應。不肖受兄之愛，何異骨肉？其所期望，不但爲完行君子，將使直超三代以上，爲此學之宗盟。而不肖亦豈忍安于自足，以負海内諸兄之望？文王尚小心翼翼，亦臨亦保，况吾儕乎？自今以往，尚期時時收攝，求以自淑，亦不敢更作言語抹過也。病中更有新得，望不惜一言指示。兄舊時未信見在良知之説，關中鍛鍊，情義更覺何如？享用見在，固涉儱侗，不信見在，又將何所用力耶？

與孫淮海

我公信道力學，爲道林、波石二兄入室宗盟。近見我公應酬諸作，其曰：「寂感，人心也。雖寂而未嘗不感，雖感而未嘗不寂，謂之一貫。譬諸洪鍾含聲，明鏡蓄照，不將迎於物，物至應之，適中天則，應已不留，非擬議形跡可逮。本體在此，工夫在此，天地萬物有不能違焉。後世學術，或失則内，或失則外。遺事以求心，將無入於空滅？逐吾心於事物，將無陷于支離？」此數言，深契先師格致之微旨，可謂得其髓矣！世傳當局者有不喜講學之説，愚切以爲不然。講以身心與講以口耳，先正常有辨矣。雖有褊心之人，未嘗非顔孟、毁周程，吾人所當自省。若夫沉痼詞章之陋習，囊珍二氏之餕餘，甚者竊講之名號，以傳呼于人，因爲矯跡希寵之具，毋乃緣堯舜之聲稱，作桀蹠之嗃矢耶？彼偏詖者既不馴於宫牆，而贋許者復自叛于大道，道之不明不行，又何惑焉？審若是，吾人視之，且汗顔媿心之不暇，况諸公以高明臨之？固有不能遁其情者矣。雖然，當局者處勢重、屬望隆，一言向背，世道從違所關。且道學名號，非盛世所宜有。先朝殷鑒，淑慝昭照，導之使從，猶恐其不吾信，况從而抑之乎？諸公雖無抑之之心，不幸有其迹矣。世人不原其心而泥其迹，將循覆轍而懲後車，不可以不慎也。

與耿楚侗

聖天子童蒙之吉，柔中臨之於上，元老以剛中應之於下，剛柔相濟，德業日彰。邇者元老有《帝鑒》，獨中官無鑒，似爲缺典。閒居無事，纂輯歷代中官傳，得其善與惡者若干人，録爲《中鑒》。間以數語引而伸之，開其是非之本心，警以利害之隱機，使知所懲發。若得此輩回心向主，比之外廷獻替，功可百倍。聞京師已復同志大會，乃吾丈與一二同志倡之，浣慰可知。古云：「供千僧不如供一羅漢。」佛 求友之心，無間出處，惟丈自愛！先師從祀一節，知元老注念，事在終濟。平泉以病去，履菴同志，可無差池。幸吾丈上下周旋，多方以贊成之，固所自盡也。

與耿楚侗

區區近來勘得生死一關，頗較明白。佛 生死如晝夜，人所不免，此之謂物化。若知晝而不知夜，便是溺喪而不知歸，可哀也已！孔氏云：「朝聞道，可以夕死。」道無死生，忘死生而後超之。老 吾人見在得喪、稱譏、榮辱、好醜，有一毫忘不盡，還有分別心在，總是未聞道，未可以死也。無閒忙即無死生，不待三十日到來，佛 始見所謂見在也。

答耿楚侗

領手教，始知公已從大江而返。所示《論學啟稿》，謂「喜怒時更有不遷者在」，是皆未悉區區所論不遷原旨。先師謂「顏子不遷，有未發之中始能」，此亦權法。夫未發之中是太虛本體，隨處充滿，無有內外。發而中節處，即是未發之中。若有在中之中另爲本體，與已發相對，則誠二本矣。良知知是知非，原是無是無非，正發真是真非之義。非以爲從無是無非中來，以標末視之，使天下胥至于惛惛憧憧也。不肖之意，亦非欲人極深一步領會。不識不知，良知之體本來如是，非可以深淺、高卑、抑揚而論也。不達此一關，終落見解分疏，終未歸一。山堂夜話，明鏡之喻已是太煞分明，譬諸日月之往來，自然往來，即是無往無來。若謂有箇無往無來之體，則日月有停輪，非往來生明之旨矣。

與馮緯川

此件事須耐心從萌芽養起。纔從氣魄上湊泊、知識上解會，皆是採枝摘葉功夫。雖使功業蓋世，根脚不穩，終成墮落。先師嘗云：「人在功名路上，如馬行淖泥中，脚起脚陷。須有超逸之足，始能絶塵而奔。」可與功名之人道。得意場中，能長人意氣，亦能消滅人善根。

答馮緯川

令姪至，領手教，知自反深切，所見卓然。其論慈湖「不起意」之説，若有取於鄙見，且以相師之喻，爲有補於慈湖未盡之旨，可謂虚受哉！來教「不起意者，正以致其不學不慮之良知，不起非滅也。千思萬慮，莫非天則之流行，動以天也。此正是變化云爲，生生化化之機。而謂之寂滅死硬物也，豈足以知楊子乎？」此千古入聖之秘藏，兄可謂得其髓矣！來教謂區區「以正心爲先天之學，誠意爲後天之學，若過于分疏，非敢然也」。人之根器，原有兩種。意即心之流行，心即意之主宰，何嘗分得？但從心上立根，無善無惡之心，即是無善無惡之意，先天統後天，上根之器也。若從意上立根，不免有善惡兩端之決擇，而心亦不能無雜，是後天復先天，中根以下之器也。區區先後合一之宗，正是不可分之本旨。兄之所言是也。不得已而有分者，乃爲兩種根器而發，亦權法也。先師謂「未發在已發之中，已發在未發之中」，不論有事無事，只是一個致良知工夫，統括無遺。物是良知感應之實事，良知即是心之本體、未發之中也。明道云「動亦定，静亦定」，動静者，所遇之時，定即良知之體也。塵俗即事，好惡即物，原無可離。若此體涵咏夷猶，率爲準則，未免二見。居塵出塵，即好惡而無所作，方是吾儒合一指訣。吾兄所呈「菴中獨坐，了了光景，只是氣機偶息，與《中庸》立本之旨不同。謂從静景息塵，尋個端倪則可，謂一部《中庸》全在此則不可」，兄之所言是也。前後味兄見教，于先師良知之旨，可謂篤信，然尚未免依通解悟。若是徹悟，只（佛）寸鐵傷人，更無許多刀兵可弄也。白沙静中端倪之見，乃是堯夫一派，與先師致知格物之旨，微有不同。此非副墨所能盡，何時與兄山堂對晤，究竟此言也？

答吴悟齋

首秋領兄鎮江發來書，亹亹數百餘言，辭嚴意懇，惟恐吾人緇于習染，陷身於有過，重爲此學之羞。世之疵詬講學者，不特暴棄之徒指爲口實，雖賢智同講者亦且病之。真如洊雷驚耳，令人脩省之不暇。非兄直諒誼深，篤於一體之愛，能如是乎？佩服，佩服！細繹來教，所論致知格物之旨，尚有可商証處。此古今學術同異之辨，苟徒譽言相酬，以示無逆，似反以薄待兄，非捶撻相期、一體之初心也。敢舉崖略以請。來教云：「園中對晤信宿，多所悦服。其略牴牾，不在本體上，正在行持保任上。千載學脉，原自昭朗，學者不自昭朗耳。」意謂先師提點良知，令人言下直見本體，若無難者，學者只緣在格物上看得太輕，忽於行持保任工夫，使人不信其行，並不信其言。不若一等高明操勵之人，猶足以立此身於無過之地。是則然矣！乃不肖所欲汲汲求正之意，却正在本體上，是非忽於行持保任也。真見本體之貞明，則行持保任自不容已，不復爲習染之所移。譬之飲食養生，真知五穀之正味，則蒸溲漬糁自不容已，不復爲雜物之所汩。凡溺於習染者，不知貞明者也；淆於雜物者，不知正味者也。孟氏云：「是集義所生者，非義襲而取之也。」集義只是致良知。良知不假學慮，生天生地生萬物，不容自已之生機。致良知是求慊於心，欲其自得也。苟不得其機，雖日從事於行持保任，强勉操勵，自信以爲無過，行而不著，習而不察，到底只成義襲之學。義襲即是大過，非襲即是保任。豪傑而不至於聖賢者以此，古今學術同異毫釐之辨也！來教謂：「文公篤信舊聞，不敢自立知見，故以窮至事物之理訓格物，推極知識訓致知。所謂『窮理』者，《易》文也。」知識與良知之旨未嘗差别。是義也，先師《與人論學書》、區區與雙江《議辨》，言之詳矣。吾兄殆忽而未之省耶？《易》曰：「窮理盡性以至于命。」心一也，以其全體惻怛而言謂之仁，以其得宜而言謂之義，以其條理而言謂之理，以其明覺而言謂之知。仁極仁而後爲窮仁之理，義極義而後爲窮義之理。不外心以求仁，不外心以求義，獨可外心以求理乎？《繫辭》所謂「窮理」，兼格致誠正而言，聖學之全功也。故曰：「只窮理，便盡性以至於命。」若專指格物爲窮理，而求理於事事物物之中，不惟於《繫辭》之義有偏，亦非《大學》之本旨矣。心之知一也，根於良則爲德性之知，因於識則不免假於多學之助，此回、賜之學所由以分也。（至要）果信得良知及時，則知識莫非良知之用，謂吾心原有本來知識亦未爲不可。不明根因之故，沿習舊見，而遂以知識爲良知，其謬奚啻千里而已哉！來教云：「格物者，吾心靈明，上格天，下格地，明格人物，幽格鬼神，大而五典，小而三千三百，無不貫通透徹。無有內外，無有動靜。何在非物？何在非格？曰『體物而不遺』，曰『感而遂通天下之故』，皆所謂格物。格物者，致知之實地。吾儒所以異于禪家者，此也。」此説似是而非。蓋緣平時理會文公《或問》慣熟，宛轉通融，附成己見，即「天地之所以高深，鬼神之所以幽顯，物理固非度外，人倫尤切於身」之意也。先師自謂：「格物之旨，其於《或問》兩條九條之説，皆已包羅統括於其中，但爲之有要而作用不同，特毫釐之差耳！」若曰「何在非物，何在非格」，求端用力之地，果何所事事耶？良知不見不聞，微而顯以體天地之撰，而後謂之格物；良知無思無爲，寂而感以通天下之故，而後謂之格物。致知在格物，而格物本于致知，合內外之道也。其曰「儒佛之異，在於格物」，則誠是矣，但未知作用之同與否，果何如耳。佛氏遺棄倫物感應，而虛無寂滅以爲常，無有乎經綸之施，故曰「要之不可以治天下國家」。孰謂吾儒窮理盡性之學而有是乎？大人之學，通天下國家爲一身。身者，家國天下之主也；心者，身之主也。意者，心之發動；知者，意之靈明。物即靈明應感之跡也。良知是非之心，天之則也。正感正應，不過其則，謂之格物。物格則知至矣。是非者，好惡之公也。自誠意以至於平天下，不出好惡兩端。是故如惡惡臭，如好好色，而毋自欺，意之誠也。好惡無所作，心之正也。無作則無辟矣，身之脩也。好惡同於人而無所拂，家齊國治而天下平也。其施普於天下，而其機原於

妙妙！孰謂問學？　通徹之人不可以治天下國家乎？

一念之微。是故致良知之外無學矣！此爲之之要、經綸之用也。來教云：「某之所謂『格』，與陽明所謂『格』者，稍似而不相似。大都悟入之途雖異，而所悟之宗旨則同。某之『格』，與晦庵、陽明之『格』，二説皆具，不必專主此説爲是，而盡謂彼説爲非。」兄欲調停兩家之説，使會歸于一，自謂己之「格」二説皆具，其用意誠厚矣。但未知所爲「稍似而不相似」與所悟之同異，果從何處得來？文公云：「天下之物皆有定理。」先師則曰：「物理不外於吾心，心即理也。」兩家之説，内外較然，不可得而强同也。孟氏云：「規矩，方員之至。」規矩誠設，則不可欺以方員，而方員之理，舍規矩孰從而定之哉？縱得其情，亦不過多學之億中耳。其於屢空之學，變動不居，周流六虛，無方員之規矩，而天下之方員從此而出，相去何遠哉！此入聖之微機，無典要之大法，不可以不察也。或謂：「心之良知，非假事物之理爲之証，師心自用，疑於落空。」此正所謂毫釐之辨也。夫萬物皆備于我，非意之也。目備萬物之色，耳備萬物之聲，心備萬物之情，天然感應，不可得而遺也。目惟空，始能鑒色；耳惟空，始能别聲；心惟空，始能類情。苟疑其墮於空也，而先塗之以黑白，聒之以清濁，淆之以是非，存爲應物之凖，豈惟不足以取証，聰明塞而睿知昏，其不至於聾聵而眩者幾希矣。此學公於天下，公于萬世，非一家私事。望兄舍去舊聞，虚心以觀兩家之説，孰是孰非，必有的然之見，有不待辨而自明矣！來教云：「今時講學之弊有二：其一以良知本來無可脩証，纔欲修証，便落二乘，其

弊使人懸空守寂，截然不着事物工夫；其一以知即是行，一切應迹皆可放過，其弊使人見這光景，自以爲足，不復修行，乾没於僞欲而不自以爲非，是看格物爲不要緊工夫。二者緣於良知本體未曾徹悟，非教使之然也。」此二者之弊，世間無志、甘于染習，與稍有志而狃近利、泥虛見者，或誠有之。先師設教之旨，與吾人相與講學之意，則殊不然。兄以爲傳流之誤，雖若爲吾人出脱罪過，亦時使然也。良知不學不慮，本無修証，格物正所以致之也。學者，復其不學之體而已；慮者，復其不慮之體而已；乃無修證中真修証也。若曰「懸空守寂，無所事事」，則格物果將何所屬耶？知即是行，非謂忽于行持，正以發「不行，不足謂之知」之意，使人致謹於應迹也。若曰「見這光景，自以爲足，没於僞欲而不自知其非」，烏得謂之良知也哉？末謂「緣于良知本體未曾徹悟」，可謂一句道盡，乃復曰「不在本體上」，不自相牴牾也耶？來教謂：「區區所議『文公讀書窮理，尚隔幾重公案』爲過情。持此進修，可以寡尤，不失爲躬行之君子。若倒這公案，任意糊塗，其弊爲無忌憚之中庸。講者多不修，修者多不講，總於大道未聞也。」夫千古聖學，惟在理會性情，舍性情則無學。未發之中，性之體也。其機在于獨知之微，慎獨即致知也。此脩道之功，復性之基，大本立而達道行，天地萬物皆舉之矣。孔子稱回之好學，惟曰「不遷怒，不貳過」，而其用功，惟曰「有不善，未嘗不知」，「未嘗復行」，未嘗求之于外，可謂約矣。子貢從事于多學而識，以言語觀聖人，夫子誨之曰「汝與回也孰愈」，蓋進之也。顔子没而聖學亡，後世所傳，乃子貢一派學術。濂溪「主静無欲」之旨，闡千聖之秘藏；明道以「大公順應」發天地聖人之常；龜山、豫章、延平遞相傳授，每令「觀未發以前氣象」，此學脉也。文公爲學，則專以讀書爲窮理之要，以循序致精、居敬持志爲讀書之法，程門指訣，至是而始一變。迨其晚年，自信未發之旨爲日用本領工夫，深悔所學之支離，至以爲「誑己誑人，不可勝贖」，若文公可謂大勇矣！或謂先師嘗教人廢書否？不然也。讀書爲入道筌蹄。束書不觀，游談無經，何可廢也？古人往矣，誦詩讀書而論其世，將以尚友也。故曰：「學于古訓乃有獲。」學于古訓，所謂讀書也。魚兔由筌蹄而得，滯筌蹄而忘魚兔，是爲玩物喪志，則有所不可耳。較之程門公案，已隔幾重，回、賜之所由以殊科也。兄謂「守此進修，可以寡尤」，此固然矣。然必有志而後能守。苟甘於暴棄，無所忌憚，雖有公案，且將視爲長物，孰從而持？躬行君子，必本於慎獨，道修性復，始可謂之躬行。若依倣古人之迹，務爲操勵以自崇飾，而生機不顯，到底只成義襲作用，非孔門之所謂君子也。講學正所以修德。改過遷善，講學之事也。若曰「講而不修」，所講又何事耶？來教欲吾人翻槽洗臼，從格物上講明，以身爲教，無俾良知爲空談，學者有所率循。中人以上者，由之可以超悟；下者亦可不失尺寸。此昔賢忠告之道，敢不祇領？孟氏云：「百里奚之適秦，年已七十矣，曾不知食牛干主之爲污也。」賢者與鄉黨自好，分明是兩條路徑。分明罵他鄉愿。賢者自信本心，不動情于毀譽。自信而是，舉世非之而不顧；自信而非，得天下有所不爲。若鄉黨自好，不能自信，未免有所顧忌，以毀譽爲是非，于是有違心之行，其所自待者踈矣！不肖於師門晚年宗說，幸有所聞。數十年來，皇皇焉求友於四方，豈惟期以自輔，亦期得一二法器，相與共究斯義，以綿師門一脉如綫之傳。此學原爲有志者說，爲豪傑者說。分明說他不是豪傑。自古聖賢，須豪傑人做；然豪傑而不聖賢者，亦容有之。或任氣魄承當，或從知解領會。或傍名義，恃以爲清脩；或籍玄詮，負以爲超悟。或鄙末學之卑陋，侈然自以爲高；或矜舊見之通融，充然自以爲足。種種伎倆，有一於此，皆足爲障道之因。此豪傑之病也。要緊 夫道有本而學有機，自萌蘗之生以至于扶蘇，由源泉之混以至于洋溢，終始條貫，原無二物。故曰：「天地之道，可一言而盡，其爲物不貳，則其生物不測。」此千古聖賢之學脉也。凡可以言顯者，大旨不出于此。若夫不可以言而顯者，在兄默成而自得之。此固報賜之情，亦捶撻相期之初心也。

答吳悟齋

再領手教，亹亹千餘言，反覆開諭，宛如面命，且將提其耳而誨之。世之相愛，孰有如兄之懇到者哉？感慰何可云喻！兄自謂于陽明先師，始若仇敵，一變而若吾宗師，不期親而自親。始疑而終信乃深，此豈世人依托名義、藉其聲援者，可得比而同哉？然竊窺教意，尚覺於師門宗説，契悟有所未盡，未免憑執己見，强爲差排。故於不肖所請之説，亦未免牴牾，有所未合，非漫然同異而已也。所謂未盡之旨，大端有三：曰良知心之本體，曰知行合一，曰意之所用爲物。先師一生苦心，精密校量，簡易浩博，自謂可以考三王而不謬，俟後聖而不惑，千古學脉也。何謂良知心之本體？良知者，性之靈。性無不善，故知無不良。良知即是未發之中，只此二字，足以盡天下之道。良知之外更無知，致知之外更無學矣。兄謂：「吾心原自有一片不見不聞、無思無爲明白地，乃人之靈氣結而爲心，所謂中也。當是時，何有良知可言？若良知，則是此點靈氣微顯之機、寂感之通，乃人之生機。故曰良知良能皆屬用，非靈根也。」此正所謂後儒之餘唾，特異其名耳。夫心無動静，故學無動静。後儒以不見不聞爲己所不知，屬静；以獨知爲人所不知，屬動。或又以不見不聞爲天根，獨知爲天機，是即動静之説也。若先師之意，則以爲不見不聞，正指獨知而言，微之顯，誠之不可掩也。所謂未發在已發之中，而已發之前，未嘗别有未發者在，無前後内外而渾然一體者也。《易》稱「復，其見天地之心」，程子謂「静見天地之心，非耶」，邵子指天根，亦以一陽初動而言。蓋窮上反下，一陽初動，所謂復也。天根如樹之根，天機如根之生意，名雖異而實則一，不可以動静分疏。若以天根爲未發之體，天機爲已發之用，分動分静，存養省察，二用其功，二則支而離矣。兄自謂：「初悟時，其于此一片明白地，皎皎然在其胷中，亦且三月。其後不能行持保任，漸漸磨滅，恨不能再見此也。」兄平生以此學自任，一二十年勤苦脩鍊，不肖豈敢以未證爲證，致議于兄？然竊窺兄之獘，尚未免以光景爲妙悟，若存若亡，入於恍惚杳冥而不自知，所以有漸漸磨滅之恨，終是信良知未及。良知是斬關定命真本子（佛），若果信得及時，當下具足，無剩無欠，更無磨滅，人人可爲堯舜。不肖以爲千聖學脉，非誇言也。何謂知行合一？有本體，有功夫。聖人之學，不失其本心而已。心之良知謂之知，心之良能謂之行。孟子只言知愛知敬，不言能愛能敬。知能處即是知，能知處即是能（愛敬是能，知愛敬是知，知能有二乎？），知行本體，原是合一者也。「知之真切篤實處謂之行，行之明覺精察處謂之知」，知行功夫，本不可離。只因後世學者分作兩截用功，故有合一之説。知非篤實，是謂虚妄，非本心之知矣；行非精察，是謂昏冥，非本心之行矣。夫知行合一，發于先師，而非始于先師。《中庸》曰：「道之不行，知者過之，愚者不及也；道之不明，賢者過之，不肖者不及也。」此便是孔門知行合一真指訣。孟氏曰：「智譬則巧，聖譬則力。」智與聖，知行之謂也。巧者力之巧，力者巧之力。引弓發矢，巧力俱到。巧有餘而力不足，力有餘而巧不足，皆不足以言中。此合一之説也。先師曰：「致知，良知是知行之本體，致是知行之功夫，格物正所以致之也。」先師一生教人喫緊處，只有「在格物」三字；吾人一生學道切要處，亦只有「在格物」三字。若以良知本體屬知，以致知工夫屬行，知之體員，易于流動而不居，格則有矩存焉。格物者，行其所知也。謂今之論學者，只在知上發明，未曾在行上發明，則是能知而不能行，知行分而爲二。而謂鄙人之説纏繞，反成穿鑿，亦無怪其然也。何謂意之所用爲物？《大學》之要，務於誠意；誠意之功，在於格物；誠意之極，在于止至善；止至善之則，在于致知。一也。心之虚靈明覺，所謂本然之良知也。其虛靈明覺之良知應感而動也，謂之意。有知而後有意，無知則無意矣。意之感動，必有所用之物。有是意斯有是物，無意則無物矣。良知者，寂然之體；物者，所感之用；意則寂感所乘之幾也。有物必有則，良知是天然之則。格者，正也；物者，事也；格物者，致吾心良知之天則于事事物物之中也。吾心之良知，所謂理也。物得其理之謂格。正感正應，不過其則，則物得其理矣。故曰：「至善無惡者，心之體也；有善有惡者，意之動也；知善知惡者，良知也；爲善去惡者，格物也。」如好好色，謂之爲善；如惡惡臭，謂之去惡。戒自欺而求自慊，惟在察諸一念之微，所謂慎獨也。舍慎獨之外，更無所謂格之之功矣。若曰「何在非物？何在非格？當克己即克己，克己一格物也；當窮理即窮理，窮理一格物也；當感應即感應，感應一格物也。格於上下，上格天，下格地也。有耻且格，格君心之非，明格人物也。神之格思，幽格鬼神也」，則是未有是意，先有是物，善何從而爲？惡何從而去？且意無所用，又何從而用其致知之功乎？天地間只有一感一應而已，應感是誠意真脉路，不可須臾離也。克己窮理，正是爲善去惡，乃誠意日可見之行。而概以當字並舉而貫之，含糊泛漫，不知何取於義而云爾也。至于天地、人物、鬼神格物之説，分明是《或問》舊見解，兄特習之而不自察耳。先師自謂格物「其於《或問》九條之説，皆包羅統括于其中」，兄亦自謂格物「其於九條之説，皆包羅統括于其中」，是則然矣，但爲之有要而作用不同，正所謂毫釐之差，不可以不察也。文公曰：「人之所以爲學，心與理而已。心雖主乎一身，而體之虛靈，實以管乎天下之理；理雖散在萬事，而用之微妙，實不外人之一心。」是其一分一合之間，已不能無啟學者心理爲二之弊。若先師於格物之旨，則是物理不外于吾心，虛靈不昧，衆理自此而具，萬事由此而出，合心與理而爲一者也。文公謂：「天下之物，方員、輕重、長短，皆有定理。必外之物格，而後内之知至。」先師則謂事物之理，皆不外於一念之良知，規矩在我，而天下之方員不可勝用，無權度則無輕重長短之理矣。毫釐千里之謬，不于良知察之，亦將何所用其學乎？是不以規矩而欲定天下之方員，不以權度而欲定天下之輕重長短，揣摸依彷，乖張錯戾，日勞而無成也已！文公分致知格物爲先知，誠意正心爲後行，故有游騎無歸之慮，必須敬以成始，涵養本原，始於身心有所關涉。若知物生于意，格物正是誠意功夫，誠即是敬，一了百了，不待合之於敬而後爲全經也。兄于斯三者，果能契悟得徹，則凡來書所謂本體功夫之説，求仁一貫之説，理會性情、讀書窮理之説，良知、知識、體用之説，天道、人道大小之説，皆可迎刃而解。其於不肖所請之意，有若函蓋之相值，不期合而自合矣！孔子告顔子「克己復禮」，告曾子則曰「一貫」，一貫即所謂復禮，非有二也。不可分一貫爲天道，復禮爲人道。天道人道，一而已矣。子貢曰：「夫子之言性與天道，不可得而聞。」性與天道，夫子未嘗不言。聞非耳聞。聞與不聞，存乎學者之自悟。性與天道，非一貫而何？曾子既唯一貫之傳，及語門人，則曰：「夫子之道，忠恕而已矣！」忠恕，夫子所以告仲弓者。忠恕即一貫之異名。及門之士，未嘗不聞，但有悟與未悟之殊。曾子用心於内，學將有得，故夫子呼告之，以速其悟。其次子貢穎悟，可幾於道，故夫子亦呼告之，以開其疑。一如樹之根，貫如樹之枝葉。曾子用心於内，知在根上用功，但由之而不自知耳。夫子只與點破，遂應之速而無疑。説者謂曾子隨事精察而力行之，但未知體之一。一者，心也。精察即是心去精察。若曰夫子至此，方與栽根下種，恐未必然。説者又謂曾子一貫以行言，子貢一貫以知言，是癡人前説夢，可慨也已！

良知與知識，發得十分明透！

良知與知識，所争只一字，皆不能外於知也。良知無知而無不知，是學問大頭腦。良知如明鏡之照物，妍媸黑白，自然能分别，未嘗有纖毫影子留于鏡體之中。識則未免在影子上起分别之心，有所凝滯揀擇，失却明鏡自然之照。子貢、子張多學多見而識，良知亦未嘗不行於其間，但是信心不及，未免在多學多見上討帮補，失却學問頭腦。顔子則便識所謂德性之知，識即是良知之用，非有二也。識之根雖從知出，内外真假毫鳌，却當有辨。不明根因之故，遂以知識爲良知，其謬奚啻千里已哉？發育萬物，峻極者良知也；禮儀三佰，威儀三千，格物以致其良知也。發育峻極者，德性之體；禮儀威儀者，學問之功。學者學問此也，正所以尊之也。孔門博文約禮，博文是約禮之功夫，無非此義。兄謂「發育峻極，吾心之性之靈所以生萬物之真機，大德之敦化也，天之道也。禮儀威儀，吾心之天之則，貫于事物之中，小德之川流也，人之道也。凡人道所以承天也」，似以天道屬本體，未發之中，而以人道屬良知之用，將大小分作兩截，不遂以良知爲本體。至於先師「博約」説，亦以爲附會牽强，反失聖人本旨，是皆所謂毫釐之辨也。兄謂：「陽明先生學問有功來學，所以深信者在此。」自謂「此意理會有年，實見得原自有個真未發氣象。良知屬用，不可以良知爲本體」。噫，難言之矣！良知如明鏡，萬物畢照，而鏡體未嘗動也。若謂良知非本體，別有未發之中，是反鑑而索照也。前於「良知，心之本體」條下，已言之詳矣。兄謂先師「讀書之法，何可廢也？然居敬持志，亦不可少，但在見獨不見獨耳」。不見獨而讀書持志，固爲冥修。若見獨，仍須是讀書，仍須是居敬，仍須是持志，此則不肖所未解也。慎獨即是誠意，居敬持志即是誠意之功，讀書是意之所用之事，非有二也。若以慎獨與居敬持志、讀書仍須分作幾路，不知獨從何處見？在於「意之所用爲物」條下，亦已言之詳矣。《古本序》云：「不務於誠意而徒以格物者，謂之支；不事於格物而徒以誠意者，謂之虚；不本於致知而徒以格物誠意者，謂之妄。支與虚與妄，其於至善也，遠矣！」此三轉語，《大學》本旨，千聖之絶學。於此參得透，悟得徹，從前種種辨説，盡成葛藤剩語，可以忘言矣！兄謂：「遍宇宙，窮古今，只此一點真心。舍此不成宇宙，不成世界。」此兄自信大擔子，萬里程途，非神驥莫能達，敢不策勉以從馳驅？吾人講學，第一怕有勝心與執己見。此學原自古今公共之物，非吾人所得而私。若以勝心行乎其間，是自私也。所講何學？格致之旨，本體作用，大同中惟有小異。故極諫竭辨，共求合並，原非以求勝也。凡有辨析，所見未合，不妨暫舍，以虚相受，棄短集長，以明此學。朱、陸兩家紛紛異同，數百年未已，只是不能忘見。吾人不可不以爲戒也。

卓吾先生批評龍谿王先生語録鈔卷五

卓吾先生批評龍谿王先生語録鈔卷六

新安後學　吴可期　吴可善　校正

書

與馮南江

吾兄處困圜中，三年於兹，動心忍性，必有增益之實。其游戲翰墨，不過一時遣懷釋累之具，昔人所謂有托而逃焉者也。南山顧以此病兄，過矣。弟之所未滿于兄者，却不在此。夫天生吾人，不徒浪生，亦不徒浪死，必須有個安立處。此是吾人一生大主意。主意既定，一生精神命脉，盡皆歸管。從此一路作用發揮，自愛自脩，自成自道，無懷可遣，無累可釋，所謂貧賤患難，無入而不自得也。此得不從外來，直須自信本心，從無些子倚靠處確然立定脚根，一切務外好名、凡情習態，全體斬然放下，一毫不使縈絆胸中，始爲有用力處。若從精采上馳逞，氣魄上凑泊，想像聞見上求解悟，皆是前病改頭换面作障緣，皆非所謂自得也。吾兄見在自信覺果何如？密觀兄精神，似不受困，然尚浮而未實也。悟入處不爲無見，然尚涉於億説，未免開圖度也。辭氣容貌，若能脱洒無累，然未能凝定沉和。翕斂發散，多從作意爲之，未見天則也。審若是，則其所謂自得者，得其似而已，素位實際，未得相應。審若是，則其所謂增益者，只在皮膚影響之間，不過於前病上添得一層粉餙藩籬。古人動忍實公案，或未止此也。夫以吾兄如許聰明，如許力量，於聖賢路逕如許信受，天之所以玉成於兄者何如？四方同志所以繫望于兄者何如？先師拳拳所以注念於兄者何如？兄之自待自恕，乃止若是，是以隋侯之珠而彈雀，持千鈞之弩而發機于鼷鼠也，豈不重可惜哉！臨別之情，不嫌直致，况恃一體道誼之愛，尚忍忌而不言？兄之奇節美行，聳動京國，豪傑之譽，溢在海内，尚可俟弟之獻諛以重執事之病也乎？率爾就正，未論中病與否。一番拈動，未必無一番補益也。弟病方深，求藥於倉公甚切，倘有秘方，即望檢賜，用資服食。弟病去時，兄之病亦脱矣！一體故也。

復顔冲宇

所論「我朝理學正傳，惟薛文清、陽明先生二人。文清之學，切問近思，似曾參；陽明之學，直截簡要，似曾點」，尤見吾丈留心學術，將水以自鏡，非有假于方人爲者。若論千聖學脉，自有真正路頭，在于超悟。文清只是敦行君子，與曾參之唯非同科。先師龍場一悟，萬死一生中磨煉出來，矗矗地一根真生意，千枝萬葉皆從此中發用，乃是千聖學脉。世謂點之學不如由、求、赤，此後儒臆見，非通方之論也。堯舜事業蕩蕩巍巍，莫非道心發用之實學，所謂一根真生意，非待作爲而後有也。充曾點浴沂之見，便是堯舜氣象，由、求、赤詎可同日語哉？顔子没而聖學亡，元公獨得千載不傳之秘，明道、伊川再見茂叔，有點也浴沂氣象，此學脉也。愚謂我朝理學開端，還是白沙，至先師而大明。白沙之學，以自然爲宗，「從靜中養出端倪」，猶是康節派頭，于先師所悟入處，尚隔毫釐。此須面証默識，非言説可盡也。學以見性爲宗，若見得性之全體，所造自别。亦存乎心悟而已！寄至《試録》，多造理之言，必是吾丈手筆。《格物致知策語》謂「人心以虚爲德」，尤見精造。良知者，性之靈，天之則也。致知，致吾心之天則也。物者，家國天下之實事。物理不外于吾心，致吾心之天則于事物之間，使各循其理，所謂格物也。此聖門合一之學也。若曰「理在天下，格其平之之理；理在國家身心，格其齊治脩正之理」，則未免分爲兩事，心外猶有理也。雖與後儒之説稍有不同，其爲未得精一之旨，則一而已。

與沈鳳峰

我公天性純篤，雖處高年，未失赤子之心，只此便是道根。吾人所以與道相遠，只此機巧伎倆作祟。且道赤子喜便喜，啼便啼，行便行，坐便坐，轉處未嘗留情，曾有機巧否？會有伎倆否？我公具如此道根，未能超凡入聖，只是信此未及，未免行不著、習不察，自壯至老，未能超然，只尋常挨排過了。若信得此及，只從道根真生意，培植長養將去，自當有水到渠成時候。武公年九十，尚不忘箴儆。不肖承公厚愛，漫此奉告，可效朦誦萬一。不敢謂室中之鑒、暮夜之燭，聊致愛助之忱耳。亮之，亮之！

答洪覺山

官舍回，辱教章之及。聞道履所經，汲汲以會友爲務，凡遇精舍會聚之所，必爲數日之留。或復簡書招徠，以盡合併，風聲鼓動，渢渢洋洋，此非真以性命爲重、視萬物爲一體者，肯若是乎？伏繹來教，令人心神豁然。聖賢之學，只是良知一路，一是百是，一勘百破，更遮瞞些子不得。得此歸併，足慰相觀之益矣，何幸，何幸！吾人知良知之學，而猶不免有走作之病者，雖是看得良知太容易，亦只是致知工夫未能誠一真切，所以流入欲念。種種染着漏泄，寖成多欲之累，實非良知有咎也。除却良知，更無下手着落處矣。夫學，慎獨而已，吾兄已是一句道盡，予復何言？良知即是獨知，獨知即是天理。獨知之體，本是無聲無臭，本無所知識，本是無所粘帶揀擇，本是徹上徹下。獨知便是本體，慎獨便是功夫。此是千古聖神斬關立脚真話頭，便是吾人生身受命真靈竅，亦便是入聖入神真血脉路。只此便是未發先天之學，非有二也。明道云：「有天德便可語王道，其要只在慎獨。」可謂一言以蔽之矣！吾人慎獨功夫，被知解意識假借遮攔，不能觀體反觀，復還先天之體，才有許多包藏粘帶、窒塞偏枯不停當處。若謂「良知只屬後天，未能全體得力，須見得先天，方有張本」，却是頭上安頭，斯亦惑矣。吾人今日見在，豈敢便自以爲無欲？然須信得萬欲紜紜之中，反之一念獨知，未嘗不明，只此便是天之明命，不容磨滅所在。故爲今日之計者，謂慎獨功夫，影響揣摩，不能沉機密察，掃蕩欲根以歸于無，則可；謂獨知有欲，則不可。謂獨知即是天理，則可；謂獨知之中必用天理，爲若二物，則不可。此等處，差若毫釐，謬實千里，不可不早覺而明辯者也。所謂「實篤行矣，而以爲義襲；實近思矣，而以爲計較」，亦只是信得慎獨功夫未及。若信得及時，時時是著察，時時是自然，又寧有是病乎？所謂「隨處體認，須令動容周旋中禮」，此非人爲之合，乃天德自然。忠信所以進德，只慎獨便是立誠功夫，便是達天德。只此便是收拾處，亦便是歸宿處，非可以他求者也。《楊子折衷》，近得請觀。慈湖立論，誠有過當處，其間精義亦自在，不以瑕瑜相掩可也。所示「日用應酬，一番滯礙，一番從容」，足知安分限不放過功夫。若果在一念獨知上徹底洗濯，一番剥落，一番精純，滓渣愈消，神明愈顯，此便是無盡藏修行，原無分限可拘也。恃一體之愛，率此請益。此中更有向上（佛）一關，存乎心悟，非筆舌可能盡也。

答毛瑞泉

吾兄樂道忘勢，風動臺司，此固出于秉彝之同，然有道者處此，正須有義可精。若便守此爲聖賢家法，慨然以風神及人之遠爲己任，顯然有當于莘野南陽之趣，則非弟之所敢知也。吾人學術不純，大都是功利兩字作祟。昔人謂「如油入麪，未易出頭」，亦善名狀。先師哀憫吾人，將良知兩字信手拈出，種種病痛，到這裏再欺瞞些子不得，可謂對証真藥物矣。但吾人之學，未免各以質之近爲事，見解格式，妄意承當，不能覿體相應。要其極處，適足以增功利之藩籬，于聖賢精義未見有分毫交涉處也。且執事獨不聞畏壘之事乎？潛龍之學，以無悶爲宗，今視此何如也？有教，不吝往復。亮之！

答王鯉湖

承手教云：「一念之發，知其所不安而勉强制之，而後念又復萌。」此却是滅東生西之病，聖門慎獨宗旨當不如是。夫獨知者，非念動而後知也，乃是（要緊）先天靈竅（玄），不因念有，不隨念遷，不與萬物作對（佛）。譬之清浄本地，不待灑掃而自然無塵者也。慎之云者，非是强制之謂，只是競業保護此靈竅，還他本來清浄而已。在明道所謂明覺自然，慎獨即是廓然順應之學。悟得及時，雖日酬萬變，可以澄然無一事矣！然此却非知解意識所能揣擬，格式所能支持。紫陽云：「非全放下，終難湊泊。」只今且道放不下的是任麽念頭？于此勘得破，便是用力處，亦便是悟入處。《大易》艮背行庭之旨，煞有精義，静中時時默觀有得，更以見教，求助之願也。

與胡栢泉

旌鉞莅信州，公務就閒，講下生徒，有能承教求益者否？功利之毒，入人已深，雖號爲賢者，鮮能自拔。道義與功利常相勝，昔之人以無所爲、有所爲兩言決之，而其機存乎一念之微，神感神應，動之以天。凡在名目上揀擇，形迹上支撑，功能上湊泊，而非盎然以出者，皆有所爲而然也。吾丈日逐應感，精察入微，受用處更覺何如？吾人不論出處、顯晦、逆順，惟此一件是日用本領功夫，此外種種好醜，皆過眼陳迹也。

與唐荆川

聞兄入省，發舟西渡，則前旌已迅發矣！領所留手教，知赴援甚急，不遑寧居，且云「克齋兄借兵，不減于秦庭之哭」，可謂岌岌矣！及見克齋來柬，忽有止兵之説。倏緩倏急，倏鼓倏罷，倉卒舉動，有同兒戲。吾兄老婆心切，救世念重，但恐未免尚被虚聲聳動，只此便是道學障，便是應機欠神處，不可以不察也。吾兄自信此學已得手，徹底乾净，不知一切應感，果皆出于本色，無意見攙雜否？一切逆順、稱譏、好醜，盡能平懷應之，不起爐竈否？于自己一切利害得喪，盡能忘却，不作見解伎倆遣釋否？一切好惡，盡能緘藏，使人無從迎測否？一切閒忙境界，盡能以無事處之，無所揀擇否？若于此有未透脱，還是些子有礙在，未可便恃以爲徹也。矧兵機應感，呼吸存亡，孔子尚臨事而懼，以爲未嘗學，況吾人乎？兄既督領麻兵，師行旅從，乃事之宜，還須整隊押發，防其沿途搶掠，庶爲有制之兵。赴難雖急，獨帶此數百門烏銃，將安用之？區區一體休戚相關，情不容已，知兄諒予，不以爲迂。

與唐荆川

竊觀吾兄近來舉動，乍出乍没，倏往倏來，若神龍之變化，似欲使人不可測識，略出有意，妙絶 却未免涉于輕躁，反使人情惝怳，不能快然。此是學問關係，非徒形迹加減而已也。況兵家應感，呼吸安危，尤忌播弄。奇正開闔，虚實進退，藏于九地之下，動于九天之上，隱見叵測，主張處全賴于機。機圓則應始神，方則礙。大抵鎮静則得之，輕躁則失之。吾兄見在感應，凝目注思，微覺有礙，當機便不能神，便會蹉過。生死利害，反覆毫釐，皆决于此。凝目注思，固將以矯輕躁之失，此正在形迹上加減，似鎮静而實未必然也。千古聖學，本于經世。與枯槁山木不同，吾人此生，不論出處閑忙，亦只有經世一件事。如吾兄今日處在兵中，金革百萬，與山中飲水曲肱，萬變在人，原無二事。徹頭徹尾，只在機上理會，原無二學。此機無寂感，無閒忙，有無之間，不可致詰，是謂圓機。日應萬變而常寂然，方是大鎮静，方是經世之實學。固兄所稔聞也。但恐救世心切，如張忠定之救火，當局對境，復作二見。傍觀不嫌於饒舌耳。昨聞兄請兵，意氣横發，君臣朋友之義，以身相許，誓欲與同生死。竊意此尚從俠氣帶來。俠者之重然諾，輕生死，終涉好名，與聖賢本色作用未免毫釐，亦在機上辨之而已。兄常自謂已忘得名根，試驗之。纔遇差別境界，便會觸得動；纔涉嫌疑，便思分疏，忍耐不下；纔經指摘，便覺懊惱不快活。只此便是不能忘處。大抵豪傑不落卑污，多受此病。非從學問理會，時時自反，常見不足，常見有過可改，幾于無我者，未易以氣魄承當。吾兄性根，原來暢達，矯惟抑情處，似涉安排，坦懷任意，反覺真性流行。其帶些子俠氣，疑于輕躁，亦在此。此正是學問血脉路未分曉在。若信得及時，全體精神收攝來，只在此一處用，針針見血，絲絲入理，神感神應，機常在我。如馭之有轡啣，射之有彀率，如舟之有舵，一提便省。一切嗜好，自然夾帶不上；一切意見，自然攙搭不入。豈止用兵如神，千古聖學，亦不外于此矣！何如，何如？兄任事真，經世心切，愛人根重，每事盡心，寧可犯手，不肯些子放過。但恐應機處少有所礙。如前所云，實同心隱憂也。《易・無妄》繇辭曰：「其匪正有眚，不利有攸往。」既無妄矣，尚有匪正之眚，何哉？此正是研幾之旨。夫子求免大過之心，幸默察之！

與譚二華

前有啟候，曾入記室否？閩中成此大捷，人皆以爲奇功，此特救急之事，治標之道。休養元和，鎮定安輯，正須費九分精神，以圖久安，此治本之論也。譬之久病積邪，暫得發汗，其元氣全體傷敗，無復根脚可依。若非妙手，時其虛實，漸次調攝，以挽生意，雖使攻擊暫得效，祇益其斃而已。吾兄沉幾默運，自有長算，當不以區區爲迂談也。吾兄妙用，亦望隨時默察，以盡人之情態。恩至而罰不行，固爲姑息；若罰過于恩，使衆心恐恐，不謀朝夕，亦取怨之道也。何如，何如？

方有成功，誰肯進此話耶？

答譚二華

辱手教示慰，教我多矣。公所示，擊石出火，真是延命之術，所謂教外別傳、軒轅派頭也。堯舜姬孔，只是致良知。良知，盡性之學，性盡則命亦自至。見圓明之體，成無爲之用，爲天地立心、生民立命，不離人倫應感，日著日察而聖功生焉。其于外家之術，所謂知之而能不爲者也。弟于良知兩字，實未致得盡，尚有許多疎漏在。果能覿體承當，便須一了百了，尚何彼此分別之有？竊意公于此兩字，雖已信得無他路可走，却亦未能致得盡，未免將意見攙入其間，眼前尚有許多好醜高低未平滿處。若徹底只在良知上討生死，譬之有源之水，流而不息，曲直方圓，隨其所遇，到處平滿，乃是本性流行，真實受用，非知解意見所能凑泊也。所云「豎不起，放不倒」，亦是知見作礙，密察自見。附去所答荆川、吉陽二三條，亦是相知㲉口漫説，公乃以爲對病之藥。張公吃酒李公醉，可謂瓦礫真金矣。公有玉盃，還借鐵如意打破，纔作此念，當下即破，更無等待也。公自謂已過入山之限，此念亦落等待。若必入山，纔好了手，見在種種感應之迹，又作何勾當耶？

答李漸庵

不肖久辱公道誼之愛，此别匆匆，殊不能已於情。道力業力，本無定在，相勝之機，存乎一念，覺與不覺耳。不覺則非昏即散；纔覺則我大而物小，内重而外自輕。此持衡之勢也。區區暮年行持，於此頗有證入。生死如晝夜，人所不免，任之而已。

答李漸庵

《易》曰：「貞吉悔亡。」悔生於動，自信良知，直心而發，天則在我，是謂「貞吉而悔亡」。譬之日月之明，自有往來，未嘗有所動也。纔涉安排，即爲憧憧，萬起萬滅，是謂「朋從爾私」，非自然之往來也。試於默坐反觀時，密加體究，動與不動，只從一念入微處決之。此乃本心寂然之靈樞，非可以意識承領而得。孔氏云：「未知生，焉知死？」此是究竟語，非有所未盡也。生之有死，如晝之有夜。知晝則知夜，原非有二。于此參得透，方爲盡性，方爲立命，方是入聖血脉路。若不從一念微處，徹底判決，未免求助於外，以爲賁飾，雖使勳業隔天，譽望蓋世，揀盡世間好題目，轉眼盡成空華，與本來性命，未有分毫交涉處矣。

答劉凝齋

拜公疢教，深領虛懷樂善之誠。起知於意見，湊泊於聲聞，自是吾人通病，非敢責諭于公。但謂不肖「守師門之學，思以易天下，故推尊而發明之，豈可變也？」自謂：「不妨舍是，而直學孔孟。」如此分疏，從何處來？非不肖所敢聞也。良知不學不慮，寂照含虛，無二無雜，如空谷之答響，明鏡之鑒形。響有高下，形有妍媸，而谷與鏡未嘗不寂然也。正是推明孔孟相傳之絶學。公謂「舍是而别有所學」，則是於虛空中，忽起分别之相，正是意見聲聞心魔作祟。道，天下之公道；學，天下之公學。百姓日用，同於聖人成能，原無門户可守。見在不了，冀辨於百世之下，尤非不肖所敢知也。豈言其所不能行，以欺人欺天者哉？但毫釐千里，其辨甚微。認賊爲子，甘心委任，自家寶藏，盡被盗洩而不自覺，未可知也。不肖與公此志相應，若少避忌依違，是負公之心知。如果不肖執見未忘，而公更有妙悟，亦望明以牖我。自當速改，以終善道，不敢有所吝也。

與劉凝齋

公于此事，已信過八九分，但一念入微處，尚欠穩實，一切應感，尚涉擬議揀擇，未見有泰定收功之期。此事非難非易，非起心管帶，亦非灰心忘懷。固不可舍穢而取浄，亦不可逐妄而迷真。酬酢變化，自有天則。毁譽順逆之來，能如風之過樹，一不動心否？夢之與覺，能一如否？六根互用，無攝無散，不落動静二見否？直饒透過諸關，猶是色身邊事，與本來面目尚隔一塵，不出五陰區宇。此是究竟語，幸密參之！佛

答劉凝齋

伏讀來教，奬許太過，鄙人不敢當！而惓惓任道之心，溢於言外，則又不覺油然心領也。夫吾人以經世爲學，乃一體不容已本心，非徒獨善其身、作自了漢。經綸之學，原於立本，與天地同其化育，一毫無所倚，其機不外于一念之微，此學脉也。古人之學，不求聲名，不較勝負，不恃才智，不矜功能。此四者，念中一有所着，皆倚也。公自信自考，以爲何如？師門良知之旨，千古絶學。本心之靈性是神解，不同妄識託。

境仗緣而知。譬之明鏡之照物，妍媸黑白，一照而皆真，所謂知也。妍媸黑白，照中分別影事，所謂識也。若執妍媸黑白以爲鏡體，則靈知反爲所蔽矣。此古今學術毫釐之辯也。幸密察之！

答劉凝齋

來教云：「無惺睡，無囂寂，無晝夜，無存無亡，無受無不受，不暇辯儒老釋之異同。」皆究竟語。其自信如是，可爲超悟矣，更復何言？不肖尚以爲未離見解，得無有逆于心乎？夫悟與見，虛實不同，毫釐千里。有真修，然後有實悟。一念明定，覿體承當，方是寂然本體。會通以行典禮，方是一了百當。纔涉見解，便落揣摩，非實際也。學然後知不足，未得謂得，未證謂證，昔人所戒。了證之悟，存乎自得。有所了者，尚未離四相，豈易易言哉？

答王敬所

首夏，領吾兄山中手教，中夜囫地一聲，不知此身在何處。揮頓闡發，便入法門，展轉玩繹，便是大慧一通法語。得禪理者，不諱禪名。以雪山少林爲不我欺，以德山臨濟只成賣弄，此是呵佛喝祖伎倆，亦何奇也？亹亹數千百言，有契于衷與未契者，略疏以請，幸裁教之。兄謂：「自來學道者，瞞人自瞞處多。山中日夜逼拶，始知從前意解，盡屬情識。」夫意者，心之用；情者，性之倪；識者，知之辨。心本粹然，意則有善有惡；性本寂然，情則有真有僞；知本渾然，識則有區有別。苟得其本，盎然出之，到處逢源，無所待于外。

意根于心，是爲誠意；情歸于性，是爲至情；識變爲知，是爲默識。不揣其本而惟末之求，縱滅意去情而離識，本末睽絶，祇益虚妄耳。皆瞞人且自瞞也。兄謂：「知之一字，云『衆妙之門』，亦云『衆禍之門』。如不自得手，隨人妍媸，止是口舌上功果。」誠然，誠然！良知虚體，不變而妙應隨緣。玄玄無轍，不可執尋；浄浄無瑕，不可污染。一念圓明，照徹千古。遇緣而生，若以爲有，而實未嘗生；緣盡而死，若以爲無，而實未嘗死。通晝夜，一死生，不墜有無二見，未嘗變也。惟其隨緣，易於憑物，時起時滅，若存若亡。以無爲有，則空裡生華（佛）；以有爲無，則水中撈月。臨期一念有差，便墮三塗惡道，皆緣應也。自其不變言之，凡即爲聖；自其隨緣言之，聖即爲凡。冥權密移，決諸當念；入聖入凡，更無他物。不可不慎也。兄謂：「知上加一致字，在曾子已屬葛藤。」前所見教，亦不願領，可謂自信之過矣。古人立教，皆爲未悟者設，不得已而有言。若論父母未生以前，本無污染，何須修證？天自信天，地自信地，有言皆是謗，六經亦葛藤。齒是一把骨，耳是兩片皮，更從何處着言與聽也哉？夫教有顯有密：凡有言可筌，有思可得，列爲六經，散爲百行，種種色色，可倪可像，所謂顯也；父母未生以前，玄玄浄浄，言思路絶，不可執尋，不可污染，所謂密也。不明顯密之機，不墮於相，則淪於空，非善教，亦非善學也。兄謂：「三十年盤桓至此，實有所見，不是拾人剩語。此段心肝，惟翁可與剖判。不然，幾枉過一生。」此悟後真實語，不肖敢謂兄未有所見？自此以往，工夫儘無窮，尚須有理會處，不但已也。文殊表智，普賢表行。善才在文殊會下，已得根本智，及在普賢會下，遍參行門，尚被迷失。譬之良馬之履康莊，方是起脚第一步，（妙）過都歷塊，尚涉千里程途，（佛）遂囂然自信，視千里爲咫尺，猶未免掠虚意思在，非實際也。兄自此能一切差別景象不離當下，囫地一聲，全體放得下，全體提得起，掃盡意識情塵，直至不迷之地，所謂「信手拈來，頭頭是道」，方許爲實得耳。兄謂：「佛陀百千義海教門，止是法身中一帳簿，直饒經綸盡大千世界，亦是腦後餘光。」此等見解，從何處得來？今既如此勘破，此後經綸事業，又從何處下手，方免漏逗？平地行船，虛空走馬，可與知者道，不然又成剩語矣。見教，不肖八十歲餘，今日不了何時了？望我誠切，愛我誠至，敢不拜教？古云「了尚不可得」，豈有能了之人？撒手同行，披襟一咲，直出天地之外，登須彌山頂，以望世間。此世出世法，無足而至，無翼而飛，誠非拏雲掣電手，不足以了此一着。期與兄終勉之耳！此件事須心肯意肯，自證自悟，直下承當。若待呼始上船，已隔幾重公案。兄謂：「此一番悟，是重生光景，恐落窠臼，亦欲掃除。」其信然也。不肖亦曾記古德有偈云：「彩雲堆裏仙人見，手把紅羅扇遮面。急須着眼看仙人，莫認仙人手中扇。」且道與艷辭是同是別？請細參之。

與莫中江

吾兄決意還山，豈徒優游好遯、求以適逸？遐覽遠期，尚友千古，如鳳之翔，如龍之潛，神變隨時，固有非衆人之所能識者矣。吾兄素信此學，但平時記撰功深，鑽研力久，未能即忘聞見之心。若光光只信良知自足，以盡天下之變，恐亦未能脱然無疑也。良知是性之靈竅，本虛本寂。虛以適變，寂以通感，一毫無所假於外。譬之規矩之出方員，規矩在我，則方員不可勝用；泥方員而求規矩，則規矩之用息矣。此學未嘗廢聞見，但屬第二義。能致良知，則聞見莫非良知之用；若籍聞見而覔良知，則去道遠矣。顏子德性之知，子貢多學之識，毫釐之辨，在孔門已然，况後世乎？吾人此生，只此一事。學未入竅，終涉皮膚。即今請究知與識何辨、回與賜孰賢？反諸一念之微，細細別白，所謂第一義者何在？得個真的路頭，姑舍所已得者，務求其所未得者，教學相長，日著日察，使此學燁然光顯於世，于師門庶爲有補，方不辜負丈夫出世一番耳。佛惟兄念之！

答孟會源

《大學》一書，乃千聖心脉，徹首徹尾，徹體徹用，只好惡兩字盡之。吾丈揭此兩字，以爲聖學之宗，可謂一口道盡，至博而至約者矣！孟子論夜氣好惡與人相近，正是指出良心本來真頭面。箕子陳範，以無有作好、無有作惡爲王道錫民之極。平旦虚明之養，養此而已；皇極之建，建此而已；非有二也。大學者，大人之學。天地萬物本吾一體，慎獨致知，一循乎好惡之自然，而無所作，位育之微機也。故自意、身、心以至國、家、天下，皆以好惡發之，首尾相承，體用一源也。《中庸》戒懼慎獨，誠意之功，莫見莫顯，必有所感之物。慎獨者，正所以致知而格物也。好惡本于性情，無有作好作惡，正是未發之中、發而中節之和。未發之中，正心之屬；中節之和，修身之屬。致中和，則本立而道行，天地自此位，萬物自此育，家齊國治天下平而王道備矣。此聖修之極功，大學之能事也。後儒以誠意之前，另有致知之功，分知行爲先後，則《中庸》由教而入者，爲無頭學問，將何所籍而從入乎？吾丈謂「格物致知原非缺漏，無待于補」，可謂得其旨矣！但謂「明德是慎獨之功，未與物接，至親民始與物接」，似未免于分析之過。夫明德是萬物一體之體，親民是明德應感之迹，正所以達其一體之用也。聖人之學，恒寂恒感，無間于有事無事，而豈限於物之接與未接乎？《大學》論絜矩之道，惟曰「所惡於上，毋以使下；所惡於下，毋以事上」。上下，所感之物也。所惡於上下，是謂良知；毋以使下事上，即是格物致知。平天下之要，本諸好惡；好惡之真，本諸良知而已。大人事業，可當兒戲？惟丈其重圖之！

與汪周潭

同案中可與共此者幾人？大舜自耕稼以至爲帝，無非取善于人。若使人皆玄德而後取之，則所取亦有限矣。所謂舍己從人，非但不善始舍，有善亦舍，方爲忘己之學。吾人日用應感，纔見己有是處、人有不是處，便是有我之私，非所以示大同也。幸密察之！弟春暮往赴江西之約，期與東郭、念菴諸兄會于青原、白鹿之間。盖以會爲學，務求取善之益，非敢以學爲會也。

與張陽和

區區近來勘得生死輪廻一關，頗較明切，皆從一念妄想所生。道有輪廻，便是覔空中之華；道無輪廻，便是撈水底之月。有無之間，不可以致詰，默契之可也。佛

答張陽和

承手教惓切，知憂時爲道，委曲苦心。吾人虚辭繆張，而實踐未至，激成紛紛。所謂「新法之行，吾黨有過」，非剿説也。吾輩講學，原爲自己性命。雖舉世不相容，一念炯然，豈容自昧？況世間豪傑，無地不生。言之危與巽，雖若隨時，而一念默默，互相省覺，乃是救取自己性命，呼吸不相待也。沍寒極凍，正吾人來復之時，不因時有所加損。聞館中亦數輩能信此學者，吾世丈須留意，隨機觸發。六陽從地起，以彙而征，原是一體不容已之心，非徒招朋類、助門面，爲此勞擾也。人生不知學，猶不生也；學而不聞道，猶不學也。

答張陽和

來教所述張弘山論學之言，其義頗精。有曰：「耳本天聰，目本天明，順帝之則，何慮何營？」有曰：「人心不死，無不動時，動而無動，是名主静。」其與徐魯源論學之言謂：「古之聖賢，以一心建立萬法，未嘗有所摹擬于前，况於動静語默、食息起居之微，又安能一一摹擬之，而後謂之學乎？陽明先生揭出『致良知』三字，真是千古之秘傳。時時提醒，時時保任，不爲物欲所遷、意識所障，易簡廣大，入聖之捷徑也。」可謂卓然自信，勇於任道，確然不易乎世者矣！頃者友人屠坪石轉致荆州公所諭書，謂「屠子好談理學，雅稱同志，意必實有所得，非空言者」。不惟不以爲諱，且從而縱諛之，當事者之心可諒矣。務空談而乖實行，庸或有之，自是吾黨不善學之過苦切，非師教使然也。其謂「魚兔未獲，毋舍筌蹄；家當未完，毋徹藩衛。未得謂得，未證謂證，學之通病」，尤有裨於聲教。此良工苦心，盖將以明之，非故有所抑而欲廢毀之也。但恐吠聲怖影之徒，巧于承望，有所更易變置，因噎而廢食，反使初志鬱而未暢。世道汚隆，學術興替，舉足重輕，關係不小，別嫌明微，不可以不慎也。所望秉執化權，宣昭義問，以翼吾道。使海内善類以心相應，顒然知所歸向，無復懷疑，師門一脉不致泯泯無傳，所謂萬代瞻仰，在此舉也。

與朱金庭

此件事無巧法，只從一念入微，時時求慊于心，便是集義真功夫。一切任名義、仗氣魄、倚見解，凡有題目可揀，皆是義襲之學。此便是學術誠僞之辨。吾弟天資本超穎，詩與字已壓羣彦。詩爲心聲，字爲心畫。心體超脱，詩與字即入神品；體格粘帶，詩與字即墮俗套。所謂只此是學，非可以他求也。

與李見亭

此行望吾丈全體擔荷，隨上隨下，隨閑隨忙，孳孳切切，以發明此學爲事，做個出世間大豪傑。眼面前勘得破，不爲逆順稱譏所摇；脚跟下劄得定，不爲得喪利害所動。時時從一念入微，醖釀主張，討箇超脱受用。纔有所向，便是欲；纔有所着，便是妄；既無所向，又無所着，便是絶學無爲佛本色道人。一念萬年，更有何事？區區日用行持，亦只如此，出處雖殊，此志未嘗不相應也。竊窺吾丈此生志向，安身立命，已無別路可走，但日用應感，尚涉悠悠，欠發疑，欠受苦。進學全在疑。大疑大進，小疑小進，不疑不進。譬之行路，既有必到長安之志，纔舉足起途，便有三叉路可疑，疑了問，問了又走，不肯半塗而廢，必到長安而後已。若終日悠悠，坐謀所適，或雖行路而不肯發狠，自由自在，終無有到長安之期也。吾人既在路上盤桓，風波之逆順，盜賊之縱横，即次懷資之得喪，困心拂意，有多少苦在？若是到長安之志不肯休歇，境愈苦，志愈堅，衝前冒險，求遂其志。若欲自討安便，纔遇些小苦境，便生退心，亦終無得到之期也。今者則何以異此？兄既要做千百年大豪傑，不要只討見前窠座快恬受用。内翰清高，無菑無難，亦易養壞人，有志者當生懼心。必須大疑大苦一番。疑者信之因，苦者樂之基。經此大疑，沉着研究，若無凑泊，方能有諸己而信。不然，知解儱侗而已。受此大苦，轉展磨礲，若無聊賴，方能反諸身而樂。不然，情境假借而已。舉千鈞之鼎者，非烏獲不能勝。區區於丈，日有望焉！東廓乃孫聚所，青年嗜學，不墮家聲，望加意周旋，以求益友之助。學問之於朋友，如魚之於水，纔一相離，便生枯渴。此生可與性命相許者，眼前寧復幾人？種種力行好事，只是揀得好題目做。縱使文名盖世，勳業格天，轉眼便成空華。若真爲性命，默默自修自證，以畢此生，當不以此而易彼也。嘗謂吾人在世，須享用餘年。顔子三十二而卒，三十二以外便是餘年。孔子七十三而卒，七十三以外便是餘年。若於此不知享用，營營逐逐，尚有歇不下念頭，真天刑不可逃也，可不哀哉？京師同志，有詢及不肖者，即可以此相勉。

與祝成吾

先師云：「言語、政事、文學，大率以收斂爲主，發散是不得已。」所謂「收斂」，非徒槁心僻處避事之謂。能于一切應感，直心以動，不作世情陪奉勾當，常感常寂，内有主而外不蕩，方是真收斂。幸默察之。得此一路入頭，豈惟養生有益，千古聖學血脉亦可窺矣。

與林益軒

承詢孔門「可與共學」之旨，往復商究，若有契于中者。非執事樂取人善，不存畛域，能若是耶？夫有必爲聖人之志，然後可與共學。吾人爲世情功利所染着，自開方便門，悠悠度日，不肯出頭擔荷，只是無志。(揔)〔縱〕使要好，亦只在世情功利上，揀得些好事去做。且如守官清白，豈非好事？若未忘得要做好官之心，雖不爲富，却亦爲貴也。揔使忘得富貴之心，汲汲然要求好聲譽、好勳業，只此便是功名之心未忘得在。此必爲聖人之志所以爲難能也。吾人今日，且未説到可與權地位，只可與共學，亦未易能。若果可與共學，從前種種世情功利熟路，便須頭頭斬斷，一心一意只在道德上討入頭。此可與共學之志，方是適道之基。譬如有志要到長安，不得不尋大路走；尋得大路，一心一意只在此大路上行，方是可與適道。力行不息，脚跟下站得定，不復爲世情功利所移奪，方是可與立。到此已能强立不反矣，然猶未忘得固守堅持之意。到得可與權地位，方能從容自在，變動不居，無可無不可，珠走盤中，了無滯礙，此是入聖究竟受用處。吾人于聖人之志且未歸一，便欲懸想究竟受用，何異孩提之童，初學行步，未免倚牆傍壁，放步且未能，而遂使之縱步遠適，不至傾踣而仆者，幾希矣！ 雖然，始學之與聖人，只有先後淺深生熟之殊，本無二事。 只如學步之步與縱步之步，先後階級，一毫不容自紊，然足之所履，實未嘗有異也。 自聖學不明，道術爲天下裂，謂無可無不可爲聖人事，初間且要有可有不可。 夫伊尹夷惠豈不是學？ 孟子以爲不同道，而所願學乃在孔子。孔子無可無不可，自謂異于逸民，逸民固有可有不可者矣。 夫無可無不可者，良知也；有可有不可者，意見也。 良知變動周流，惟變所適；意見可爲典要，即有方所。 意見者，良知之蔽，如火與元氣不容以並立也。學者初間，良知致不熟，未免用力執持，勉而後中，思而後得。 到得工夫熟後，神變無方，不思不勉而自中道。 淺深誠有間矣，然此中所得無所滯礙之體，實未嘗不同也。 若憂良知不足以盡天下之變，必假意見以助發之，是憂元氣之不足，而反藉于火以爲之用，非徒無益，其爲害有甚焉者矣！ 盖不知淺深生熟，是謂凌躐；不知始終只一事，是謂支離。 衡之有權，造衡自權始，非至于終而後有權，亦非用權之始，必假一物以益之而後能也。 發端既殊，歸宿亦別。 孔子之于三子，始終條貫，可以默識矣。 邇者屬下士友方興開講之會，首揭先師《立志説》《拔本塞源論》，以爲學的。 鵝湖之後，此風寥寥。 今日之舉，豈必人人皆有真志？淘金于沙，亦爲之兆焉耳。 夫成己成物，原非兩事。 盡人物之性，只是盡己之性。 在執事既秉風化之權，貞教淑人，恐不能忘情于振德之助，在加之意而已。

答宗魯姪

辱翰惠遠及，良感不遺。 展讀，云「晨起授衣，昏暮乃入，無有餘力及於學問」。 夫所謂問學，乃見在日履，不論閑忙，無非用力之地。若外見在别有問學，所問所學又何事耶？大禹八年在外，三過門而不入，勤勞如此，却只行所無事，不鑿於智，便是禹之問學。顏子陋巷屢空，不改其樂，便是顏之問學。若外此别有所學，忙時是着境，便生厭心；閑時是着空，便生怠心。又何得爲同道耶？昔者有司聞先師之教，甚以爲好，但爲簿書期會所絆，不得專業體領。先師云：「千聖學脉，不離見在，故曰『致知在格物』。致知者，致吾心之良知，非推極知識之謂也。格物者，體究應感之實事，非窮至物理之謂也。自聖學不明，儒者溺於所見，不能反身，陷於支離而不自覺，正是古今學術同異所在。」老姪試取陽明先師傳習等録、論學諸書，反覆潛玩，自當沛然無所疑矣！

與田竹山

内弟張子叔學志於古道，博習遐覽，興意超然。聞左右以誌事屬之，可謂得人矣。夫誌者，史之流也。史貴實，不貴華；貴公，不貴私；貴能傳信於千百世，不貴粉飾鋪張以眩曜一時之耳目。史固如是，惟誌亦然。至於賦役，尤宜詳且慎焉。昔英宗時，開館擇才，將成《大明一統誌》，一人欲詳田賦，一人欲詳科目，兩相忿争不已。其欲詳田賦者，則曰「此非天下試録也」；其欲詳科目者，則曰「此非天下黄册也」。當時傳議，以爲科目之不詳，猶之可也；田賦之不詳，其能無關於國家之命脉哉？今執事修誌，必能權輕重之宜，酌華實之中，决不致混淆無倫。顧一得之見，不敢不申於執事也。且石子重、黄文獻諸名賢，均有著述之功，固當表章以開後學；而先師文字、散逸在故家舊俗者，望採集收録，以爲新邑文獻之光，尤不可不加之意也。

答劉抑亭

歲終領手教，具悉惓惓憫時憂道之心。一失人身，任所漂泊，累刼而不能償，迷人見種種情慾，以爲實有，依戀營爲，終身而不知反。所謂「言道者多，知道者少」，此非吾丈生死心切，誰肯興言及此？豈勝警惕！不肖夏秋以來，卧病半載，耳加重聽，一切交際亦省息。豈上天憐予攬聽多言，以此示戒，不敢不深省。衰齡殘質，後來光景已無多，生死一念，較舊頗切。古云：「平時明定，臨期自無散亂。」有生死，無生死，皆不在計度中。一念惺惺，冷然自照，縱未能超，亦任之而已。吾丈謂不肖「殫力窮年，主持道脉」，此豈可以意氣承領而得耶？各各自反自力，所謂默成而信，實非言説可了了也。

與鄭石淵

夫道有本而學有要。良知之訓，海内誰不與聞？然能實致其知者有幾？每不肖過南譙，學中同志，會者不下百餘人。自南玄捐棄，漸致零落，而不肖亦罕至。今法堂前不止草深一丈矣！大抵世情是熟境，名利是舊習。譬之猿猴，偶被循訓，著衣冠，以爲能揖客，能捧茶，纔見眼前果核，依舊跳蹶裭毁，復其故態矣。今者則何以異此？吾執事既不廢舊學，還望羣（習）〔集〕舊日諸友，作南譙十日之會，以終大業，不使人以猿猴目之，亦師長分内事也。

與李見羅

所云德修罔覺之意，曾細參否？良知本無知，如鳶之飛、魚之躍，莫知其然而然。即此便是必有事，即此便是入聖之機。精采無可逞處，氣魄無可用處，知識無可湊泊處。略涉精采、氣魄、知識、商量，便非無聲無臭宗旨。此是學術毫釐之辨。吾人終日操持，懸崖放不得手，只是少此一悟。或以爲要妙，或以爲荒唐，在知道者，默而存之可也。

與李見羅

見所著《大學古義》，以修身爲本，以知本爲宗。壹是以修身爲本，天下國家皆末也，故曰：「物有本末，此謂知之至也。」吾世契所見，非有異於師門致知之旨，蓋彼此各從重處題掇。知是身之靈明主宰，身是知之凝聚運動。無身則無知矣，無知則無身矣，一也。區區晚年，於此更覺有悟入處，但無由與世契一面證耳。

與殷秋溟

聞近處毁譽之衝，能平懷視之，一毫不動念。乃是上天以此檢驗吾人定力，纔被勘脱，便是功行有滲漏處。所謂即此是學，非徒挨排遣適而已也。古有任生死、超生死者。死生只在眼前，眼前毀譽利害，有一毫動念、一不來處，便是生死一不來樣子。只此一條路，更無躲閃處。平時澄静，臨行自然無散亂。平時散亂，臨行安得有澄静？孔門所謂「未知生，焉知死」，已一句道盡。是謂「範圍曲成」、「通乎晝夜之道而知」，軀殼非所論也。若夫超生死一關，生知來處，死知去處，宇宙在手，延促自由，出三界，外五行，非緣數所能拘限，與太虚同體，亦與太虚同壽，非思想言説所能凑泊，惟在默契而已。

任

與林介山

吾兄心事，弟輩所素信，固不待白而後知。但致知工夫無有盡藏，時時只知自反，時時見得有過可改，一毫不起怨尤之心，方是格物實受用處。世人齷齪誹謗，如含血噴空，固自污染不上。中間客氣童心，任情作惡，病痛能保其必無否？此便是兄所當速改，不待終日者也。且兄處此多難，能自遣釋，比之戚戚沉溺苦海者，奚啻什伯？若只從清虚意見上抹過，便信以爲無累，與聖賢反己改過實作用，却恐未得相應也。古人云，天下何事最苦？眼前不明大事最苦。吾兄當此一番境界，若果能真証實悟，了得此一着大事，將無入而不自得矣！官之有無，名之得喪，何異風之過耳哉！

佛

與吴中淮

區區暮年來，勘得生死一關頗較明白。生死如晝夜，人所不免。四時之序，成功者退。人生天地間，此身同於太虚，一日亦可，百年亦可，做個活潑無依閒道人，方不虚生浪死耳。惟是老師所傳究竟一脉，未得人承領，日夜疚心。世間不無豪傑，明爽者或失誠實，篤厚者或失穎慧。所以注念於吾執事，尤耿耿不容已。不知近來行持更復何似？知吾丈愛我信我，當不以爲繆悠也。嗚呼，盡之矣！

答程方峰

天泉證道大意，原是先師立教本旨，隨人根器上下，有悟有修。良知是徹上下真種子，智雖頓悟，行則漸脩。譬如善才在文殊會下，得根本知，所謂頓也；在普賢行門參德雲五十三善知識，盡差别智，以表所悟之實際，所謂漸也。透入禪關，全是禪學了也！可説有毫釐之差乎？此學全在悟，悟門不開，無以徵學。然悟不可以言思期必而得。悟有頓漸，脩亦有頓漸。著一漸字，固是放寬；着一頓字，亦是期必。放寬便近於忘，期必又近於助。要之，皆任識神作用，有作有止，有任有滅，未離生死窠臼。若真信良知，從一念入微承當，不落揀擇商量，一念萬年，方是變識爲智，方是師門真血脉路。世丈謂區區妙悟神契，獨先得之。區區實無所得，蓋常折肱於此，偶有所徵耳。竊念世丈種種行持，只幹辦此一事，知無别路可走，然尚未脱意根。種種參會，養此良知之體，使光潔圓净，能寂能照，觸處似無所疑，不爲無見，然尚未離見解。若欲度脱生死，會通世出世法，更須百尺竿頭進步。從何處着脚，忘意忘見，庶幾得之。

與魯晝堂

執事宰劇邑，撫疲民，一切經綸注措，足以孚衆情而當上意，足占幹局之良矣。顧吾人一生，惟有此學，無論閒忙順逆，皆是圓明一竅中流出，日應萬變而不窮。苟此中不得機竅，只在境上隨緣抹過，忙時便慄，閒時便昏，順則恣情，逆則拂意，了自無得之處。然自得在於深造，而其要莫先於澹。世情澹得下，則不從軀殼上起念，欲障漸除，真機自然透露，人我兩忘，好惡不作，平懷順應，坦坦蕩蕩，無入而不自得矣。此古人平天下之大道，不可以襲取而僞爲者也。向與執事别時，曾談其梗概，見執事憮然若有所契於中，故爲申告之，亦一體相成之意，不容自已也。

與完璞會中諸友

不相會許時，近來會聚之興何如？督學使者不喜此事，意見不同，無足爲怪。但此事原是追復先賢道場，又經四五撫按與學憲詳議處分，已有成案，縱欲變更，豈肯甘心自外于名教？但願諸賢牢立脚根，默默自脩，養晦待時，終當有清泰之期。損益盈虚，時乃天意。天意欲玉成諸賢，故生出此一番艱苦，以爲堅志熟仁之助。若諸賢不能自立，隨世起倒，雖使終身處在順境，只成支吾粉飾過日，于鍛煉磨礲、未有分毫補益處也。烈火中方見真金，若只是鍍金假貨，隨火銷鑠，則自討敗露，亦不足惜也。立與不立，只在一念轉移，真假可以立辨。且彼作惡，亦是吾黨依藉假途有以致之。若真脩行自立，如周如程，彼豈作惡也哉？望諸同志各各自靖，不爲虚聲浮響所撼動，以身明此學，方爲出世偉男子耳。

答梅純甫

吾弟此生行持，知無別路可走，但向來尚從解悟而入，不離識神，雖時參校外典，尚在言詮上討求。日逐應感，精神尚有怠緩。雖處静時，不能當體凝寂，未免假借於物以相勝，勉强支持，非昏沉則散亂。無可柰何，任之而已。若如此挨排過日，雖百年，有何了期？此皆是識神用事，往來起滅，總是生死之本。若能深求密究，討箇變識爲知路徑，更須一着喫緊用力處。夫識與良知，同出而異名，所爭只毫釐。識有分別，知體渾然；識有去來，知體常寂。故曰：「良知如太虚。萬變紛紜，隱見於太虚之中，而太虚之體廓然無碍。」其機只在一念入微取證。此是吾人隨身規矩，不可須臾離也。學有緝熙光明，只此便是不容歇手公案，顔子所以欲罷而不能也。大匠能與人規矩，不能使人巧。巧之一字，乃最上一機，存乎心悟，非解悟所及。何時再晤，終此究竟。

與梅純甫

承遺弔，深領道誼一體至情。年老遭此，頗覺難堪。吾弟談虎色變，休戚所同，情之所感，自有天則，此亦吾弟驗過真實語。因此勘破世間皆假合之緣，雖父子骨肉，亦無三五十年聚頭。哀樂二境，如寒暑代謝，亦順之而已。來教謂「一切俗事，絶念無營，而精神意思尚欠凝聚，學問功力尚屬悠緩」。只此欠凝聚悠緩，便是世情根子未净所在。若果朝夕究竟，只此一事，便是單刀直入、舍性命行徑，豈容更有礙膺之物耶？

佛 佛

與周順之

有簡候，計已入照。老年遭變，情覺難堪。因念世界缺漏，豈能平滿？亦安之而已。來教謂「不理人口，幾陷不測」，此等處不可一毫責人，正是吾人精義所在。譬之人被蛇蝎所傷，只好自反，不能遠避，豈可動一毫作惡之心？況吾人立于天地之間，須令我去處人，不可望人處我，省愆視履，以求無忝，此是本分勾當。天之玉成吾人，不如此不足以任大而遠到也。千萬自力！

好話好話

與吴從本

此學無奇特相，無些子伎倆可倚靠。致良知之外，另有出世勾當，即是異學。致良知工夫不出倫物感應。上下交承，不能慎動，令人見疑，非有所挾，即有所爲，非隨緣順應家法也。執事密察自見。精舍賴同志數人撑持，方得久大。執事是個中人，同志中頗有齟齬。子方自恃以爲至寶，人莫能知，而人乃視之爲燕石，或莫之與，將焉賴哉？不肖此番至水西匆匆，而執事視之亦磊磊，未見有虚懷求益之意，殊不可曉。此事如覆卵，非氤氲醖釀則不能成變化。執事視此果何如耶？

答沈宗文

僕衰年艱於途涉，爰念令弟宗顔大捷，喜不自勝，且聞玄略之變，情不容已。忻戚交集，匍匐遠來，深擬與吾契晤，言信宿以罄鄙懷。不意從者祭告入鄉，不及一面。悵然而行，彼此歉缺之情可知矣。相傳吾契聞報之時，初意亦欲斂静，因親友相强，遂致縱恣勞攘，支費不給，至稱貸以益之。鄉人嘖嘖，無不嘆羡以爲榮。此老何曾不修行？有識者則以爲過於喧囂，若在所深惜也。予見羅念庵登第時，其家處之寂然，無所加減，宗黨至今傳頌不衰。邇舍親羅康洲、張陽和，居家亦甚貼泰，凡事務從省約，父兄相安，不事矜耀。家人稍有生事作好者，痛責而遣之。鄉黨相狎，若儒素之家，略無驕貴氣味。此皆區區所親際而目睹者也。况君家累世積善好修，尊翁未盡之志，發於令弟，正宜承家守訓，以光世德。倏爾張皇開托，至爲庸流所歆、達者所嘆。意尊翁九泉慰慶之餘，亦或有慼然於衷也。區區兩世通家，不得不以此言相聞，望吾契速改，以終善道。令弟在京，亦望以此意相達。盡去格套繁縟之習，凝静澹泊，益勉於學，以慰四方同志之望。不惟保終令德，亦以篤祐而綿福也。諒吾契素所信愛，當無逆耳之嫌。所需令尊翁墓表，便中脱稿，即當付刻也。

與沈宗顔

頃見題名，大對第一，可爲聖朝得人之賀。不肖辱賢父子兩世交承，相信相愛之情甚篤，於宗門宗説契悟亦深。邇者彙征之會，六陽從地起，仰以成泰，風聲鼓召，上下相聯，於世道亦將有賴，非徒通家識私喜而已也。夫學之於朋友，如魚之於水，不可一日離。京師舊有同志月會，相傳已久。近因時好差池，漸成避忌。消息盈虚，時乃天道，不足爲異。但吾人此生發心，原爲自己性命，自性自修，自命自立，無所待於外。若以時之向背爲從違，所學何事？非所望于豪傑也。近見録文，有談性説命、假禪幻以爲表異之説，令人惕然發深省。吾黨之學，果有假于禪幻，自當創悔懲艾，以圖自新。若爲自己性命，將以尚友千古，不墮此窠臼，則當益求自信。順逆境界，莫非動忍增益之助，非時議所能益也。元老於師門之學原亦相信，近因吾黨不能以實意將之，微致規切，意在相成，非有所作惡也。通篇是江陵公忠臣。世人過於承望，形聲相軋，釀成紛紛之議，遂使信學之初心混迹疑似，隱隱約約，闇而弗彰。此等氣象，豈聖世所宜有？宋之末世，殷鑒不遠，憂世君子所當亟反而圖之者也。明良相遇，自古所難。聖上睿哲天授，元老仰承翊贊，世方以尹之一德説之，啟心望之，不徒一時彌縫粉餙爾也。夫有伊傅學術，方能成伊傅事功。若非究滌心源，徹底瑩净，使上下孚格，出于譽望聲色之外，德從何一？心從何啟？此在當事者所當自愛，非杞人之過計也。元老與吾契有年家之雅，故以相聞，幸默存之，爲此亦爲彼也。所云月會之議，還望終始自信，約三五同志續而舉之。此件事不論在朝在野，原是一體同善不容已之心，非强餙門户，求以矯抗于時也。

與沈宗顔

前有啟候，計在照存。吾契志本高遠，才本弘偉，家學相承，此生知無别路可走。從前偶有出入，乃是習氣未除。譬之千里神駒，縱步康莊，時有廻旋，行當返駕，不足爲累。又如昨夢，只今惟求一醒，諸夢自除。况在今日，又是轉身大覺之時，徑超直入，一念萬年，堅志達才，寧復有所掛牽爾耶？我朝二百餘年，魁首者六七十人。歷稽往牒，百年前者，已入鬼録；五十年前者，或存或亡，已如塵夢；中間可稱述，或以綱常立命，或以性命安身，一峰、念庵二三公之外，不復多見。丈夫置身天地間，自當有安立處，不在灼然一第之榮而已也。區區八十老翁，於世界更有恁放不下？惟師門一脉如綫之傳，未得一二法器，出頭擔荷，未能忘情。切切求友於四方者，意實在此。年來勘得此件事，更無巧法，只從一念靈明識取。此一念靈明，是千古入聖真脉路。吾契已平時信得及，更望深信密體，不作知解言説抹過，使此學日光日顯，日孚于衆。擔荷有人，不致泯泯，老懷始有所慰耳。

與鄧子和

吾輩今日，不在知識之多，解悟之深，其大病惟在脚跟下不肯著實理會，未免在功利世情上作活計，終日談説良知，種種玄機解悟，皆成戲論。譬一噐，先受烏頭砒信，後雖投以甘露，亦皆變爲毒藥矣。只緣平時所受的是實病，潛伏流注，已非一日。今日所聞，的是虚見，脚跟下原是貼襯不起。以虚見勝實病，雖時時發狠，徒長勝心，未見有分毫補益處也。吾輩欲討真受用，更無巧法，須將此噐所受毒藥徹底洗滌，令乾净。寧可一生冷淡寂寞，不在世情上討些子便宜。良知本來面目，始有十分相應處，方爲不辜負初心耳。此吾與賢契所當共勉者也。

答周居安

古之豪傑，未有不從病困中進德。大抵處順境，則意氣易於飛揚；處逆境，則精神自會收斂。貞下啟元，天之道也；剥而後復，易之道也。只怕吾弟及令噐未是大豪傑，未免爲病魔所降。若果信得良知及時，不論在此在彼、在好在病、在順在逆，一念萬年，恒久而不已矣。吾弟天質本篤厚，但入悟處微欠超脱，所以未免擔閣過世界。不肖與吾弟脩合此方，乃是丹府一粒，服之可以立躋聖位，非但去病而已也。

與張叔學

得手書，知日來向道甚切。吾弟天資本和平，但用心覺踈，處事微欠剛斷，種種應感，未免纏繞，漸至因循；因循不已，便成墮落。揆其病原，只是最初一念欠決烈耳。若只如此揩抹過時光，豈惟道念不進，雖舉業亦成擔閣。譬如人在夢中，只爭箇覺與不覺。今既有將覺之機，會須猛省，振衣一起，以收開復之功。若再悠悠，又將做夢矣！

與張叔學

此番雖得入試，然神思却甚僊矣！凡百可省心息慮，如不欲戰相似，以無意應之，庶幾有補。若再以得失念参之，翻成惑亂，無益。吾弟文字，比之往時已知入路，然氣格尤欠嚴密，詞句亦少清溜，顯處似入於淺，隱處似涉于晦。要之，還是念頭上欠精明之故。大抵場中文字，如走馬看錦，雖七篇都要匀稱，然須有一二篇着意處，所謂萬緑枝頭一點紅。主司以此爲進退，不可一概忽過。

與張叔學

此行受久庵公真切之教，向來凡情習氣，頓覺消滅，可謂不虚行矣！同志中，多言此公未盡精蘊。區區向來亦有此疑，細細體究，殊覺未然。且道先輩長者，肯以此學自任終身者有幾？肯以此學諄諄誨人，惟恐不能及者有幾？吾輩但當領其懇切之心，間或議論見解有未同處，且當存之，不必深辨。但云老師處，似未盡愜，又以濂溪、明道未免爲上乘禪宗，隱於心誠有不安，然亦當姑置之。惟日逐修身改過，盡去凡習，以還真純，是爲報答此公耳。一路讀仲時詩稿，喜不自勝。不惟辭句清亮，思亦悠悠。大抵作詩須當以玄思發之，方不落言詮。瑣瑣步驟，未免涉蹊逕，非極則也。

好

卓吾先生批評龍谿王先生語録鈔卷六

卓吾先生批評龍谿王先生語録鈔卷七

新安後學　吴可期　吴可善　校正

序

陽明先生年譜序

年譜者何？纂述始生之年，自幼而壯，以至于終，稽其中之行實而譜焉者也。其事則倣于《孔子家語》，而表其宗傳之自，所以示訓也。《家語》出于漢儒之臆説，附會假借，鮮稽其實，致使聖人之學黯而弗明，偏而弗備，駁而弗純，君子病焉。求其善言德行，不失其宗者，莫要于《中庸》。蓋子思子憂道學之失傳，發此以詔後世。其言明備而純，不務臆説。其大旨在于「未發之中」一言，即虞廷道心之微也。本諸心之性情，致謹于隱微顯見之幾，推諸中和位育之化，極之乎無聲無臭，而後爲至，蓋家學之秘藏也。孟軻氏受業子思之門，自附于私淑，以致願學之誠，於尹、夷、惠則以爲不同道，於諸子則以爲姑舍是。自生民以來，莫盛於孔子，毅然以見而知之爲己任，差等百世之上，若觀諸掌中，是豈無自而然哉？所不同者何道？所舍者何物？所願學者何事？端緒毫釐之間，必有能辨之者矣。漢儒不知聖人之學本諸性情，屑屑然取證于商羊萍實，防風之骨，肅慎之矢之迹。以偏物爲知，必假知識聞見，助而發之，使世之學者，不能自信其心，倀倀然求知於其外，漸染積習，其流之弊，歷千百年而未已也。我陽明先師崛起絶學之後，生而穎異神靈，自幼即有志于聖人之學。蓋嘗泛濫于辭章，馳騁于才能，漸積于老釋，已乃折衷于群儒之言，參互演繹，求之有年，而未得其要。及居夷三載，動忍增益，始超然有悟於良知之旨。無内外，無精粗，一體渾然，是即所謂未發之中也。其説雖出于孟軻氏，而端緒實原于孔子。其曰：「吾有知乎哉？無知也。」蓋有不知而作，我無是也。」言良知無知而無不知也，而知識聞見不與焉。師以一人超悟之見，呶呶其間，欲以挽回千百年之染習，蓋亦難矣。寖幽寖昌，寖微寖著，風動雷行，使天下靡然而從之，非其有得于人心之同然，安能舍彼取此，確然自信而不惑也哉？雖然，道一而已，學一而已。良知不由知識聞見而有，而知識聞見莫非良知之用。文辭者，道之華；才能者，道之幹；虚寂者，道之原；群儒之言，道之委也；皆所謂良知之用也。有舍有取，是内外精粗之見未忘，猶有二也。無聲無臭，散爲萬有，神奇臭腐，隨化屢遷，有無相乘之機，不可得而泥也。是故溺于文詞，則爲陋矣，道心之所達，良知未嘗無文章也；役於才藝，則爲鄙矣，天之所降，百姓之所與，良知未嘗無才能也；老佛之沉守虚寂，則爲異端，無思無爲以通天下之故，良知未嘗不虚寂也；世儒之循守典常則爲拘，方有物有則以適天下之變，良知未嘗無典要也。蓋得其要，則臭腐化爲神奇；不得其要，則神奇化爲臭腐。非天下之至一，何足以與于此？夫儒者之學，務于經世，但患不得其要耳。昔人謂「以至道治身，以土苴治天下」，是猶泥于内外精粗之二見也。動而天游，握其機以達中和之化，非有二也。功著社稷而不尸其有，澤及生民而不宰其能，教彰士類而不居其德，周流變動，無爲而成，莫非良知之妙用，所謂渾然一體者也。如運斗極，如轉户樞，列宿萬象，經緯闔闢，推盪出入于大化之中，莫知其然而然。信乎！儒者有用之學，良知不爲空言也。先師纘承絶學，接孔孟之傳，以上窺姚姒，所謂聞而知之者，非耶？友人錢洪甫氏與吾黨二三子，慮學脉之無傳而失其宗也，相與稽其行實終始之詳，纂述爲譜，以俟將來。其於師門之秘，未敢謂盡有所發，然亦不敢假借附會，以滋臆説之病。善讀者以意逆之，得于言詮之外。聖學之明，庶將有賴，而是《譜》不爲徒作也已。

重刻陽明先生文録後序

道必待言而傳，夫子嘗以無言爲警矣。言者，所由以入於道之詮。凡待言而傳者，皆下學也。學者之於言也，猶之暗者之於燭、跛者之於杖也，有觸發之義焉，有栽培之義焉，有印正之義焉，而其機則存乎心悟。不得于心而泥於言，非善於學者也。我陽明先師倡明聖學，以良知之説覺天下，天下靡然從之。是雖入道之玄詮，亦下學事，載諸録者詳矣。吾黨之從事於師説，其未得之也，果能有所觸發否乎？其得之也，果能有所栽培否乎？其得而玩之也，果能有所印正否乎？得也者，非得之於言，得之於心也。契之於心，忘乎言者也，猶之燭之資乎明，杖之輔乎行，其機則存乎目與足，非外物所得而與也。若夫玩而忘之，從容默識，無所待而自中乎道，斯則無言之旨，上達之機。固胡子重刻是録，相與嘉惠而申警之意也。不然，則聖學亡而先師之意荒矣。

讀先師再報海日翁吉安起兵書序

伏讀吾師《吉安起兵再報海日翁》手書，至情溢發，大義激昂，雖倉卒遇變，而慮患周悉，料敵從容，條畫措注，終始不爽，逆數將來，歷歷若道其已然者。所謂良工苦心，非天下之至神，何以與此？而世之忌者，猶若未免于紛紛之議，亦獨何哉？夫宸濠逆謀已成，内外協應，虐焰之熾，熏灼上下，人皆謂其大事已定，無復敢攖其鋒者。師之回舟吉安，倡義起兵也，人皆以爲愚，或疑其詐。真 時鄒謙之在軍中，見人情洶洶，入請於師，師正色曰：「此義無所逃於天地之間。使天下盡從寧王，我一人決亦如此做。人人有箇良知，豈無一人相應而起者？若夫成敗利鈍，非所計也。」宸濠始事，張樂、高會詷探往來，且畏師之搗其虛，浹旬始出。人徒見其出城之遲，不知多方設疑用間，有以貳而撓之也。宸濠出攻安慶，師既破省城，以三策籌之：上策直趨北都，中策取南都，下策回兵返救。或問計將安出？師曰：「必出下策。駑馬戀棧荳，知不能舍也。」及宸濠回兵，議者皆謂歸師勿遏，須堅守以待援，師曰：「不然。宸濠氣焰雖盛，徒恃焚劫之慘，未逢大敵，所以鼓動煽惑，其下亦全恃封爵之賞。今出未旬日輒返，衆心阻喪，譬之卵鳥破巢，其氣已墮。堅守待援，適以自困。若先出鋭卒，乘其惰歸而擊之，一挫其鋒，衆將不戰自潰矣。」已而果然。人徒知其成擒之易，不知謀定而動，先有以奪其心也。師既獻俘，閉門待命。一日召諸生入講曰：「我自用兵以來，致知格物之功愈覺精透。」衆謂兵革浩穰，日給不暇，或以爲迂。師曰：「致知在于格物，正是對境應感實用力處。平時執持怠緩，無甚查考，及其軍旅酬酢，呼吸存亡，宗社安危所係，全體精神、只從一念入微處自照自察，輪刀陣上亦得見之。一些着不得防檢，一毫容不得放縱。勿助勿忘，觸機神應，是乃良知妙用，以順萬物之自然，而我無與焉。夫人心本神，本自變動周流，本能開物成務，所以蔽累之者，只是利害毀譽兩端。世人利害不過一家得喪爾已，毀譽不過一身榮辱爾已。今之利害毀譽兩端，乃是滅三族，助逆謀反，係天下安危。只如人疑我與寧王同謀，機少不密，若有一毫激作之心，此身已成虀粉，何待今日？動少不慎，若有一毫假借之心，萬事已成瓦裂，何有今日？此等苦心，只好自知。譬之真金之遇烈燄，愈煆煉愈發光輝。此處致得，方是真知；此處格得，方是真物。非見解意識所能及也。」夫死天下事易，成天下事難；成天下事易，（決宜如此，真宜如此！）能不有其功難；不有其功易，能忘其功難。此千古聖學真血脉路，吾師一生任道之苦心也。畿既讀是書，并述所聞，綴諸卷端，歸之嗣子正億，服膺以爲大訓。是豈惟足以祛紛紛之議，千古經綸之實學，亦可以窺其微矣。繼述之大，莫善于此，嗣子其圖之！

精選史記漢書序

嘗聞之，古文之與時文，其體裁相去若甚遠，而其間同異之機，不能以寸。要皆於虛明一竅發之，非明者莫能辨也。故曰：「師其意不師其辭，吾有取焉爾。」讀者悟夫作者之意，而不失其用虛稽實、紆徐縱閉變化之態，時文猶古文也。不得其意而徒辭之狥，句句而研之，字字而較之，摸擬摘實，如優人之學孫叔敖，適足以來明者之一噱而已。予友荊川子嘗讀《史》《漢書》，取其體裁之精且變者數十篇，批抹點裁，以爲藝文之則。夫子長法《國語》《左傳》，孟堅法《史記》，固也，然其文皆自爲機軸而不相沿襲，殆師其意者，非耶？子長之文博而肆，孟堅之文率而整。方之武事，子長如老將用兵，縱横蕩恣，若不可羈，而自中於律；孟堅則遊奇布置，不爽尺寸，而部勒雍容，密而不煩，制而不迫，有儒將之風焉。要之，子長得其大，孟堅得其精，皆古文絶藝也。荊川子是編，自謂深得班馬之髓，而於《漢書》尤精，蓋所謂得其竅者也。昔有關中士人，嘗持所作請證於陽明先師，先師謂曰：某篇似《繫辭》，某篇似《周誥》，某篇似《檀弓》，某篇絶似《穀梁》。其人甚喜，因諭之曰：「十歲童子作老人相，柱杖曳履，咳唾傴僂，非不儼然似也，而見者笑之。何者？以其非真老人也。苟使童子飭衿肅履，拱立以介乎其間，人自竦然，不敢以幼忽之。何者？以其真童子也。」嘗以語荆川子，荆川深領之，謂可以爲作文者之法。且夫天下萬事，未有不從虚明一竅中出而能得其精者也。因述所聞，而爲之序其端。

妙絶

歐陽南野文選序

予友歐陽南野子文集行於世久矣。門人督學少洲馮君慮其浩博，授集于予，選其尤有關於學者若干篇，屬會稽陽山莊尹，將梓以傳，而門人宗伯石麓李君亦以所選集寄至，遂參互校輯，共得文若干篇，釐爲四卷云。序曰：通天地萬物一氣耳。良知，氣之靈也。生天生地生萬物，而靈氣無乎不貫，是謂生生之易。此千聖之學脉也。我陽明先師慨世儒相沿之弊，首揭斯旨以教天下，將遡濂洛以達於鄒魯，蓋深知學脉之有在於是也。海内同志之士，見而知之與聞而知之者，莫不知有致良知之説，然能卓然自信、實致其知者有幾？能超然自悟於言教之外者有幾？良知本無知。凡可以知知，可以識識，是知識之知，而非良知也。良知本無不知。凡待聞而擇之從之，待見而識之，是聞見之知，而非良知也。是皆不能自信其良知，疑其不足以盡天下之變，而有所待於外也。道本自然。聖人立教，皆助道法耳。良知亦法也。果能自悟，不滯於法，知即良知之知，識即良知之識，聞見即良知之聞見，原未嘗有内外之可分也。南野子蚤歲即從先師於虔，所謂見而知之者也。沉粹慧敏，才足以達，素爲先師所授記。凡振牖淬鍊，蓋無所不至，而其顯體默究，孳孳亹亹以繼其志，亦無所不用其情。予不肖，辱交於南野子三十餘年，受其切劘之益最深。師門晚年宗説，每舉相證，未嘗不爽然稱快，以爲聞所未聞，若飲醇醴，盎然且溢於面，所謂交相益者，非耶？先師嘗謂「獨知無有不良」。南野子每與同志論學，多詳於獨知之説。好好色、惡惡臭，乃其應感之真機，戒自欺以求自慊，即所以爲慎獨也。集中無非斯義。所謂卓然之信，超然之悟，蓋庶幾焉。儒臣得君，自古爲難。昔者河汾之學，不行於身而見貞觀之朝，蓋房杜王魏諸賢爲之表章，有以致之也。先師之學不啻河汾；南野子身際明聖，宣昭禮樂之化，過於房杜諸賢。即其所履，益信儒者有用之學，於師門與有光焉。惜乎天不慭遺，使大業不得終顯於世，吾黨不能無遺恨耳。讀是集者，知所考鏡，以信以悟，反求而自得之，發明此學於無窮，其機有不容自已者矣。

鄒東郭先生續摘稿序

嘉靖乙酉秋，予偕緒山子赴冲玄之會，道出睦州，少府對崖周子示予以東郭先生之集，曰：「此第三續稿也。」且屬之言。予惟先生之集傳于人久矣！初稿刻于廣德，次刻于維揚，今復刻于睦州。雖其前後所見，不無淺深精粗之異，而修詞命意，一惟師説之守，則先後反覆，未嘗少有所變也。先師之説，以良知爲宗。良知者，本性之靈，誠之原而物之則也。意者其幾也，物者其日可見之行。觸幾而應，應而常寂；因物而感，感而常静。虚實相生，有無相形，不可以致詰。是義也，及門之士，孰不聞之？孰不能言之？然能實致其知、守而不變者，蓋鮮其儔。以先生之才力譽望，有足自命；使其更加一説以抗之，亦足以章教而鳴世；而先生之心，則有所不忍也。夫學之不明，千百年于兹。世之學者，沿習于意見之偏，測度假借，非溺于虛妄，則入于支離，中行既鮮，法守無稽。而先師首倡良知之説，以一人呶呶其間，寖幽寖明，僅僅以有今日，蓋亦艱矣。所幸良知在人，不容自泯。苟非泥于意見，先横不然之心，未有聞之而不信者。吾人相與一意，發明宣暢而引長之，猶恐告者之瀆，而信者之未至，況忍更加一説，以滋其惑乎？昔者孔子之門人，各以其所見爲學，而後散之四方，莫相統一，故傳之不能無弊。求其深信不失其宗者，顔、曾氏之外無聞焉。是雖同爲誦法孔子，而意見之私有以累之也。今日之弊，亦居然可見矣。先生服膺良知之訓，緣聞而修，求入于悟。寡欲以爲静，非爲虚也；應物以爲常，非爲支也。教學相長，以教爲學；不以所得爲有餘，而以習見難舍、未能通微以復完本體爲不足；其用心可謂勤矣。譬之克家之子，日勤幹蠱，謹守家法，惟恐有所更改廢墜，以陷于不孝。此正同門之所不能及，學之日躋于精深而未已也。常語學者曰：「後世講學，自習染之後言之，退然以聖人爲不可及，而不察良知本體，原與堯舜無異，是自畫也，或失則餒；其或傲然自謂與堯舜同體，而不悟嗜慾污染之所因，是自欺也，或失則誣；皆非所謂善學也。」然則先生之所自信，與其所自立者，有可知矣！

王瑶湖文集序

儒者之學，務爲經世。學不足以經世，非儒也。吾人置此身于天地之間，本不容以退托。其曰「爲天地立心，爲生民立命」，固儒者經世事也。然此非可以虚氣承當，空言領略，要必實有其事矣。欲爲天地立心，必其能以天地之心爲心；欲爲生民立命，必其能以其生民之命爲命。今吾人之心與所謂命者，果何物哉？道喪千載，絶學悠悠，天地自天地，生民自生民，吾人自吾人，睽分涣裂，漠然不相聯屬。噫，敝也久矣！自陽明夫子倡道東南，首揭良知之旨以覺天下，天下之人，皆知此心之靈貫徹天地，而生民之痾癢疾痛，始與吾人休戚一體相關，爲之維持撫摩，以求盡其心而致其命者，始炯然不容于自已，所謂生生之仁也。夫良知在人，聖愚未嘗不同，然而有能有不能者，利害毁譽有以蔽之也。吾人誠有意于經世，豈忍一日悠悠，甘于退托、漠然視之而已也？天地萬物，一體相通，生生之機，自不容已。一切毁譽利害之來，莫非動忍增益，以求盡吾一體之實事，隨其力之所及，在家仁家，在國仁國，在天下仁天下，所謂格物致知，儒者有用之實學也。豫章瑶湖王君，其殆庶幾乎？君與吾黨同事夫子，面承良知之教，從事于斯，專志不貳，居官居家，隨處發明此意，求所以自立。其官于泰也，以州里之休戚爲己任；其官于浙也，以師門之休戚爲己任。一以爲慈父，一以爲幹子，一切以身狥之，不以毁譽利害惕乎其中。其退而家居，孜孜求友，以教學相長，後進多賴之。時出赴同志之會，以求交修之益。晚年築室静養，益務邃密。凡毁譽利害之來，不惟無所惕，且將資之以爲助。即其日可見之行，庶幾所謂無忝于所學者，非耶？嘉靖乙丑春，予赴弔念菴子，與諸友會于洪都，厥子緝録君遺文一編示予。予展而讀之，多與同志問答觀法切劘之説，及詠歌酬應之詞，與夫當官興革宜民之疏。雖不屑屑以文名家，要皆以真志發之，以求不悖于師説，非苟然者。觀其請質于師，有曰：「斯道廣大，無少欠缺，動静窮達，無往非學。但反觀于内，猶未是夭壽不貳根基，毁譽利害之間，未免脱然。」師手書答曰：「足知用功之密。只此自知之明，便是良知。致此良知以求自慊，便是致知矣。」食臠一匕，已知鼎味；生平所得，不可概見已乎？因弁數語于册，授而歸之。夫吾人既有見于良知，立心立命以繼絶學之傳，豈分外事耶？讀是編者，能逆志以究其所學，亦將有炯然不容自已者矣！

讀雲塢山人集序

珠川子銳志詞章之學有年，既裒然富且工矣。一日，聞陽明先師良知之説，恍然若有見，憮然嘆曰：「斯其根本之學也乎！吾之所習，特枝葉爾已。」間以其説發爲文詞，則衆譁然非而咲之：「此道學頭巾語也，習之將奚以爲？」珠川子亦牽于舊習，未能舍；其于良知之説，又不忍棄也。二者往來于中，久未能決。今年秋，予赴冲玄之會，過信江，珠川子出《雲塢山人集》示予。予讀之，則前之所謂富且工者是已。及詢所謂道學頭巾語，則曰：「舊曾有《常州集》，因人之咲，弗欲以見也。」予曰：「有是哉？子于此既不能舍，于彼又不忍棄也，則如之何？夫欲之燕，則北其轅而已；欲之越，則南其轅而已。既欲之燕，又欲之越，是惑也，轅將安適哉？」珠川子曰：「吾亦病夫志之勿立耳，是以不能進于是也。子何以輔吾志？」予曰：「可哉！夫君子之學，莫先辨志。未有志于根本而不達于枝葉者也，亦未有徒志于枝葉而能得其根本者也。今之所謂良知之學者，夫亦通其説而已，未賞實致其良知也。名爲根本，而實未嘗忘于枝葉也。子而果欲實致其良知，非徒通其説而已，則當自其一念靈明者，專志而求之。弗憚于非笑，弗眩于多岐。必也忘世情，忘嗜慾，并其詞章之念而忘之，而後道可幾耳。良知者，天地萬物之靈也。子而果能實致其良知，範圍曲成，將于是乎賴，而況于文詞之藝乎哉？故曰『通乎晝夜之道而知』，語知至也。昔有求工畫者，不在乎吮笔含墨，而在于解衣磅薄以坐之人，惟能忘于畫而後畫始工耳。今者則何以異于是？世之所謂頭巾者，皆泥于良知之迹，而未得其精，滯而未化者也。先師之集，傳于人久矣，子試取而讀之，果有頭巾氣否乎？然則子之惑可以解矣。苟欲致知而務文詞之工，是猶以隋珠而彈雀，亦末也已。」是集凡若干卷，諸體裒然咸備。子既已志于根本，亦將以爲枝葉而忘之矣。不然，是固詞章之雄也，而可少乎？因書以畀之，且以徵子辨志之學。

國琛集序

《國琛集》者，予同年一菴唐子所紀開國以來人才之盛，集之以爲世寶者也。集凡四科，蓋取魯論聖人、君子、善人、有恒之義，不以時，不以類，不以品，小大偏全，錯而陳之，各擅其所美。其要主於發明此學，以蓄德而廣才，固非病于方人也。夫學，心學也。人心之靈，變動周流。寂而能感，未嘗不通也；虚而能照，未嘗不明也。此千聖以來相傳之寶藏，人人之所同有，惟蔽於私而始失之。學也者，學去其蔽而已矣，非有加也。何也？夫心之通明謂之聖。聖人者，生而知之，學之的也。君子以修言，善人以質言，有恒以基言，皆學而知之者也。而惟有恒，則可以進於善人、君子而入於聖，小者大，偏者全。唐子所謂斯四科者，不於文，不於行，皆自其心論之，非其心則弗取也。隆殺賓主之義，存乎本述；願學之意，存乎注脚；譬草蛇灰線，而生氣行乎其間，在明眼者取而觀之。此紀集之本意也。粤自明興以來，學術漸著，肇於薛敬軒，沿於吴康齋、胡敬齋，而闡於陳白沙。敬軒以行修，康齋以悟入，敬齋祖薛而得證於吴，白沙宗吴而尤主於自得。學將有所歸矣！延綿衍溢，至於陽明夫子，首提良知之旨，示之學的，而後燦然大明。國將興，必有兆以開其先，蓋徵之也。此千古血脉、流行生化之機，不以意測，不以識求。以此畜德，則德日新；以此廣業，則業日富。轉移人心之要，綱維治化之原，學之大全也。夫自良知之説傳流海内，人孰不聞，然能實致其知者有幾？唐子欲以討真心爲刺贊，真心孰從而討之？夫真心者，言乎有恒之心。天地之道，恒久而不已。吾人果能持其有恒之心，究夫虛寂流行之機，以求其所入，而不以意識參乎其間，聖學庶有賴也已。若曰執權衡以較輕重，而以方人病之，淺淺乎知唐子矣！茫茫太虛，孤懸一掬，其誰幸以助予？此唐子苦心也，故敘而終焉。

三錫篇贈宮保梅林胡公

嘉靖庚申春，宮保制帥梅林胡公以平倭偉績，受天子明命，署以青宮之銜，錫以圍玉，蔭以錦衣，寵至渥也。凡在交承之下者，咸旅進于庭，所以頌公之德，表公之功，彰公之寵，殆將無所不用其情矣。予復何言哉？竊惟居德者忌，居功者怠，居寵者危，古人所深戒也。爰述《三錫篇》，以爲萬一之助。（難言哉）嘗讀《易》《師》之九二曰：「在師中，吉。王三錫命。」《謙》之九三曰：「勞謙，君子有終，吉。」公以師中之德，荷三錫之命，則既以承天之寵矣，勞而能謙，乃克有終，固公所宜自盡，期以圖報於將來者也。夫虧益流變，福害好惡之應，天地鬼神於盈謙之戒昭昭矣。禹爲大將，出師以討擾爾逆命之苗，宜無所不可。而伯益矢謨，至有滿損謙益之戒，禹又從而拜受之，蓋深知夫天道之不可違也。今夫禄位名壽，皆天之所以命於人，而人之所以自奉其身者也。大德之人必得，若執左券以索寄然者，是非有心於得之也。舜之大德，量如太虛，未嘗有一毫外慕之心。其視禄位名壽之加於其身，與去於其身，如萬象交變，出没於太虛之中，神奇臭腐，無所揀擇，亦無所增減。故飯糗終身，袗衣固有，太虛之體固如是也。吾人德不加舜，量不如太虛，未能忘乎外慕之心，而於外物之奉身者，乃欲屑屑焉求備，以自蹈於盈滿之戒，亦見其惑也已。夫角與而齒缺，翼附而足虧，在物且然，而况於人乎？歷觀三代以後之大臣，善處成功之際，而能保命以終吉者有幾？禄盛者或晦於名，位尊者或劣於銜，名高者或嗇於壽，而壽永者或儉於禄。豈惟德之不逮於古，固亦氣化之漸薄，夫人乘之，自不容於求備也。與奪翕張，或衰或益，大化默司其柄。吾人終身浮沉於大化之中，特不能以自覺耳。公自巡察而轉中丞提督，未幾而轉司馬總制。人言藉甚，忌且謗者紛紛未已。今日之事，公於科第、才望、勳名三者，皆足以自致通顯，但一旦驟遷，同儕盡屈其下，心不能以盡平。况乎權位重而責愈備，經費浩而迹愈疑。以一人之情，擅六七省之刑賞，（好好，説着了。）而德怨易至於横生；以一人之力，答千萬人之祈望，而恩澤每病於難溥。夫以不平之心，加之以求全之意，則夫忌嫉疑謗之來，固宜有所不免，而亦非人之所能趨避也。公自任事，數年於兹，經理浩穰，心殫力竭，雖屢獲奇功，而亦屢蹈危機。自古豪傑當大任、成大功者，未有不從憂患中得之。惟公心慈量宏，生平以厚自處，未嘗有讐物害人之心。履信思順，鬼神實相之。故每遇凶而獲吉，因敗以爲功。公誠福人也哉！　方新命未下之時，當事者尚有屯賞之議，及既下，人情亦有靳於使相之疑，公皆不得而與也。公之處此，惟當兢兢自反自艾，益修厥德，鑒於《易》書之戒，審於氣化之徵，揆諸成功處功之跡，謙抑貶損，中心歉然，如不能勝。非惟不當有榮觀之萌，而亦不當有求益之望，始足以答人言而回天命，所謂「君子有終而吉」也。公天性本來近道，内夷城府，外弛邊褆，雖處兵革紛冗之中，亦未嘗廢學。居常油然，情雖暢而不綴；臨變惕若，志雖鬱而不撓。度能容衆，似混而辨；機能料敵，似顯而藏。至於忙中批答，醉中應酬，即倉遽憤擾之餘，可以覆覈，什百未嘗遺一。非其主宰凝定而條畫分明，未易以涉斯境也。公自謂學問未能入細，不欲吾儕以精微之説瀆之，此尤見公得其大處。先師有云：「學貴有序，先須理會大略，然後精微可得而盡。如孔明讀書先觀大旨，未爲無見。不然，反易溺於瑣碎，非善學者也。」然則公殆所謂善學者，非耶？雖然，精微則烏可以不盡？舜之德同於大虚，而無累於外物者，以其能察於危微而致其精一之功也。微者，聖學之宗。不雜於人心之謂精，純乎道心之謂一。精一而後能致虚，致虚而後能忘累。故曰「舜有天下而不與」，言有而不居也。公之學果能進於是，亦將與舜爲徒，而三命之寵與諸福之物，亦將申錫於無疆矣。走也知公最深，故望公彌切。區區漫述，固亦儆戒之意，期以襄德于有終也。公亦將有以受我否耶？

贈梅宛溪擢山東憲副序

好一篇文章！

昔者孔門言志，由、求、赤志在得國而治，斷斷于兵賦禮樂之事；曾點之志，浴沂風詠，不出日用之常，若無所事事者；而夫子所與，顧在此而不在彼，豈其深有契乎其中爾耶？儒者之學，務于經世。然經世之術，約有二端：有主于事者，有主于道者。主于事者，以有爲利，必有所待，而後能寓諸庸；主于道者，以無爲用，無所待而無不足。入者爲主，出者爲奴，見使然也。惟見有小大，故有無之迹乘之。見之小者泥于有，見之大者超于無。斯固點之所以爲狂，而異于三子者之撰也。昔有求工畫者，衆皆吮墨伸紙，奔走以待用，一人獨解衣盤礴而坐，此真工畫者也。夫知工畫者，不在于吮墨伸紙，而在于解衣盤礴之人，則知夫子與點之意矣。三十幅共一轂，當其無，有車之用；鑿户牖以爲室，當其無，有室之用。人知有之爲利，而不知無之所以爲用也；人知用之爲用，而不知無用之所以爲用也。而世之儒者，未免溺于有無之迹而二之。

妙妙

其有者，以兵賦禮樂爲神奇，浴沂風詠爲臭腐，是不鑿牖而求室之用也；其無者，以兵賦禮樂爲臭腐，浴沂風詠爲神奇，是去輻而求車之用也。間有略知二者之偏，而思有以易之，其言曰：「道之真以治身，其緒餘以爲國家，其土苴以爲天下。」似矣。夫既曰「以道治身」，所治孰非事耶？既曰「以其緒餘土苴爲天下國家」，緒餘土苴，孰非道耶？夫道與事未嘗相離也。有無相因，以應于無窮。二者混而爲一，是謂經綸無倚而達諸天，故曰「上天之載，無聲無臭」。此孔門家法也。宛溪子志于儒者之學有年矣。今之守越也，秩二千石。九梴之堂，施黄以表觀，畫封履畝，圜其民于中者殆方千里，不可爲非得國而治矣。一切張弛操舍，以政爲學，練兵稽賦，崇飾禮樂之教，盤根之所割，大窾之所批，聲光風采，矯然振于一時，不可謂無所事事矣。是將有所待與否，何如也？立乎不倚之地，而行乎無轍之塗；動于靡闢之門，而藏于無扃之鑰。優閒容與，童冠詠歌，出于注措經綸之外，隱然若有當于古之狂者，所謂以無用爲用，殆庶幾乎！非邪？予不肖，無足以契乎其中而與子，而子之志則遠矣。三年治成，擢副山東觀察，行有日矣。屬令葉君某、陳君某輩，奉其道術之教，施于八邑，恨其將去，而惜無以承之也。以予爲有一日長，徵言于予以道志。夫儒者之效，缺然不見于世，許時于兹。山東夫子之鄉，沂雩之遺風猶有存者，而兹行適當暮春之景，浴于斯而風于斯，俛仰千百年之上下，可以陶然而詠矣。

贈益泉陳侯被召北上序

予嘗觀前史《循吏傳》，爲無赫赫之名，而有肫肫之實，竊以爲史臣之溢美爾，世豈有實不副而名乃過之者哉？今得吾益泉陳侯之爲政，乃知史臣之書，誠有所未易測者。陳侯起進士，嘗出宰會稽，以憂去，邑人思之。山陰與會稽接壤附郭，惠政所均，邑士夫請于當路，復得宰山陰。吾侯之於山陰也，約己裕衆，時以文學餙吏治，期年而治洽，三年而政有成，仁惠流傳，士民安之。銓司廉得其實，疏名于朝，以檄召，行有日矣。吾邑士民咸曰：「陳侯良吾父母，世豈多有如陳侯之惠我者哉？」問其政，嗒然莫知所對。予然後知循吏之不可及，而史臣爲不誣也。古今論治不同，其大要不越于刑政教化，本末之間而已。世道下衰，議政則遺化，議刑則遺政，拂其所性，而民之心益離。嗚呼！人情不大相遠。治之者，顛本末之序，往往至拂其所性，此循吏之書于史者常少也。三代以後，爲君者莫盛于文景，爲循吏者莫盛于西京之世。然編史者，于文景無可紀之德，于循吏（好）無可蹟之政，何哉？教化之盛，如慈母之煦子，如春膏之潤物，發于至誠，泯于無朕，而受惠者莫能爲之辭也。或者曰：「侯之政簡而不苛，紓而不怠。又當兵興之日，百役具舉，侯以耐心措注其間，事集而民不知擾。此豈非所蹟者哉？」予曰：「然哉！斯固幹局之良也。而予之所取于侯者，則以其有仁者之心，政敷而刑緩，教彰而化協，率其心之所安以宜民，而不自以爲功也。《傳》曰：『肫肫其仁，其庶也乎哉！』古人之學，至誠經綸而無所倚。侯也有志于是，是謂經綸天下，可以達天德。區區漢之循吏，有不足擬者矣。」予因諸士夫之請，相與述民之情，爲侯贈，且將以進侯于古也。

送王仲時北行序

昔者子思子憂道學之失傳而作《中庸》。《中庸》傳道之書，孔氏之家學也。其終篇「尚絅」之云，惓惓于君子小人、闇然的然之辨，而歸淡之一言，蓋惡文之著，而思反其質。質，其道之本乎！夫自周末文勝，學者溺于浮華奢泰之習，務功利而忘忠信，人心日壞。孔子身任傳道之責，將以挽回世教而無從也，乃志于從先進，以求之于野。其曰：「十室之邑，必有忠信，不如丘之好學。」明學所以全忠信，而忠信之外無學也。然則「尚絅」云者，其諸從先進之志乎？所謂淡者，其諸忠信之義乎？故曰《中庸》傳道之書，孔氏之家學也。夫忠信之在人，譬之五味之淡，五色之白，五音之希聲。淡者味之本也，白者色之本也，希者聲之本也。故《禮》尚玄酒，《易》著白賁，而《樂》貴朱絃，以存本也。君子于此可以觀學矣。自漢而下，世教日衰，學者安于所習而不知返，蓋千百年于兹矣！吾師陽明夫子生于絶學之後，憫人心之溺而忠信之益薄，首倡良知之説，思以易天下而挽回之，呶呶焉濱于危且困而弗恤也。良知之説，始于孟氏而傳之子思，即《中庸》所謂「獨知」者是也。數十年來，此學之信而從者，幾徧海内。蓋良知之在人心，感觸神應，有不容自已耳。吾子仲時，師門之嗣子，尤海内同志所屬望，而家學將有賴焉。吾子質慧而好修，志于學。馴其所至，知其必爲君子，必不爲小人，無疑也。而幼遭多難，南北奔馳，依依外氏之庇，操慮日危且深殆，庶幾早達者，非耶？夫吾師德在人心，而業在天下，崇報之典，鬱而未彰，蓋久將有待也。廼者聖天子推恩，賢宰執贊議，重以申錫之命，進吾子于太學，將養之以需其成，兹其兆矣。雖然，吾子此行，入仕之始，世味方濃，而聲色之移人尤甚，口體耳目，一溺于所好，其流弊將有不可勝言者。識者不無隱憂焉。昔之人，有聽古樂而睡，聽鄭衛之音而不知倦。此無他，好有所溺，則人心變矣。存亡之幾，辨之在早，而反之在力。吾子其務弘乃質、崇乃志，懋乃學，反諸獨知之良，去其所謂的然者，就其所謂闇然者，以無忘「尚絅」之意。寧過于野，無寧過于文，一洗功利浮華之習，以全其忠信，而不爲聲色世味之所溺，則幾於道矣。慎斯以往，德將自此日崇，業將自此日廣。善于繼述，吾師未盡之志，將有所托而傳；追惟子思子之家學，庶幾有光而無忝也。是豈徒不失望于海内之同志而已乎？吾子行矣！難矣難矣！

原壽篇贈存齋徐公

萬曆丁丑歲，存齋徐公壽七袠有五，秋九月二十日，值其懸弧令辰。走覊俗緣，未能如期赴候，首述巵言一編，屬通家門人陸子光宅洎季兒應吉往畀賓筵，用申觴祝之敬。吾人生于天地間，百歲爲期。天地賦我以形，道爲之紀。日可見之行，惟出與處，其道無所不在也。出則以其道格于上下，輔世長民，以兼善天下；處則以其道獨善其身，守先王之法，以開來學。若無一善狀，徒以其七尺之軀，久生于世，非有道者之所貴也。誰肯？誰肯？古之至人，達而壽者，莫如文王；處而壽者，莫如孔子。其曰「周王壽考，遐不作人」，曰「不知老之將至」，此壽徵也。曰「穆穆文王，緝熙敬止。勉勉我王，綱紀四方」，曰「辟如天地之無不持載，無不覆幬，萬物並育並行而不害不悖」，此德符也。德以基壽，壽以昭德，夫人之所知也。若夫積德以凝命，爲壽之原，譬之北海玄珠，得於罔象，非夫人之所知也。先師有云：「心之良知是謂聖。」天地之靈氣，結而爲心，心之靈明謂之知。清虚昭曠，百姓之日用同於聖人之成能，此萬化之綱，千聖學脉也。意者心之用，識者知之倪。心體粹然，意則有善有惡；良知渾然，識則有是有非。善惡則好惡形，是非則取舍見。萬病皆起於意，萬緣皆生於識。心之良知，本無善惡，本無是非。譬之明鏡之鑑物，妍媸黑白，皆其所照之影，應而無迹，過而不留。意與識，即所謂照也。真心無動，而意有往來；真知無變，而識有生滅。以照爲明，奚啻千里！知此，則知文王、孔子致壽之原矣。昔人頌文王之德，曰「不識不知」；紀孔子之學，曰「無意無必」。意者，病之所由以生；識者，緣之所由以起也。意根於心，則善惡自無所淆，而意爲誠意；識變爲知，則是非自無所眩，而識爲默識。無識則知亦忘，無意則心亦冥。譬諸太虛之體，不和諸相而亦不拒諸相，萬象往來於太虛之中而廓然無礙。文王、孔子，所以順帝則而達天德也。夫意與識非二也。識有分別，意爲之主；意有期必，識爲之媒。是謂一病兩痛，交相成也。孔門惟顔子爲善學，「有不善未嘗不知，未嘗復行」，「不遠而復」，孔子稱其「庶幾」，以其「屢空」也。子貢而下，未免多學而識，以億爲中。空者虛明之體，億識則非空矣。此回、賜之學所由以分也。顔子没而聖學亡。後世所傳，惟子貢以下一派學術，漸漬染習，認賊爲子。雖在豪傑翹然以知學自命者，亦且襲陷其中而不自覺，可慨也已！自陽明先師提出良知爲宗，孔周之絶學，賴以復續。信而從者遍海内。學者牿於舊見，且閧然指爲異學，豈非亦有似是而難明者乎！不佞於公出處之概，重有感焉。公深信師門之學，力肩斯道，爲善類所歸，向非一日矣。出也以其學行於朝，秉國之鈞，承天之寵，經綸密勿。定大計，决大疑，以天下安危爲己任。倡明正學，淑人心而開泰運。視群邪之訕，如狂瀾之撼砥柱，矻然無所撓也。其處也，以其學行於家，宅心淵默，應緣無滯，篤於倫理。重朋來之樂，徜徉峯泖之墟，修身以見於世。視群小之慍，若飄風之過耳，漠然無所入也。尚友千古，道合志應，其於文王穆穆勉勉、孔子合德於天地，殆庶幾乎慕焉而若有契也。夫文王望道而未之見，孔子俛焉而不知年數之不足，至人不已不厭，惟日不足之心，有如此者。走也辱公之愛最久，而荷教最深。八十衰儂，徒以不肖之齒稍長於公，步趨追從，絶塵以奔，蓋若瞠乎其後也。惟公孳孳亹亹，法天之行，時向邁而德日新，年有加而學無盡。如神龍遊於昭曠之域，出則爲見，處則爲潛；將與孔周相忘於千載之下，絶意去識，啟心之靈，以綿道脉於無窮。與太虛同體，亦與太虛同壽，百年之期，有未足多者矣。此固區區同心之願也。

佛

壽鄒東廓翁七衮序

自聖人之學不明于世，世之學養生者，務爲異術，譸謬泥執，併老氏之旨而失之。是非養生者之過，聖學不明之過也。聖人之學，復性而已矣。人受天地之中以生，而萬物備焉。性其生理，命其所乘之機也，故曰「天命之謂性」，此性命合一之原也。戒慎恐懼，其功也；不覩不聞，其體也。良知者，性命之則。知是知非，而微而顯，即所謂獨也。戒慎恐懼，而謹其獨焉，則可以復性矣。故存之無不中，而發之無不和。先師所謂「戒慎恐懼而中和出焉」是也。中和致，則天地此位，萬物此育，而無外内顯微之間，此聖學之的也。知此，則知東廓先生所受之學矣。先生之事先師四十餘年，于先師之學終始發明，惟歸一路，未嘗别爲立説，以眩學者之聽。聞先生生平以翕聚同志爲己任，東南學者之會以十數，每會必如期先往，後期而歸。虚受并包，務期奬掖。朋友有過，未嘗顯斥，微示之向，而使人之意自消。辯論有未合者，未嘗必其强同，稍爲分疏，使自思得之。故人皆得盡其所請，而樂爲之親。擔負聖學，卓然爲海内儒宗，同志賴焉。志純履謙，所見者日邃。嘗曰：「吾始也戒慎于事爲，已而戒懼于念慮，其後則乃戒懼于本體。」夫戒懼于事爲者，點檢形迹，所志末矣；戒懼于念慮者，雖防于發端，尚未免於生滅之擾；若夫戒懼于本體，則時時見性，以致于一。念慮者，本體之流行；事爲者，本體之發用。圓融照察，日以改過爲務，無復本末内外之可言矣。此先生之學也。是年，先生壽七十，春二月某日，值其懸弧之辰。宣州水西門人周子怡率其同門之友若干輩，將旅進于庭，以壽先生，而屬言于予。予惟欲觀先生之壽，當觀先生之學，知先生之本，而先生之壽益有足徵矣。先師嘗曰：「戒慎不覩，恐懼不聞，則神住。神住，則氣住、精住。而仙家長生久視之説不外於是。」是説也，人孰不聞？亦曰有爲之言耳。先生獨信之不疑，不淆于異術。故行年七十，視聽不衰，而精氣益强。非一于神守，能若是乎？而世之養生則異于是。裂性命爲兩端，分内外爲二物。或迷于罔象，或滯于幻形，甚至顛溟濁亂，惟軀殼渣滓之爲狥。豈惟不知聖人之學，所謂并老氏之旨而失之者也。「常無欲以觀其妙，常有欲以觀其竅」，「萬物芸芸以觀其復」，非老氏之言乎！觀妙即未發之中，性宗也；觀竅即發而中節之和，以情歸性，而機在我，命宗也；觀復即慎獨常明之旨也。不睹不聞，即本體之藥物也；戒慎恐懼，即功夫之火候也。種種名義，特假象之寓言耳。故曰得一而萬事畢。此殆先生之所自信自改，俛焉孳孳而不知其老者乎！雖然，得一爲難，忘一尤難。知忘是非，知之至也。忘則無住矣，是謂無心之得。仙家亦有神還于虚之説。然則先生之學，住耶？忘耶？虚耶？先生處家内外和翕，子姓昌明，人道之福，方至未艾，所以滋壽而徵諸學者無窮。同志所依以從事，亦將賴以無窮也。爰述先生之所受者，因以質於先生。

壽史玉陽年兄七十序

玉陽子志于聖學有年。中年好長生，復習爲修命之術，既築玉潭仙院以見志。晚乃更求幽勝于句曲之墟，作圜室若干楹，翼以飛樓，繚以石壇，塹以深渠，總爲護真堡，狀若蓬島，聚糧其中，外内限隔。期過七十，即將捐室家，絶交遊，屏棄世緣，入室練養，以觀無始，而求遂其所欲，約五七年功成，而後出其迹，可謂太奇矣。夫玉陽子之爲此也，豈以儒者之學，止于了性，故别求修命之術，蕲于兩全而得之乎？予固不得而知也。夫儒者之學，以盡性爲宗。性者，萬劫無漏之真體。祇緣形生以後，假合爲身，而凡心乘之，未免有漏。故假修命之術以鍊攝之，使滌除凡心，復還無漏之體，所謂借假修真，修命正所以復性也。即以養生家言之，性以心言，命以身言，心屬于乾，身屬于坤。身心兩字，即火即藥，一切斤兩法度、老嫩淺深，皆取則于真息。真息者，性命之玄機，非有待于外也。是故盡性以致命者，聖人之學也；修命以復性者，學者之事也。及其成功一也。若謂儒者之學不足以養生，而别取于命術，是自小也。且老氏嘗有長生之説矣。大都人生以百年爲期，五情苦樂，四體安危，古猶今也。百年猶以爲多，則所謂長生者，自有所指，非執吝形骸之謂也。後世養生之説，未免滯于形骸，即爲凡心有漏之因，并老氏之旨而失之矣。今玉陽子年已七十矣，行將入室有期，室家果可得而捐乎？交遊果可得而絶乎？世緣果可得而棄乎？吾知有所未能也。苟凡心未了，縱使入室，未免坐忘而坐馳，爲累更大。吾知有所未遂也。孔子曰：「吾非斯人之徒與而誰與？」則知儒者之學，未嘗外于人道，但不爲其所累耳。若棄之絶之，孑然遺世而獨立，是豈人之道也哉？孔子年七十，曰：「吾從心所欲而不踰矩。」先之曰：「五十而知天命。」知天命者，志與天通。其動以天，無復凡心之爲累，故能「從心所欲而不踰矩」。矩者，天命之則。未能知命，心不可得而從也。所望于玉陽子，惟在益堅爲聖人之初志，以知命從心爲的，默識玄機，以觀無始，不爲後世養生之所滑。使世之學者，曉然知玉陽子之爲人，志于學孔者也，不務爲奇迹者也，不外于人道而能無所累者也。豈不偉然大丈夫哉！同心之言，不嫌規勸，因書以畀之賓筵。

松原晤語壽念菴羅丈

君子之學，以盡性爲宗，以無欲爲要，以良知爲訣。人生而静，天之性也。天性本無欲，凡有欲皆生于動，故曰感物而動，性之欲也。良知者，性之靈，而物之則也。雖萬欲紛擾之中，良知未嘗不知。致知者，所以寡欲而復性也。自孔孟以來，性學不明于天下久矣。我陽明先師首揭良知之旨以教天下，世之學者，莫不知有良知之説，其能卓然自信，實致其知者有幾？予曷慰學者之望哉！良知本虚，天機嘗活，未嘗有動静之分，如目本明，如耳本聰，非有假于外也。致知之功，惟在順其天機而已。有不順者，欲爲之累，如目之有翳，耳之有垢，非聰明本然也。累釋則天機自運，翳與垢去，則聰明自全矣。離婁之明，師曠之聰，天下莫加焉。然其耳目，初未嘗有異于人也。世之人不能自信其耳目，而謂聰明即與師曠、離婁異者，謂之自誣；不務去其翳與垢，而謂聰明即與師曠、離婁同者，謂之自欺。噫！今世學術之弊，居然可見矣。予不類，辱交于念菴子三十餘年。兄于良知之教，所謂能自信而致之者，非耶？兄與荆川子齊雲別後，不出户者三年于兹矣。海内同志，欲窺見顔色而不可得，皆疑其或偏于枯静。予念之不能忘。因兄屢書期會，壬戌冬仲，往赴松原新廬，共訂所學。至則見其身任均役之事，日與閭里之人，執册布算，交涉紛紜，其門如市，而耐煩忘倦，略無一毫厭動之意。夜則與予聯床趺坐，往復證悟，研二氏，究百家，意超如也。自謂終日紛紛，未嘗敢憎厭，未嘗敢執著，未嘗敢放縱，未嘗敢褻侮，自朝至暮，惟恐一人不得其所之心，康濟天下可也，尚何枯静之足慮乎？因舉乍見孺子入井，怵惕未嘗有三念之雜，乃不動于欲之真心，所謂良知也，與堯舜未嘗有異者也。若于此不能自信，亦幾于自誣矣。苟不用致知之功，不能時時保任此心，時時無雜，徒認現成虚見，附和欲根，而謂即與堯舜相對，未嘗不同者，亦幾于自欺矣。蓋終日應酬，終日收斂安静，無少奔放馳逐，不涉二境，不使習氣乘機潛發，此兄歸宗得力真功夫，所謂實致其知者也。其謂「世間無有現成良知，知非萬死功夫，斷不能生」，以此較勘世間虚見附和之輩，未必非對病之藥。若必以現成良知與堯舜不同，必待功夫修證而後可得，則若未免于矯枉之過。曾謂「昭昭之天與廣大之天，有差別否？」此區區每欲就正之苦心也。夫聖賢之學，致知雖一，而所入不同。從頓入者，即本體以爲功夫，天機常運，終日競業保任，不離性體，雖有欲念，一覺便化，不致爲累，所謂性之也；從漸入者，用功夫以復本體，終日掃蕩欲根，袪除雜念，求以順其天機，不使爲累，所謂反之也。若其必以去欲爲主，求復其性，則頓與漸未嘗異也。稽之孔門，顔子竭才，不遠而復，便是性之樣子；仲雍居敬强恕，邦家無怨，便是反之樣子。吾人將何所法守耶？世間薰天塞地，無非欲海；學者舉心動念，無非欲根；而往往假托現成良知，騰播無動無静之説，以成其放逸無忌憚之私，所謂行盡如馳，莫之能止。此兄憂世耿耿苦心，殆有甚焉。吾輩所當時時服食者也。嘗憶荆川子與兄書有云：「偶會方外一二人，其用心甚專，用力甚苦，以求脱離欲海，袪除欲根，益有慨于吾道之衰。蓋禪宗期于作佛，不坐化超脱，則無功；道人期于成仙，不留形住世，則無功。此二者皆不可以僞爲。聖賢與人同而與人異，皆可假托混帳，誤己誑人，以世間功利之習心，而高談性命，傲然自以爲知學，不亦遠乎？甚矣！」荆川子之苦心，有類于兄也。是月十有四日，爲兄五十九年初度之辰，因漫次其語，納諸松原，以致壽祝。夫一動一静之間，天地人之至妙者也。世人不能久生，只是多欲。兄以盡性爲學，將寡欲以至于無，已能不落動静二境，終日收斂順適，耳目聰明，一念明定，將與天地無疆。壽兄祝兄，宜莫出于此者。若夫桑榆之景，相許莫逆，而繼以調笑，予弗能也。

從心篇壽平泉陸公

萬曆戊寅歲仲春九日，實惟平泉陸公七十誕降之辰。門人陸子光宅謂余曰：「陸先生之年稀矣！海内遠近交游，皆致辭以侑觴祝。吾師爲石交，況嗣子應吉與宅同事先生，其義尤篤，情尤不容已，可無一言以致之？」余曰：「可哉！余自八十以來，心戒不爲應酧文。乃者同心之言，非戒例也。」夫學莫先於立志，尤莫切於辨志。志有大小。孔子自謂：「吾十有五而志於學。」學者，大人之學，以天地萬物爲一體。志有定向，由辨之早辨也。守之十五年，而後能立，習氣不能淫，其志凝矣。又守之十年，而後能不惑，衆言不能淆，其志熙矣。又守之十年，而後能知天命，志與天通也。至於六十而耳順，順與逆對，耳順者，無復逆耳之言，志忘順逆也，忘斯神矣。殆至七十，始超然自命曰：「從心所欲而不踰矩。」從心者，縱心也，神斯化矣。不神不化，心未可得而縱也。矩者，先天之則也；欲者，後天以奉天時。天地萬物，有所不能違焉。惟欲即矩，惟矩即欲，天縱之也。譬之學射，天地萬物示其的矣。審固以期於中，繫心一緣，習之法也。久習則巧，後雖無心縱矢，所發無不中的，不習而無不利矣。然此只是志到熟處，非有所加也。所謂終身經歷之次第，即其近似以自名也。以余觀于公之所履，有足以啟予者。公自幼有志于學，以孔子爲師，辨之已早。弱冠發嵬科，晉陟膴仕，優游進退，經綸大業，日就光顯，簡在帝心，群望所屬，天下以其出處卜世道污隆。不淫于習，不淆于衆，其動以天，不以順逆介於衷，幾於忘矣。晚年踐履益熟，所得益深。蓋其學大人之學，而其心天地萬物之心也。乃今壽躋七十，心若可以縱矣。公方日以莊嚴自持，兢兢以循天則，一毫不敢以自逸也。昔者魯男子以其不可，學柳下惠之可，孔子以爲善學。若公者，所謂善學孔子，非耶？公深于竺典，余嘗戲曰：「公入得佛，入不得魔。」意其莊嚴之過，若以世爲魔境，衆爲魔黨，不屑混迹同塵，相忘於一體，佛與魔尚爲對法，非究竟義也。蓋能忘分別之意，以無心應世，魔即是佛；纔起分別之心，非背即觸，佛縱成魔。譬之虚谷之荅響，明鏡之鑒形，響有高下，形有妍媸，分別熾然，而谷與鏡未嘗有心以應之也。良知知是知非，而實無是無非。知是非者，不壞分別之相；無是非者，無心之應也。立志之辨，辨諸此而已。夫自七十以上至於耄期，壽無盡，學亦無盡，不但已也。會須脱去莊嚴氣象，渾同世出世法，即五濁世界爲道場，從衆生心行作佛事，坦然平懷，入于神化，無佛可成，無魔可遣，是謂得無所得，而忘無可忘。顧同心交修之願，非徒一時情義之好而已也。公也念之哉！

壽近谿羅侯五袠序

嘉靖甲子春暮，予赴近谿使君之期，相會于宛陵。晨夕證悟，頗盡交修，且得觀菁莪之化，聞絃誦之聲，若身際武城而神游中阿之曲，可謂千載一時矣。浹辰，復過水西，與諸友爲信宿之處。貢子玄略、周子順之、王子惟禎輩率諸友請于予曰：「近谿公涖吾宣州，以萬物同體之學，施化于六邑。其視六邑之人，若一家之子弟，無不欲煦養而翼誨之。其於水西諸生，尤嘉惠栽培，若楚之有翹，將藉此以爲六邑之倡也。諸生感德于公尤深、且至。五月二日，值公五袠初度之辰，諸生稱觴致祝，不敢後于六邑之人。公之知心，莫如先生，敢蘄一言，以侑觴祝。」予曰：「可哉！斯固予之情也。既歷天都、黄山，假館于紫陽之墟，方期搆思屬稿，忽假寐若告予曰：『子欲爲羅君壽乎？鳶飛戾天，魚躍于淵，詩人詠歌，可以致辭矣。』予醒而訝之。有是哉！信乎精誠之通也。」使君之學，粹瑩冲和，同體萬物。中心洞然，無扃府之隔；外境超然，無形迹之滯。燕笑容與，意度融豁，信有淵魚之活潑。其施化于六邑也，彦而秀者，既授之館而强教之；在野而凡者，復爲之約而訓飭之。雖窮鄉僻壤，使君之精神無不流注。若三尺之童、垂白之叟，無不被使君之膏澤，而思有以自淑也。蓋使君之心，以六邑之心爲心。六邑之人有一不化于善，使君之心歉然有所未盡也。一時作人之盛，所謂成人有德、小子有造，庶幾近之矣。信乎夢之爲覺，而精誠之通有以也。使君自南宫中選，不就廷試十年，庭除唯諾，諭親以道，訓子弟以義。方修身以教于家者，植根既深且久，故其發之于用，暢達扶蘇，有同于甘棠之蔽，而人自德之。甞觀使君教人，使人當下識取，不作擬議，不涉安排，不間以凡心。蓋一念真機，神感神應，非人力可得而與也。纔作擬議，纔涉安排，即非神機之感應。使君以此得悟，即以此教人，出之有本，不徒聲音笑貌之爲。以故六邑之人，皆能信使君之心，薰炙于道義，而感之尤速也。吾人知使君之化，方知使君之學。所以爲使君之壽者，不外學而得之矣。水西諸生果能以使君之學爲學，盡去其凡心，神機盎然，不犯人力，足以倡于六邑之人，所謂徧爲爾德，而壽考願于使君者，不在于言而在于身，使君之心斯慰耳。若面從其教而身違之，耳聆其訓而心悖之，使使君之化闇而不章，鬱而不暢，則雖盛筐篚，多歌頌，充溢于使君之庭，亦徒爲觀美而已。使君之心，知有所不樂也。區區此言，雖未足以盡發使君之藴，庶幾爲知使君之心，授而書之，以告諸人。使君其復以進我否耶？

壽東丘吴君七衺序

新安休寧，有東丘吴君商山，隱君子也。宋文肅公儆之後。自文肅迨君凡十世，世多聞人。公天性穎異，自幼志于古人之學，嘗聞學於陽明夫子，與聞良知之旨。補郡文學，晉太學生，選授閩藩司理。期年，相繼丁内外艱，深以不得侍親終爲恨。服闋，遂不復起。已乃闢園圃，葺亭榭，栫花木，爲逸老之計。建書院于里之東丘，群友講學，聚諸弟子卒業其中。訓之曰：「人生須以古人爲期，知得天之所以與我何在，方爲不負所生。」因自號東丘，隱然以愚自況，表見希聖之意，其志可謂遠矣。歲丁丑，壽届七十。夏六月十七日，值其懸弧之辰。友人等乞言于予，以侑觴祝。予嘗講道斗山、福田，往來白嶽間，知公行履甚悉。仲子繼俊，久從予遊。雖微諸友之請，固所樂道而不容已也。予平生不爲過情之譽，請以所聞與其所自況者，爲公道之，輔成其志。良知知是知非，而實無是無非。無是無非者，無知也；無知，所謂愚也。世之士人不能入于道者，只爲根性太利，知見太多，聰明太露，不能收斂翕聚反還淳朴，所以失之。以拙爲道之質，當學敏捷；以鈍爲道之鄙，當學對美；以蒙爲道之塞，當學智能；以冥爲道之昧，當學便慧。曰拙，曰鈍，曰蒙，曰冥，皆愚之名也。精神愈泄，機械愈深，是非愈明，純白愈傷，而去道愈遠。人知神之神，而不知不神之所以神。不神之神，即無知之知。故曰迅雷風烈，莫不蠢然。蠢然者，即所謂愚也。審其幾，謂之不睹不聞；充其至，謂之無聲無臭。而其要不出于一念之微。此天之所以與我之真性，聖愚之所同也。顔子之四勿，睿而爲愚者也，故能有見于卓；曾子之三省，魯而爲愚者也，故能有契于唯。此孔氏家法，師門之的傳，區區數十年學而未能者也。君果有志于此，不以世情機智參滑其間，不惟養德，而所以保壽命之源，亦不外此。君居家孝友，儉于自奉，富而能施。與人交，不立城府。鄉人有犯，容而不報。宗黨稱爲長者。其他懿行種種，皆人所難及。公不欲以此自多，予亦不欲以此爲譽也。公年七十，予亦耄矣，于世間更有何事放不下？請揆諸一念，共進此道，固千里交修之望也。

西川朱君壽言

江山白巖柴子偕朱生夏訪予稽山草堂，談學之餘，縱言及于養生之説。莊生有云：「恬愉不可得而兼。」旨哉！膏粱之士，宅身繁膴，慮危涉患之機多，故厚其生而滑其志；遯世山澤之臞，志若可以自得，而窘約焦瘁，每啬于外養以苦其生。欲全天年以保壽命之和者，必恬與愉相滋，而後爲養之備。斯亦難矣！柴子俛焉若思，起謂予曰：「予鄉有朱君西川瓏者，迹其所自立，殆庶幾于是耶？」予曰：「何居？請言其凡。」柴子曰：「朱君髫齡穎異，常習舉子業，傷于貧，慮無以自養，不能植生以養其親，非人道也，遂棄去。與其弟姪挾資走齊魯，蹈楚與蜀，周流萬餘里，留遷經營，務以忠信爲本，爲衆所依，資乃大進。其兄料理家政，每以所入佐之，不屑屑然也。性寬厚樂施，宗黨有貧乏者，隨力以周，無悋情。間有不率意相忤者，含忍隱讓，以俟其化，亦無嚴色。城府坦然，鮮事機知，而以其舉子業授其子夏，曰：『此吾未盡之志也。』雖處豐腴，若超然處于世外，以恬其心，而志不疚；雖似山澤之臞，益之以具修之物，以爲身愉，而養不匱。其子夏有志于學，力行好修，人多以爲迂。朱君樂成其志，雖授以業，亦不屑屑以世情得失督望之。此則朱君之凡也。」予曰：「其然乎否哉？予未或見此君也！」明年壽六十，因爲其子乞言于予，以壽其親，且祈有以諭之。予曰：「古今之養生者，不出乎身心二字。心恬身愉，生之基，壽之徵也。子夏果能承親之志，益勉于爲學，是諭親于道，所以壽其親者益永矣。」爰書以畀之。

壽商明洲七袠序

龍谿子讀《易》洗心亭上，有客造而問曰：「儒者之學，與道家養生之術有以異乎？」龍谿子曰：「一也，而毫釐則有辨矣。千古聖人之學，不外于性命；道家則有修性修命之術。《易》所謂『盡性以至于命』，乃道脉也。自聖人之道不明，儒者之學與養生之術，各自爲説，道術爲天下裂，而其説始長。漢魏伯陽氏，儒而仙者也，作《參同契》以準《易》，而法象生焉。以乾坤爲鼎器，以坎離爲藥物，以屯蒙六十卦爲火候，稱名引喻，至不可窮詰，而其微旨不出于身心兩字。乾即心也，坤即身也。坎離者，乾坤二用。神寓於心，氣寓於身，即藥物也。二用無爻無位，升降于六虚之中，神氣往來，性命符合，即所謂火候也。而其機存乎一息之微，先天肇基，後天施化。一息者，性之根，命之蒂也。但吾儒之學主於理，道家之術主於氣。主於理則順而公，性命通乎天下，觀天察地，含育萬物，以天地萬物爲一體；主于氣則不免盜天地，竊萬物，有術以爲制煉，逆而用之，以私其身，而不能通于天下。此所謂毫釐之辨也。」明洲子儒者也，志于聖學有年，而尤留意于《參同契》之説。每爲予談及，校訛闡要，津津然若不啻口出，可謂精矣。今年已七十，而視明聽聰，神氣不衰，豈真有得于是也耶？仲春九日，值其懸弧之辰，同會者將稱觴以進。以予誤愛尤深，屬一言以爲祝。夫人至七十，鼎贏藥耗，卦數日消，尤不可無修補之助。所謂修補者，一毫非有假于外，近在我心，不離己身，抱一長生之本，而《參同》之旨也。所願吾子盡解外膠，專志聖學，益究其所未至。廓然虚中，不以思慮營擾滑其心；嗒然忘形，不以動作煩勞累其身。日可見之行也。心無所滑則神常御氣，而性自此可復矣；身無所累則氣常攝神，而命自此可固矣。性復命固，日應萬變而常寂然；不蘄長生，而長生之道不外于是。所謂「深山之寶，得于無心」者也。若夫息息歸根，默證玄理，尤伯陽氏之密機，予固學而未之能。何日過予洗心亭，還當請益，用終究竟之説，固交修之望也。

報恩臥佛寺德性住持序

蘇郡有報恩臥佛寺，建始於吴，燬於唐。錢氏有國，即故址而新之。寺有塔，起於梁，高十二層，前釋伽殿，後爲臥佛閣。建炎之難，亦燬爲燼。元豐重建，所存者九層，即蘇文忠公捨銅龜以藏舍利者是也。在蘇城之北，故俗呼爲「北寺」云。寺有五院，爲浙右名藍。其塔，後望天目，前矚太湖，東南巨鎮也。正德壬申夏閏五月，復燬於火。相傳火光從東南飛入塔中，須臾塔燼，殿閣亦燼，所存止大士一院，刼數也。嘉靖甲子，鄉之諸大夫士民始圖興復。既乃延請爲衆所信禪僧性空，及化主潘恩、俞賓，誓於佛前，鋭意修舉，前後共得施金若干。太府蔡侯助以方磚若干。衆益兢勸，工費易集。至隆慶己巳，九層規制，焕然復新。前後殿閣，漸有修復之機。時蔡侯方育才興化，延予至蘇，與諸士友談學，助成絃歌之政。衆謂塔功落成，周望遐覽，可以盡東南之勝。乃相期蔡侯、別駕招君、司理張君，同往觀之。予先至，乘興先登，抵第八層，極目覽望，形神恍恍在霄漢外。復下，坐院中，以待諸公之至。已而先後報至。齋畢，復從諸公登至第八層。予曰：「最上一層，留以相待諸公。極目已盡大觀，不須更上也。」予復謂：「昔賢譏『對塔説相輪』，今諸君身已至塔中，所未盡者，最上一層耳。去相輪不遠，則何如？」因相與一笑。蔡侯謂予曰：「先生年逾七十，半餉間兩度登塔，而神不勞，體不倦，亦有道乎？」予曰：「昔嘗從陽明先師遊，登香爐峯。至降仙臺絶頂，發浩歌，聲振林麓。衆方氣喘，不能從，請問登山之法。師曰：『登山即是學。人之一身，魂與魄而已。神，魂也；體，魄也。學道之人，能以魂載魄。雖登十仞之山，面前止見一步，（此段可觀）不作高山欲速之想，徐步輕舉，耳不聞履革之聲，是謂以魂載魄。不知學之人，欲速躁進，疾趨重跨，履聲鏗然，如石委地，是謂以魄載魂。魂載魄，則神逸而體舒；魄載魂，則體墜而神滯。』予以登山之法登塔，故庶幾似之若是。夫既即此是學，一切應感之迹，亦若是而已。」下，復相與坐院中。衆僧胡跪請曰：「本山舊有住持，擇行僧通教典者主之，焚修接衆，總理諸務，一寺之綱紀也。寺廢，住持亦隨以廢。今寺將興復，不可無人以主其事。」予因贊之，蔡侯以爲然。盡呼寺僧數十人，列跪階下，目而擇之。衆中得一僧，氣貌殊衆。詢其名，曰德性。果爲衆所推服。立以住持委之。觀者咸服，以爲神。衆僧欲假重於予，且欲聞所以住持之義，復乞予一言，以爲左券。予曰：「住持之名，亦豈易稱？循名稽實，義不虛生。終日圓覺而未嘗圓覺者，凡夫也；欲證圓覺而未極圓覺者，菩薩也；具足圓覺而任持圓覺者，佛也。教典，言之卮也；焚修衆務，節之末也。得予所謂魂載魄之説，始可以爲住持也。」已未達，爲之解曰：「夫所謂圓覺者，神之魂也。教典衆務，魄之應迹，謂之塵勞，而主之者神也。能以神用，則魂常勝魄，終日順應而恒廓然，是謂背塵合覺；一爲應迹所纏，塵勞所勝，則魂滯於魄，終日擾擾而恒瞑然，是謂背覺合塵。背覺合塵者，凡夫也；背塵合覺者，羅漢也；無背無合，超然平等，無知而無不知者，佛也。更有最上一乘，是謂妙覺，非言思之所及也。德性既任住持，不可不通其義。譬之登塔，當以修行爲第一步，日親教典，日事焚修，日勤衆務，不可以爲巵言末節而忽之。第一步行得穩實，便是入圓覺之路頭，由凡夫可進於羅漢，由羅漢可入於佛乘。雖八層九層，以達於相輪，可以馴至。樹教基，續慧命，振法門，可不待外求而得。始無忝大衆之綱紀，始不負上人擇任之盛心也。」書以勉之。

卓吾先生批評龍谿王先生語録鈔卷七

卓吾先生批評龍谿王先生語録鈔卷八

新安後學　吴可期　吴可善　校正

雜　著

先師畫像記後語

先師《畫像記》，出於元宰存齋公宫端時手筆。先師始以平濠功封新建伯，其後以論學爲世所忌，誣以持兩端之説，竟奪爵。公博采輿論，參之獨見，終始按覆，盡破其説。使久鬱之功，燁然復表於世。力扶風規，示之勸勵，有補於名教不小。先師忠誠懇惻，出死力以定大亂，不狥形迹，不避利害，無非自信此心。公素信其學，知其出之有本，非襲取而倖成者也。今世士大夫，高者談玄理，其次爲柔愿，下者貪黷奔競，以爲身謀。不墮於空虚，則流於卑鄙污陋。皆由忌者訾毁其學，不惟不與其功，且並誣其心事，使士類昧於所趨，無所勸勵，其勢不驅入於三者之途不止。表其功，正欲明其所學，以見儒者之作用而示之的。此公憂世之心也。先師嘗語人曰：「吾於平濠之後，致知格物之學愈覺明徹。良知不學不慮，天植靈根，無間於聖凡，人人所同具。但不能實致其知，牽泥攙和，自滑其靈，所以失之。大都世間毁譽利害，不過一身榮辱，一人得喪。吾所遭謗搆，以黨逆無將之惡名，蒙以滅族無辜之隱禍，幾微倏儵之際，間不容髮。若不能自信其心，略爲形迹所滯，機稍不密則失身，根稍不真則僨事。晦而明，曲而理，種種苦心，只好自知自信。意之微眇，口不能宣，而况於人乎？」此先師動忍增益之實學。所操愈危，所履愈熟；所藏愈密，所動愈神。吾黨於此，可以窺聖之微矣。公首以《像記》授門人吕生需，因以視予。不肖久辱公交誼，此志相應，爰綴數語，略陳梗概，壽梓以傳。見儒者有用之學，亦所以廣教云。

跋名賢遺墨漫語

廷尉鳳洲世丈出我朝名賢遺墨一卷示余，自學士宋公景濂、至贊善羅公達夫，凡若而人。余展玩再三，中有太宰海日公、先師文成公書各一紙，一宫詹時所作，一考功時所作，皆真手筆也。其他或識或否，知皆非僞。或以德義，或以勳業，或以辭章，所尚不同，皆一時名世碩儒。蓋以人品之高而傳，非徒區區以書之工拙爲去留也。世丈謂「物之可傳也，在彼而不在此」，誠名言也。先師嘗論運筆之法，運肘爲上，運腕次之，運指又次之。以虚爲用，虚始能運，實則不能運也。予平生未嘗學書，而頗志於學。蓋不雜學故精，恐有所分也。昔之人因舞劍器悟運筆意，予因運筆悟學道之方，彼此所悟，大小不同，其爲用虚一也。智者當知所以自擇矣。因世丈索致跋語，書以貽之。

易測授張叔學

叔學子早年與聞良知之教，中年志分於舉子之習，未能專業以需其成。慨流光之易邁，惕然興懷。乃繪象爲隱者之服，徵言於予，曰：「益也受教以來，學《易》有年。昔人謂『五十而學，可以無過』，今年近六十矣，業不加修，而過日多。其於四聖精微之藴，先天後天之旨，未免泥於言象，茫乎其未有得也。魏伯陽氏、邵堯夫氏二子，皆深於《易》者也。魏有鼎器、藥物、火候之説，邵有天根月窟之説，皆未之深究。幸先生明以告我，以輔成所志。」余惟心之精神，口不能宣，苟不能超於象外，徒欲以言求窺四聖之藴，不可得而測也。無已，姑陳其崖略，吾子自取證焉。昔者伏羲氏之作《易》也，首列乾坤，以發天地之秘。乾，陽物也；坤，陰物也。坎離者，乾坤二用，陰陽之變也。四象以下六十卦，陰陽所變之節也，周天之度也。故曰「《易》以道陰陽」。仰觀俯察，類萬物之情，近取而得之，不越乎身心兩字而已。心即乾之陽也，身即坤之陰也。心中之神，身中之氣，即坎離之交也。神氣之往來，即六十卦周天之法象也。寂然不動者，先天之體；感而遂通者，後天之用。寂而感，即體而用行焉；感而寂，即用而體存焉；一也。變動周流，不可以典要而執、思爲而得。是故身心之外無學矣。魏伯陽作《參同契》以準《易》，爲萬世丹經之祖。以乾坤爲鼎器，以坎離爲藥物，以坎離交姤爲火候，皆寓言也。究其竅妙，不出於「心息相依」之一言。心之依息，以神而馭氣也；氣之依心，以氣而攝神也。神爲性，氣爲命。神氣渾融，性命合一之宗也。身心兩字，是火是藥。故曰：「近在我心，不離己身，抱一長生之訣也。」世之假男女爲鼎器，藉採取爲藥物，認烹煉爲火候，皆邪僞小術，非所以評於大道也。復者，陽之反也；姤者，陰之遇也。自一陽之復，積而至於乾，陽之盛也，而發生始於復，故謂之「天根」；自一陰之姤，積而至於坤，陰之盛也，而寄藏始於姤，故謂之「月窟」。復姤者，陰陽消息之機也。知復而不知姤，則陽浮而根不固；知姤而不知復，則陰滯而機不圓。知復知姤，循環無窮，天地迴旋，陰陽變化，邵子竊弄造化之微權，内聖外王之學也。嗟嗟！易學之不傳也久矣。自陽明先師倡明良知之旨，而《易》道始明。不學不慮，天然靈竅。其究也，範圍天地，發育萬物。其幾不出於一念之微。良知之主宰，即所謂神；良知之流行，即所謂氣。盡此謂之盡性，立此謂之立命。良知先天而不違，天即良知也；良知後天而奉時，良知即天也。故曰：「知之一字，衆妙之門。」伏羲之畫，象此者也；文王之辭，彖此者也；周公之爻，效此者也；孔子之易，贊此者也。魏子謂之丹，邵子謂之丸。致良知，即所謂還丹，所謂弄丸。知此謂之知道，見此謂之見《易》。乃四聖之密藏，二子之神符也。世之學者，不明良知爲德性之所固有，乃以知識爲良知，謂良知必由見聞而得，是猶病目者不務服藥調理，以去其昏翳，悵悵然求明於其外，可哀也已！子既早有所聞，惟在自證自悟，握其機，窺其竅，以終遠業。使師門一脉，得有所傳，方不爲幸生耳！

圖書先後天跋語

中淮使君素信師門良知之學。丁丑夏，予赴水西之會，道出桐川。桐川，予舊同東廓子開講之所。使君因携諸學博，集新舊諸生數十輩，開復初法堂，晨夕聚處，顯參默悟，頗證交修，益若自信。臨别，復舉圖書及先後天之義，請質於予，蘄予一言以發其旨。并置二册，列像畫圖，彼此手書二義，各藏一册，以爲通家傳世之符。其用心可謂厚矣。良知本順，致之則逆。目之視，耳之聽，生機自然，是之謂順；視而思明，聽而思聰，天則森然，是之謂逆。知順而不知逆，則蕩；知逆而不知順，則滯。一順一逆，圖書之法象也。先天寂然之體，後天感通之用。寂以神感，感以藏寂，體用一原，性命之宗也。順逆相承，有無相生。仰觀俯察，類萬物之情，而近取諸身，見其炯然者不容以自昧。自當從心證悟，從身發明，以仰成天之所以生我之意，所謂以造化爲學也。

法華大意題詞

吾人讀書爲學，須先明大意。大意既得，然後細微可從而理。若着意精微，墮在瑣碎窠臼裏，與義相讎，大處反失，非善於學者也。孔明讀書，惟觀大旨；曾點之見大意，在於沂浴風雩之間。古人之學可見矣。今觀太虚所疏《法華大意》，若有以啟予者。太虚爲白沙先生方外交。予昔遊江浦，訪太虚故居，得此卷於石洞中。見其詞近而旨遠，意在掃去葛藤，欲人於言前薦取向上一機，以悟爲則，可謂全身領荷矣。因持歸，出示月泉，月泉讀而珍之。《經》凡若干品，原《疏》缺末後三品，略爲全補，付玉徒刻布叢林，而索予題詞，以道其所因。予惟《經》中大意，須從言外悟入，譬之因指見月，非執指以爲月也。白沙嘗贈太虚有云：「年來雖闡蓮花教，只與無言是一般。」亦善名狀。若復向《疏》中覔取大意，非惟失却經旨，亦增葛藤矣。一以爲人天眼目，一以爲鬼神茶飯。讀者善處證焉可也。

葦航卷題詞

達磨泛重溟入中國，投梁不契，折葦渡江，處於魏之少林。九年面壁，始證聖果。既曰廓然無聖，所證又何果耶？達磨未入中國之前，已能辨世珠，破六宗，具十作用，説無礙法。及至少林，始爲了義。則前所説之法，尚爲未了義耶？識法者試參之。神光服勤九年，覓安心法，至於立雪斷臂，其志可謂勤矣。尚以爲小根小器，輕心慢心。則所謂大根器信心者，又將何待耶？吾人學道，可以自省矣。予與敬菴、陽和二君，歲晚遊戲叢林，至虎跑。時葦航講師演《華嚴鈔》，發明空假中三義頗悉，聽法者衆。其視西來不立文字，是同是別？夫法有權有實，教有三種，道惟一乘。三種者，禪、律、講也。心悟爲禪，身證爲律，口演爲講。或依實施權，或乘權顯實。普應群品，皆屬建化門，皈道則一而已。於此參得透，悟得徹，即空即假即中即一，即三即一。一空一切空，一假一切假，一中一切中。終日説法，未曾説着一字，猶如太虛不存鳥跡，無非直指見性之宗。不然，其説愈繁，去道愈遠，秪增紛紛葛藤耳。二君皆有偈，乞予一言弁首。號表葦航，殆有取於折葦之義。故述達磨得法傳法因果以貽之。

調息法

息有四種相：一風，二喘，三氣，四息。前三爲不調相，後一爲調相。坐時鼻息出入，覺有聲，是風相也。息雖無聲，而出入結滯不通，是喘相也。息雖無聲，亦無結滯，而出入不細，是氣相也。坐時無聲，不結不麄，出入綿綿，若存若亡，神資冲融，情抱悦豫，是息相也。守風則散，守喘則戾，守氣則勞，守息則密。前爲假息，後爲真息。欲習静坐，以調息爲入門，使心有所寄，神氣相守，亦權法也。調息與數息不同。數爲有意，調爲無意。委心虛無，不沉不亂。息調則心定，心定則息愈調。真息往來，而呼吸之機，自能奪天地之造化，含煦停育，心息相依，是謂息息歸根，命之蒂也。一念微明，常惺常寂，範圍三教之宗。吾儒謂之徹下之道。

「燕息」，佛氏謂之「反息」，老氏謂之「踵息」。造化闔闢之玄樞也。以此徵學，亦以此衛生。了此便是徹上

自訟問答

或曰：「子之《自訟》，以所蓄爲外物，不以動心，似矣。若累朝誥軸、圖書典籍及陽明夫子遺墨，乃人倫之所重，人道之所珍，未可概以外物少之也。」予曰：「然。誥軸者，祖父相傳之告身，君之寵命，敢不貴乎？昔者孔氏，世有明德，三命兹益恭，發祥於孔子，子孫傳世，千百年未艾者，乃其世德之積慶，未必專以三命存亡爲重輕也。於此輕一分，便是慢君之心；於此重一分，便是徼寵之心。此可爲知者道也。士夫告身，冀以傳後；子孫不肖，不能自守，至有鬻爲衣食之資者，所貴果安在哉？圖書典籍，學問筌蹄，累葉珍藏，一朝灰散，固爲可惜。自念衰年精力無多，倍宜嗇養，况别有用心處，非復守書册、記故事之時。或者天意假此以示至教，未可知也。唐虞之朝，所讀何書？魚兔苟獲，筌蹄可忘。於此參得透，放得下，得其不可傳之秘，六經亦糟粕耳。先師墨寶，一字千金，神龍之遺爪也。愛惜之意，豈與人殊？因念至人心畫，原從太虚中來，至寶鬼神所護，不能久留於世，復還太虚，亦是常理。古德傳授，有得其皮者，有得其髓者。爪亦皮耳。果得其髓，何惜其他？若徒以爲墨妙，襲而珍之，則與玩器等耳。奚足多哉？」

或曰：「多口之憎，聖賢所不免。子務自反，不以人言爲非，可謂得止謗之道矣。學術不明，交道日衰。世人不肯成人之美，不信其心而疑其跡，使爲善者懼，可爲世道惜也。」予曰：「不然。心迹未嘗判。迹有可疑，畢竟其心尚有不能盡信處。昔有士人謗先師，以爲雖講道德，只做得功名之士。先師聞之，曰：『此士

人非謗我，乃見稱也。古之人志於功名，則不動心於富貴。予雖日講聖人之學，少有不謹，墮落富貴之念或時有之，況功名乎？蓋其心尚有所未能信也。自信此生決無盜賊之心，雖有褊心之人，亦不以此疑我。若自信功名富貴之心與決無盜賊之心一般，則人之相信，自將不言而喻矣。』不肖今日自反亦若是。多口之憎，正吾求以增益之地，豈敢以爲謗而止之也？若夫學術不明，世之學者，未免以彌縫毀譽爲是非，故迹易疑；交道日衰，相與者不肯原其心而徒泥其迹，故謗易興；此誠可爲世道惜也。昔者鮑叔之知管仲，分財多而不以爲貪，謀事不中而不以爲愚，戰敗而不以爲怯，受辱而不以爲無恥，蓋信其心也。故曰『生我者父母，知我者鮑叔』。知我之恩，與生我者等，豈易易者哉！在不肖惟有自反，益求自信，以守師門家法。不敢以此望於人人也。」

或曰：「名者，造物所忌。子之名重海内，同志宗盟。今日之變，或者天將以此示哀益之道也。」予曰：「有是哉！名爲實賓。況名實未副，尤造物之所忌也。故聲聞過情，君子以爲恥。如恥之莫如務實，實勝善也，名勝恥也。《易》大畜，畜之厚，謂之『畜德』，以篤實也；小畜，能畜而不能久，謂之『懿文德』。其猶有爲賓之意乎？觀此可以知學《易》寡過之義矣。」

或曰：「子之《自訟》，切切以禍福爲言，殆爲常人立教之權法。聖賢之學，無所爲而爲，恐不專以禍福爲警肆也。」予曰：「然。聖賢之學，根於所性，雖不從禍福起因，而亦未嘗外於禍福。禍福者，善惡之懲；善惡者，禍福之招。自然之感應也。聖賢之處禍福與常人同，而認禍福與常人異。常人之情，以富壽爲福，以貧夭爲禍；以生爲福，以死爲禍。聖賢之學，惟反諸一念以爲吉凶。念苟善，雖顔之貧夭，仁人之殺身，亦謂之福；念苟惡，雖蹠之富壽，小人之全生，亦謂之禍。非可以常情例論也。良知無善無惡，謂之至善；

好

良知知善知惡，謂之真知。無善惡則無禍福，知善惡則知禍福。無禍福，是謂與天爲徒，所以通神明之德也；知禍福，是謂與人爲徒，所以類萬物之情也。天人之際，其機甚微，了此便是徹上徹下之道。『乃若致知，則存乎心悟，致知焉盡矣。』噫！安得玄機之士，相與論禍福也哉？」

天心授受册

天心精舍，門人陸生光宅所建，後爲尊師閣。以予久從陽明夫子，頗能傳其晚年精義，謬以北面之禮屬予。群習四方同志，共明此學，其志可謂遠矣。又念群處泛聚，未免玩愒無歸，擇其中質粹志真、終身可信托者八人，相與焚香對越，定爲盟約，而吾兒應吉與焉。出處顯晦，遠邇聚散無常，此志相應，務期不逾。復屬予一言，以輔遠業。夫致良知三字，吾人保命之符，精微潔浄，不以一毫見解意識攙入，迺是日用本領功夫。但吾人凡心習氣，未易融化，明道見獵之喜，十年未忘，不可不懼也。諸友既定爲終身之盟，務須略去形骸，赤心相與。見有凡心未除、習氣未消，各宜隨時規勉，或制於初，或防於漸，共置此身於無過之地，方爲潔浄精微之實學。今日之盟，不惟諸友以得所歸依爲喜，予亦深藉諸友以得所考證爲幸。弟子未必不如師，師不必賢於弟子，惟在共進此道，各各自盡其心而已。此心之靈，各各完具，無有授者，無有受者，一切煎銷凡習，迺其助道資糧，本靈之心原未嘗有所增損也。古人謂「父子兄弟不責善，以責善歸之朋友」者，爲不同志者言也。若文王之於周公，明道之於伊川，即父子兄弟爲師友，家庭唯諾，尤一毫躲閃不得。此志苟同，千百年之遠，尚得相應；志苟不同，堯舜之於朱均，亦徒然耳。予晚得友於輿中，選擇同心，共紹宗傳，此學深爲有賴。復得吾吉兒與盟，欲以繼吾之志，尤吾之大幸也。今此同盟僅得八人，據見在所推擇，然非以此爲限也。昔者孔門四科，傳道之曾不與。將來果有卓然自立者繼入此盟，愈多愈善。此八人者，脱或狃於所習，始勤終怠，不能自立，即係敗盟之徒，且將鳴鼓而共斥之，不得以私心阿所好也。不肖謬爲盟主，托於諸友之上，尤有懼心。所望不忘箴儆，共成交修之益，此固一體之情也。爰書以爲左券。

册付養真收受後語

復之請問操心之法。予曰："操是操鍊之操，非執定把持之操也。良知者，人心之靈體，平旦虚明之氣也。操心即是致知之功。操則存者，隨時隨處鍊習此心，復其本來活潑之機而已；不操則便泥於時，滯於方，心便死了，故謂之亡。『出入無時，莫知其鄉』，正是指本來真體，示以操心之的，非以入爲存、出爲亡也。只此便是常存他虚明體段，只是養心之法。"

趨庭謾語付應斌兒

金波園中，連日聚處應酬，見汝精神尚多散緩，未有歸著，因舉《傳習録》中"戒慎恐懼亦是念"之説以諭之。夫今心爲念，念者，見在心也。吾人終日應酬，不離見在，千緒萬端，皆此一念爲之主宰。念歸於一，精神自不至流散。如馬之有轡領，操縱緩急，自中其節也；如水之有源，其出無窮也。聖狂之分無他，只在一念克與妄之間而已。一念明定，便是緝熙之學。一念者無念也，即念而離念也。故君子之學，以無念爲宗。然此非見解所能億測、氣魄所能承當。須時時從一念入微歸根反證，不作些子漏泄，動静二相，了然不生。

有事時主宰常寂，自不至逐物；無事時主宰惺惺，自不至着空。時時習静，察識端倪，泠然自照，自然暢達，自然充周。譬之懸鏡空中，萬象畢照，而無一物能爲障礙。纔欲覔静，謂之守静塵，非真静也。此中人以上境界，非一蹴所能至，舍此亦無別路。譬之學射，引滿中的，射之法也，到得熟後，境界自別。若變其彀率，則非善教矣。途中可將一切紛擾習心，併歸一念，只携取《傳習録》及《會紀》，晨夕展玩體究，字字句句，反覆入心，到得精神平滿時，天下事自當迎刃而解，無俟安排也。此予一生料理，學而未能。濱行叮囑之言，念念不忘於懷，南還時，更須有以復我。只此是學，只此是孝，無若伯魯之簡可也。

若　贊先生像贊也

志若迂而自信，行若蹇而自强。才于于而若拙，識混混而若藏。處世若汙若潔，聞道若存若亡。即其見若將洞照千古，而不逾於咫尺；充其量若將俯視萬物，而不異於尋常。壺丘幻身，若且示之天壤；方皐神相，若或眩於驪黄。

趙麟陽贈言

麟陽趙子質和而毅，素有志於性命之學。臺端孤鳳，以直道鳴於時，遵晦既久，蓄極而通。兹受天子簡命，以御史中丞總憲南臺，世方以桓典之馬、朔州之鷹目之，未足以觀其深也。趙子之志，終始於學，吾黨相觀而摩，亦不能外此別有所規頌也。趙子於學已得大意，然密窺所見，尚依識神融解；其所履尚涉意象莊嚴，未能透得生死、毁譽、好醜機竅；護得性命，未能捨得性命，愛心未忘，尚未離世間豪傑作用。夫愛生者可殺也，愛譽者可毁也，愛潔者可污也，愛榮者可辱也。一愛不除，百魔盡集。河上公所謂「外其身而身存」，是要妙語。若是出世間大豪傑，一語之下，便當了然。本無生，孰殺之？本無譽，孰毁之？本無潔，孰污之？本無榮，孰辱之？直心以動，全體超脱，不以一毫意識參次其間。淵泉溥博，是真融解；恂慄威儀，是真莊嚴。是非獨往獨來、超然而獨存者，何足以語此？養生家不超不脱，不能成丹；吾儒不超不脱，不能入聖。區區爲此言，固非循守世界，入於拘攣；亦非破除世界，蹈於猖狂。蓋吾人本心，自證自悟，自有天則。握其機，觀其竅，不出於一念之微。率此謂之盡性，立此謂之至命。譬之明鏡照物，鑒而不納，妍媸在彼，而鏡體未嘗有所動也。斂而不滯，縱而不溢，此千古經綸無倚之實學。了此便是達天德。意識云乎哉？

别言贈梅純甫

顔子没而聖學亡，此是千古大公案。曾子、孟子傳得其宗，固皆聖人之學，而獨歸重於顔子者，何也？喟然一嘆，何異谈禅？以博文約禮爲善誘，此悟後語。譬如黄葉之止兒啼，實非金也。顔子竭才於善誘之教，洞見道體活潑之機，而難以開口，姑以一言發之，謂之如有，則非實也；謂之卓爾，則非虚也。仰鑽瞻忽，猶有從之之心；既悟之後，無虚無實，無階級可循，無途轍可守，惟在默識。故曰「雖欲從之，末由也已」。此真見也。曾子、孟子雖得其宗，猶爲可循可守之學，與顔子所悟，微涉有迹。聖人精藴，惟顔子能發之。觀夫喪予之慟，其所致意者深矣。謂之曰聖學亡，未爲過也。吾人從千百年後，妄意千百年以前公案，何異説夢？但恐吾人不能實用其力，以求覺悟，又增夢説矣。

別言贈周順之

粤自水西之别，與順之相違者兩年於兹。今年秋，順之裹糧千里，復訪予會稽山中，求所以請益。因與探禹穴，躋龍山，沿迴鑑湖之曲，覓梅隱之故墟，尋蘭墅之遺跡。徜徉浹旬，相觀彌切。而順之依依默默，若超然於名利之外，不以所履者爲已足，而以其所造者爲未至，方自視欿然也。復送之西遊，延訪隱淪，將窮三江五湖之勝，翹然遐覽，寄興益幽，蓋非徒區區山水間而已也。出關，止宿於湖墅山房，偶舉教典「名利行道」四不住之説，若有以啟予者。夫不住於名利者，豪傑之所能；不住於行與道者，非聖賢不能也。慨惟聖學息而霸術倡，士鮮克以豪傑自命。其所汲汲而趨者，不在於名，則在於利。以世界論之，自古至今，爲千百年漸染；以人身論之，自少至老，爲一生薰習。承沿假托，機械日繁，求其能脱然於此者蓋寡矣，而況於行乎？而又況於道乎？順之天性冲毅，耻累於習染，志於聖學者有年。行履卓然，已有聞於時。而且過爲貶損引慝，欿然以未得聞道爲憂，是豈直不住於行？其於道也，蓋亦幾矣！予聞之，道無方所，而學無止極。淵然而寂，若可即而非以形求，若可知而非以知索，若可循而非以力强也。夫非以形求，則爲忘形之形；非以知索，則爲忘知之知；非以力强，則爲忘力之力。惟忘無可忘，斯得無所得。得且不可，而況於住乎？若此者，存乎心悟。未有所悟而求得，與未有所得而求忘，皆妄也。雖然，習染之入人亦微矣。漸漬薰炙，蒸淫乎心髓，循景竊發而不自知。故凡應感順逆之間，稱譏交承之際，未免矯揉持飭，顧忌調停，出於有所爲而爲者，皆習染之爲累也。向在水西亦曾言之，兩年之間，作何體會？若非深察而默爲之證，所謂超然者，未免終涉於興，而欿然者終未能有以副也。故君子之學，以悟爲則，以遺累爲功。累釋而後可以入悟，悟得而後其功始密而深，是謂真得真忘，非言説意想之所能及也。予不肖，妄意聖學，蓋亦有年。因循受累，業不加修，而道日遠。多過以來，頗知省惕，思以求入於悟而未能也。惟是一念求友之心，若不容於自棄。故以千里遠來之情，亦若不容於自默。其所切切爲順之言者，雖非悟後語，庶幾同心之助，彼此相益之義也。然則吾人將何所求哉？道不可以言説意想而得，則離言説、絶意想之外，將何所事？悟也者，聖學之幾微，無所因而入。遺累之説，亦筌耳。譬諸夢之得醒，曾有假於言説意想與否？此可以默識矣。今日之學，但恐未離夢説耳。果能真醒，諸夢將自除，又何習染之足累乎？所望堅志弗怠，益篤其所履而深其所造，期於悟而後已。使天下將因而益信其所學，余亦庶藉此以免於夢説之罪也。

別曾見臺謾語摘略

見臺問有念無念。予謂：「念不可以有無言。念者心之用，所謂見在心也。緣起境集，此念常寂，未嘗有也，〔好〕有則滯矣；緣息境空，此念常惺，未嘗無也，無則槁矣。克念謂之聖，妄念謂之狂。聖狂之分，克與妄之間而已。千古聖學，惟在察諸一念之微。故曰一念萬年。此精一之傳也。」

見臺問良知、知識之辨。予嘗謂：「良知與知識，所爭只一字，皆不能外於知也。根於良，則爲德性之〔妙妙〕知；因於識，則爲多學之助。知從陽發，識由陰起。知無方所，識有區域。陽爲明，陰爲濁。陽明勝則德性用，陰濁勝則物欲行。陰陽消長之機也。子貢之億中因於識，顔子之默識根於良，回、賜之所由分也。苟能察於根因之故，轉識成知，識即良知之用。嗜欲莫非天機，陰陽合德矣。」

池陽漫語示丁惟寅

予與惟寅相別十年，形迹雖踈，此志未嘗不相應也。今年春暮，予赴水西之期，得相會於宛陵，且相隨爲黄山天都之遊，聚處十餘日，默契顯證，頗盡交修之情。惟寅有壁立萬仞之志，不撓物誘，人皆信之。但未免有意氣承當過時，與習性一滚出來，硬作主宰，有莫知其然而然者。曩時一切應感，未免起風作浪。近來風浪漸息，尚未免動於微波，未見有風恬浪静時。總要受用風恬浪静世界，又未免倚傍見解，將氣魄改頭换面，默默蓋將過去，到底未離氣魄窠臼。動蕩精神，鼓舞世界，得力處在此；不能神感神應，以盎然出之，其受病處亦在此。惟寅自謂「隨身規矩，不敢一毫放過」，自謂「心事可對神明」，此是真實不誑語。若從真性流行，不涉安排，處處平舖，方是天然真規矩。脱入些子方圓之迹，尚是典要挨排，與變動周流之旨，尚隔幾層公案。其可對鬼神，尚未免以氣魄勝之，非密符天度也。吾人但患不知病痛，惟寅既已知得，去此亦非難事。但恐别後主張太過，正貼泰時，不肯認作天然規矩，此病又發耳。同心之言，不妨直致。勉之，勉之！

書先師過釣臺遺墨

予赴水西之會，道出桐川界。牧伯中淮吴使君一見，懽若平生，謙抑由衷，無所矯飾。所謂傾蓋如故者非耶？使君天性純毅，志於聖學，深信良知宗旨，一切感應盎然而出，以貞教育才爲己任，漸成絃歌之化。

偶出先師遺墨一卷見示，《丁亥過釣臺》手筆也。末紀「從行進士王汝中」，即予賤字。五十年相從之迹，恍如昨夢，而僊踪渺不可攀矣，豈勝感傷！言念流光迅邁，倏成衰儂，業不加修，徒負空志，猶故吾也，豈勝愴悔！追憶嚴陵别時，申誨之言有曰：「我拈出良知兩字，是是非非，自有天則，乃千聖秘藏。雖昏蔽之極，一念自反，即得本心，可以立躋聖地。只緣人看得太易，反成玩忽，如人不見眼睫毫，以其太近也。然中間尚有機竅。良知知是知非，其實無是無非。無者，萬有之基，冥權密運，與天同遊。人知神之神，而不知不神之神也。」因使君好學，述此以助成遠志。使君勉乎哉！

書見羅卷兼贈思默

嘉靖甲子春，比部見羅李子在告南還，訪予金波園中，得爲湖上浹旬之會。往復證悟，頗盡交修。臨别，出卷授予，索書緒言，用徵贈處。予受而藏之，因循至今，未有以應也。秋仲，庫部思默萬子復以差事過武林，三宿而别。因憶所授之卷，欲追述數語，托以携歸，欲言之而忘其所以言。夫見羅任道之勇，好善之篤，隱隱在心目間，但無從着筆耳。思默以見羅多識，所畜已大，仍持空卷歸之，未必非忘言之助也。予笑曰：「有是哉！雖然，意不可孤。今與思默三宿之談，其所證悟，不減於見羅之時，而加密焉，尚能指其崖略。二君固同心之言也。」因謾書以畀之，見羅必有以復我矣。

思默曰：「康節『思慮未起，鬼神莫知』，與吾儒『何思何慮』之義，何所當也？」予曰：「『思慮未起』，乃邵子先天心法，即吾儒『何思何慮』之旨，非對已起而言也。思是心之職，不思便是失職。慮，思之審也。未

妙

起云者，終日思慮而未嘗有所思慮，非不思不慮也。《易・大象》曰『君子思不出其位』，不出位之思，即未起之思慮，所謂止其所也。有起有出即爲妄，鬼神便可測識，非先天之學也。人心一點靈機，變動周流，爲道屢遷而常體不易。譬之日月之明，往來無停機，而未嘗有所動也。知思慮未起，則知未發之中矣。此千古聖人經綸之實學，了此便是達天德。」

思默云：「『思慮未起』之説，平居猶可取證。至如見孺子入井，怵惕惻隱之心，乃至狂奔盡氣、運謀設法救拯他，分明是起了，安得謂之未起？」予謂：「此等處正好默識。一切運謀設法，皆是良知之妙用，皆未嘗有所起，所謂百慮而一致也。」

書顧海陽卷

古人之學，惟在理會性情。性情者，心之體用，寂感之則也。然欲理會性情，非可以力制於中，而矯飾於外，其要存乎一念之微。人心本自中和。一念者，寂感之機也。致謹於一念之微，則自無所偏倚，無所乖戾，中和由此而出。中則性定，和則情順。大本立而達道行，發育萬物，峻極於天，以收位育之全功，聖學之的也。

有求爲聖人之志，然後可與共學。學者，學爲聖人也。束書不觀，游談而無主；獨學無友，孤陋而寡聞。考諸古訓，質諸先覺，乃學之不容已者。然苟無求爲聖人之志，則所質者何物？所考者何事？終亦歸於泛濫無成而已。譬之行路之人，有必至長安之志，舉足便有三叉可疑之路，不得不審問過來之人，與查考路程本子。審問過來之人，即所謂質諸先覺；查考路程本子，即所謂考諸古訓。無非成就此必至長安之志而已，此古人爲學之端緒也。吾人爲聖人之志不真，只看起因何如。起因時從功利夾帶將去，到底脱不得功利；起因時從見解承接過來，到底脱不得見解。若起因時念念只是學聖人，覿體承當，徹首徹尾，更無二者之雜，方是真志。然聖人往矣，覷看他從何而學。人人有箇聖人。一念良知，不容毁滅，便是聖人真面目。致此良知，潔潔浄浄，不爲功利所滑擾，不爲見解所湊泊，便是學聖人真工夫。考三王、俟後聖而不謬不惑，信諸此而已。六經註我，而不以我註六經，證諸此而已。舍此皆是私智詖行，小成之學，君子不貴也。故曰千古聖人只有這些子，人生一世只有這件事。孟軻氏舉鄉黨自好與賢者，别而言之，可見鄉黨自好是一等人，賢者是一等人。世之所謂豪傑，蹈繩守墨，不敢越尺寸，檢點形迹，持循格套，趨避毁譽，不使少有破綻，自信以爲完行矣。不知正堕在鄉黨自好窠臼裏，殊不自覺也。若是出世間大豪傑，會須自信本心，以直而動，變化云爲，自有天則，無形迹可拘，無格套可泥，無毁譽可顧，不屑屑於繩墨而自無所踰。縱有破綻，乃其踐履未純，原非心病，所謂君子之過，如日月之食，人皆見之。胸中光明特達，無些子滯礙，始是入聖真血脉路。尚友千古，意味超然，豈暇區區與鄉黨作對法耶？人品不同，如九牛毛，吾人可以自考矣。

書陳中閣卷

吾儒與二氏之學不同，特毫髮間。須從源頭上理會，骨髓上尋究，方得相應，非見解言説可得而辨也。念菴子謂：「二氏之學，起於主静。」似矣。但謂「釋主空明，老主斂聚，其於真性，咸有斷絶」，恐未足以服釋老之心。斷滅種性，二乘禪與下品養生之術，或誠有之，釋老尚指爲邪魔外道。釋老主静之旨，空明未嘗不普照，斂聚未嘗不充周。無住而生其心，原未嘗惡六塵；並作而觀其復，原未嘗離萬物。吾人今日未須屑屑與二氏作分疏對法，且須究明吾儒本教一宗。果自能窮源，方可理會彼家之源頭；自能徹髓，方可研究彼家之骨髓。毫髮不同處，始可得而辨。若自己不能究明此事，徒欲從知解凑泊、言説比擬，以辨别同異，正恐同者未必同，異者未必異，較來較去，終墮葛藤，祇益紛紛耳。吾儒喜怒哀樂未發之中一言，乃是千聖之的，範圍三教之宗，非用戒懼慎獨切實功夫，則不可得而有。有未發之中，而後有發而中節之和，工夫只在喜怒哀樂發處體當，致和正所以致中也。内外合一，動静無端，原是千聖學脉。世之學者口談未發之中，而未嘗實用戒懼慎獨之功，故放心無從收，而使夜氣無所養。若是實用其功，不從見解言説抹過，由戒懼慎獨以出中和，正是養夜氣、收放心實際理地，正是動静合一真脉路。若因世人口談無實，并其學脉而疑之，是亦因噎廢食之過也。

書查子警卷

子警於良知之旨，大概已信得及。邇者予過水西，先期出候，晨夕合併相證，以爲更覺親切，當下有可用力處，此是子警深信所在。千古聖學，只有當下一念。此念凝寂圓明，便是入聖真根子。時時保守此一念，動静弗離，便是緝熙真脉路，更無巧法。子警嘗有養生之好，予亦嘗傷於虎者，最易擔誤人。養生家以還虚爲極則。致知之學，當下還虚，超過三鍊，直造先天，不屑屑於養生，而養生在其中矣。子警謂：「自今只從一路尋討究證，更不踏兩家船。」予笑曰：「如此行持，猶屬對法，豈能歸一得來？須信人生宇宙間，何處是屬對法，思之。只有此一隻船，更無剩欠。乾爲心，心屬神，所謂性也；坤爲身，身屬氣，所謂命也。乾坤爲鼎器。心中一點真陰之精，身中一點真陽之氣，謂之坎離藥物。藥物往來，謂之火候。故曰身心兩字，是火是藥。真息謂之性根命蒂。一切藥材老嫩、火候衰旺、往來消息，皆於真息中求之。密符天度，以火鍊藥而成丹，以神馭氣而成道，非兩事也。若方外之術，泥着安排，牽合謬戾，皆屬後天渣滓。名爲養生，實則戕生之囮，不足學也。」

記說

凝道堂記

《易·鼎》之象曰：「君子以正位凝命。」「制器者，尚其象也。」天下重器，聖人之所寶，鼎器之重也。故取象於鼎，以主天下之器。離明，南方之卦。聖人南面而聽天下，正其所居之位，所以凝聚天命也。凝之一字，聖學之基。無極二五，妙合而凝。故曰「苟不至德，至道不凝焉」。凝者，畜聚之義。陰陽之精，凝而爲日月，故能得天而久照，造化之功用也。尺蠖不屈則不信，龍蛇不蟄則不啟。萬物且然，而況於人乎？夫萬物皆備於我，反身而誠，則樂誠斯凝矣。凝目精，始能善萬物之色；凝耳韻，始能善萬物之聲。天聰明也。良知者，離明之體，天聰明之盡。致良知則天命在我，宛然無思無爲，不出其位，而萬善皆歸焉，所謂凝命也。故君子不重則不威。厚重威嚴，正位居體。凝者，學之固也。以忠信爲主本。忠信者，凝之質也。世之學者不務其本，而襲取於外，以輕浮失之者多矣。《艮》之連山，《坤》之歸藏，《乾》之潛龍，《易》道之密機，皆所謂凝也。成湯之昧爽顧諟，文王之小心昭事，成王之夙夜基命，聖功也。故曰凝者聖學之基。庖羲氏興神鼎一，統天地萬物而一之也。黄帝作寶鼎三，象三才也。禹鑄九鼎，象九州也。一而三，三而九，冒天下之道，如斯而已矣。鼎之時義，大矣哉！

太極亭記

吾友思平翟子志於聖學有年。嘗建考溪書院以聚同志，周潭子之記可考也。復作太極亭于尚友堂北，求記于予。夫太極之説，濂溪周子發之詳矣，予復何言？後世解者，尚若未盡其立言之旨，略爲繹之。夫千古聖人之學，心學也。太極者，心之極也。有無相生，動静相承。自無極而大極，而陰陽五行，而萬物，自無而向於有，所謂順也；由萬物而五行陰陽，而太極，而無極，自有而歸於無，所謂逆也。一順一逆，造化生成之機也。粤自聖學失傳，心極之義不明。漢儒之學，以有爲宗。仁義、道德、禮樂、法度、典章，一切執爲典要，有可循守，若以爲太極矣。不知太極本無極，胡可以有言也？佛氏之學，以空爲宗，仁義爲幻，禮樂爲贅，一切歸於寂滅，無可致詰，若以爲無極矣。不知無極而太極，胡可以無言也？一則泥於迹，知順而不知逆；一則淪於空，知逆而不知順。拘攣繆悠，未免墮於邊見，無以窺心極之全。學之弊也久矣！濂溪生於千載之後，默契道原，洞見二者之弊，建圖立説，揭無極太極之旨以救之。説者以爲得千載不傳之秘，信不誣也。人之言曰：「自古未嘗言太極也，而孔子言之。」不知箕子相傳，已敘皇極之疇。皇極即太極之義，孔子特從而衍之耳。「孔子未嘗言無極也，而周子言之。」不知《易》有太極，易無體，無體即無極之義。周子特從而闡之耳。其曰「定之以中正仁義而主静」，尤示人以用功之要。夫定之以中正仁義，所謂太極而主静，即所謂無極也。故曰「人極立焉」。静者，心之本體。主静之静，實兼動静之義。後儒分仁爲陽之動，義爲陰之静，以中正配之，其失也支。聖人本之于静，衆人失之于動，而以時屬之，其失也妄。支與妄，聖學之所由晦也。周子數百年後，陽明先師倡明良知之教以覺天下，而心極之義復大明于世。寂然不動者，良知之體；感而遂通者，良知之用。常寂常感，忘寂忘感，良知之極則也。夫良知知是知非，而實無是無非。無中之有，有中之無，《大易》之旨也。故曰「立天之道，曰陰與陽」，天之極也；「立地之道，曰柔與剛」，地之極也；「立人之道，曰仁與義」，人之極也。人者，天地之心，陰陽五行之秀，萬物之宰。良知一致而三極立，天地萬物有所不能違焉。夫周子學聖，以一爲要，以無欲爲至，以寡欲爲功，而其機存乎一念之微。無欲者，自然而致之者也，聖人之學也；寡欲者，勉然而致之者也，君子修此而吉也；多欲者，自暴自棄，不知所以致之者也，小人悖此而凶也。是故良知之外更無知，致知之外更無學矣。

三教堂記

此篇方是不昧本心言語。

三教之説，其來尚矣。老氏曰虚，聖人之學亦曰虚；佛氏曰寂，聖人之學亦曰寂。孰從而辨之？世之儒者不揣其本，類以二氏爲異端，亦未爲通論也。春秋之時，佛氏未入中國，老氏見周末文勝，思反其本，以禮爲忠信之薄，亦孔子從先進之意。孔子且適周而問之，曰「吾聞諸老聃云」，未嘗以爲異也。象山云：「吾儒自有異端。凡不循本緒，欲求藉於外者，皆異端也。」孔子曰：「吾有知乎哉？無知也。」言良知本無知也。「鄙夫問於我，空空如也」，空空即虚寂之謂。顔子善學孔子，其曰「庶乎屢空」，蓋深許之也。漢之儒者，以儀文度數爲學，昧其所謂空空之旨。佛氏始入中國，主持世教，思易五濁而還之淳，圓修三德、六度、萬行，攝歸一念，空性常顯，一切聖凡差别，特其權乘耳。洎其末也，盡欲棄去，禮法蕩然，淪於虚無寂滅，謂之沉空，乃不善學者之過，非其始教使然也。人受天地之中以生，均有恒性，初未嘗以某爲儒、某爲老、某爲佛，而分授之也。良知者，性之靈，以天地萬物爲一體，範圍三教之樞，不狥典要，不涉思爲。虚實相生，而非無也；寂感相乘，而非滅也。與百姓同其好惡，不離倫物感應，而聖功徵焉。學老佛者，苟能以復性爲宗，不淪於幻妄，是即道釋之儒也。爲吾儒者，自私用智，不能普物而明宗，則亦儒之異端而已。毫釐之辨，其機甚微。吾儒之學明，二氏始有所證，須得其髓，非言思可得而測也。吾黨不能反本自明其所學，徒欲以虚聲嚇之，秖爲二氏之所咦，亦見其不知量也已！

不二齋説

陽和子深信良知之學，靈明變化，爲千聖傳心正法，謂「學主於静，非静不足以成學」。掃景玉山房，以不二名其齋，時時習静其中，以求證悟。其志可謂勤矣。或者疑其命名之義，質於予，曰：「不二，禪宗也。昔者文殊與維摩二大士説法，共談不二。衆謂一者善，二者不善，佛法非善非不善，故名不二；一者常，二者無常，佛法非常非無常，故名不二；一者悟，二者迷，佛法非悟非迷，故名不二。文殊以無説證之，維摩以默表之，是爲深入不二法門。今陽和子，儒宗也，命名若是，豈所謂有所托而逃焉，非耶？」予曰：「子何以其名爲哉？亦究其實而已。《中庸》盡性之書，孔氏家學也。天地之道，可一言而盡，爲物不二，故生物不測，性一而已。是爲未發之中，發之則爲喜怒哀樂之情。有未發之中，斯有發而中節之和，以位以育，天地萬物所不能違焉，其致一也。禪固有同於儒矣，而儒者之學淵源有自，固非有所托而逃，亦非有所泥而避也。」陽和子聞之，曰：「有是哉！忭則尤有取於伊尹一德之訓，曰：『德無常師，主善爲師。善無常主，協於克一。』先正謂：『精一數語外，惟此最爲邃密。』旨哉其言之也！」予曰：「然哉！此四言者，當渾全以求其義，不當分析以乖其實。究而言之，所謂德惟一也。後儒不得其義，附以臆見。博而求之萬殊，謂之惟精；約而會之一本，謂之惟一。德而師於善，爲資於人；善而協於一，爲反諸己。德以事言，善以理言，是二三其德，支離繆裂，並虞廷精一之旨而失之。此吾儒之異端，不可以不辨也。」陽和子謂予曰：「古人謂此學如龍養珠，目注耳凝，念念無間。吾人見在優游超脱，以爲忘機。迹若相反，未能會而通之，則如之何？」予曰：「所謂如龍養珠，非專在蒲團上討活計。須從人情事變上深磨極煉，收攝翕聚，以求超脱。確乎不爲所動，是謂潛龍之學。只此便是養之之法。良知，性之靈也。虛明洞徹，原是無物不照，以其變化不可捉摸，故亦易於隨物。古人謂之凝道，謂之凝命，亦是苦心不得已之言。良知即道，良知即命。若不知凝聚，則道終不爲我有，命終不爲我立。吾人但知良知之靈明變化，倏忽存亡，不知從人情事變煅煉超脱，即爲養之之法。所以紛成二見，不能會通於一。夫養深則迹自化，機忘則用自神。若果信得良知及時，即此知是本體，即此知是功夫。固不從世情嗜欲上放出路，亦不向玄妙意解内借入頭。良知之外，更無致法；致知之外，更無養法。良知原無一物，自能應萬物之變。譬之規矩無方圓，而方圓自不可勝用，貞夫一也。有意有欲，皆爲有物，皆屬二見，皆爲良知之障。于此消融得盡，不作方便，愈收斂愈精明，愈超脱愈神化。變動周流，不爲典要，日應萬變而心常寂然。無善無不善，是爲至善；無常無無常，是爲真常；無迷無悟，是爲徹悟。此吾儒不二之密旨，千聖絶學也。」予復謂陽和子曰：「維摩所説經，亦須理會，此印證法也。權以統

吾儒異端

萬行，慈以濟群蒙，覺以顯宗極，不二之法象也。身爲白衣，嚴持律行。示有眷屬，而常離於欲；混迹塵勞，而不失静業。博奕遊戲，利行同事，常善救人，助法弘教也。乞食借座，行於非道，通達佛道。同衆病而不捨，入衆魔而不堕。忘毁譽無八風可吹，齊得喪無三界可出。不二之攝化也。先民詢于芻蕘，况出世之大士乎？」陽和子因取是經誦之，憬然若有所悟。復書謂予：「日用應感，念念不離，不抗不隨，思與人同歸於善。欲人看維摩經。即遭疑謗，處之坦然。無非維摩宗旨。此學自是最上乘不二法門，恐非初學所能遽到。不肖自量罪過種種，豈敢遽云解脱？但如來教所謂理會性情者，則時時不敢不勉，亦稍覺日異而月不同。然未免局於二乘之見耳。」予曰：「聲聞過情，君子所耻。如子云云，則豈敢當？既幸有聞，則亦不敢不勉。一念自信，庶無負於師門之傳，固非以維摩爲榜樣也。此段因緣不可學，不可傳，自證自悟，始見徹頭。果能終始此志，日新其德，辨吾儒之異端，不惑於臆見，得其所謂不二之旨，儒與禪毫釐之辨，亦可以默而識矣。」陽和子請説於予，因次第其語遺之。

悟　説

君子之學，貴於得悟，悟門不開，無以徵學。入悟有三：有從言而入者，有從静坐而入者，有從人情事變鍊習而入者。得於言者，謂之解悟，觸發印正，未離言詮，譬之門外之寶，非己家珍；得於静坐者，謂之證悟，收攝保聚，猶有待於境，譬之濁水初澄，濁根尚在，纔遇風波，易於淆動；得於鍊習者，謂之徹悟，摩礱鍛鍊，左右逢源，譬之湛體冷然，本來晶瑩，愈震蕩愈凝寂，不可得而澄淆也。根有大小，故蔽有淺深，而學有難易，及其成功一也。夫悟與迷對，不迷所以爲悟也。百姓日用而不知，迷也；賢人日用而知，悟也；聖人亦日用而不知，忘也。學至於忘悟，其幾矣乎！先師之學，其始亦從言入，已而從静中取證，及居夷處困，動忍增益，其悟始徹。一切經綸變化，皆悟後之緒餘也。赤水玄珠，索於罔象；深山至寶，得於無心。此入聖之微機，學者可以自悟矣。

藏密軒説

密爲秘密之義。虞廷謂之「道心之微」，乃千聖之密機，道之體也。自天地言之，則爲無聲無臭；自鬼神言之，則爲不見不聞。天地尸其穆，鬼神守其幽。聖人純其不顯之德，故能建天地，質鬼神，不悖而不疑。是道也，天地不能使之著，鬼神不能使之著，聖人亦不能使之著，所謂未發之中也。若曰微者著，則非密矣。藏密者，精一之功，齋戒以神明其德也。湛然澄瑩之謂齋，肅然嚴畏之謂戒。齋戒洗心，而後密可藏也。自聖學亡，後之儒者不知洗心之義，往往牿於聞見，涉於聲臭，繆雜支離，漫無統紀。元公之静，純公之忘，庶幾發之，旋復晦蝕，殆千百年於兹矣。我陽明先師超然玄悟，會於天地鬼神之奥，首倡良知之説以覺天下。千聖不傳之緒，賴以復續。良知知是知非，而實無是無非。知是知非者，心之神明；無是無非者，退藏之密也。人知神之神，不知不神之爲神。無知之知，是爲真知；罔覺之脩，是爲真修。文王所以不識不知，而順帝則也。夫以此洗心，指易道而言。寂然不動者易之體，感而遂通者易之用。所謂畫前之易也。釋者謂「隨時變易以從道」，只説得一半。語感而遺寂，語用而遺體，知進而不知退，非藏密旨也。易即是道。若欲從之，是猶二也。二則支矣。此古今學術之辨也。并著其説。

拙齋説

蕭子良榦以寧，别號拙齋，請説于予。濂溪嘗有《拙賦》，巧者勞，拙者逸，亦概言之耳。夫拙之爲義，胎于混沌，育于澹泊，冲乎若虚，魄乎若朴。拙者，天之性也。混沌以立基，鑿之則離；澹泊以明志，淫之則滑。虚不凝則滯，而爲物；朴不守則散，而爲器。斯四者，皆人爲之機也。故曰：「天性，人也；人心，機也。」立天之道，所以定人也。剛毅木訥，則近仁；巧言令色，則鮮矣仁。性有巧拙，可以伏藏。人知神之神，而不知不神之所以神也。文之不識不知，孔之無知無能。顔之愚，曾之魯，顔、曾之拙也。周之静，程之忘，濂溪、明道之拙也。良知本無知，良能本無能。學者復其不學之體而已，慮者復其不慮之體而已，非有加也。拙之時義大矣哉！

詩

五七言律詩

謁包孝肅公祠用韻

盈盈一水隔，樹杪見荒祠。正氣餘孤嶼，清風灑舊居。江山容客到，蘋藻薦公遲。日落香浮渚，閒心白鷺知。

題王鳳洲小秖園

給孤去已遠，此地復開園。禮佛蓮花湧，傳經貝葉飜。水深澄客性，山古隔塵喧。安得留精舍，同參不二門。

會城南精舍和徐存齋少師韻

相看皆白首，不學待何時。於己苟無得，此生空浪馳。百年開道眼，千里赴心期。人命在呼吸，回頭已較遲。

贈天池立禪次韻

天地一勺水，飲此即成仙。瑶草春長茂，蓬扉夜不關。跡隨玄鶴杳，心共白雲閒。倚杖青霄立，依然在世間。

五曲謁朱文公祠

何處虹橋隔彩雲，漫亭消息舊空聞。溪山盡日誰爲主，蘋藻西風此拜君。片片巖花依短砌，涓涓流水遶重門。移舟向晚秋光净，翠壁青林夾岍分。

卧雲林用韻

秋入楓林紅欲燃，蕭疎短髪任流年。已投白社能逃俗，不戴黄冠亦是仙。籬菊開殘樓外景，雲璈吹徹洞中天。祇憑濁酒忘吾老，湖上還留種秫田。

宿洞庭東山次王守溪韻

乾坤身世共悠悠，范蠡湖邊且泊舟。短榮欲尋瑶草去，野情還爲白雲留。半窗蘿月琴書静，一夜松風枕簟秋。回首鶯花春欲暮，片帆隨意坐中流。

宿飛雨樓同諸生晚眺次汝洽韻

探遍名山學未成，又從白嶽禮三清。謾論結屋離人境，已拚尋山度此生。碧蘚樓虚泉自滴，紫霄臺迥月初臨。閒隨童冠馴幽磴，五老雲深望欲平。

登西天目

蚤起登山去，芒鞋結束牢。但令雙足健，不怕萬峰高。

陳同甫舟中燕集次卓小仙韻

春風雙眼開，落日孤帆去。相對默無言，悠悠渺雲樹。

八山居士閉關雲門之麓，玉芝上人往扣，以偈相酬答。時龍谿道人偕浮峰子叔學生，訪上人於龍南山居。語次，出以相示，即席口占數語，呈八山與玉芝共參之

魔佛相争不在多，起心作佛即成魔。若於見處能忘見，三界縱横奈爾何？

謾把玄關着意尋，五情苦樂古猶今。百年一日非延促，須信真金不博金。

因成社會結蓮臺，不着虚空不惹埃。水竹岩花都見在，恁渠溪上放舟來。

此非不足彼非多，水即成波佛即魔。却咲山僧亦饒舌，强從丈室問如何。

杖頭點到降仙臺，臺上風光絶點埃。一自仙翁賦歸去，至今猿鶴咲空來。

襲封行并引

《襲封行》爲吾師嗣子仲時承襲封爵而作也。吾師倡義擒王之功，昭若白日，著在社稷，繫在人心。荷蒙先帝酬功錫爵，紀在旂常。向爲忌者所阻，身後錫典，盡行褫奪，天下所共冤。邇者新天子紹統，興滅繼絶，孳孳求治。元宰洎諸執事，仰承德意，南北臺省，江澗撫按，百口一詞，文章論列，以暴其冤。得賜俞允遵，依先帝初命，剖符頒券，仍與世世承襲。天下人心，莫不忻戴踴躍，無異浮雲散而白日重光。此固朝廷殊錫之恩，將以録往勸來，亦見功德入人之深，愈久而不能忘也。曩者仲時謁選北行，予嘗有言致贈，大略謂：「子思子憂道學之失傳而作《中庸》。《中庸》，傳道之書，孔氏之家學也。終焉『尚絅』之云，惓惓於君子小人、闇然的然之辨，而歸諸淡之一言。蓋惡文之著，而思反其質。質，其道之本乎！周末文勝，學者溺於浮華之習，務功利而忘忠信。孔子身任傳道之責，乃志於從先進，而求之於野。其曰

『忠信好學』，明學所以全忠信，而忠信之外無學也。然則所謂『尚絅』云者，其諸從先進之志乎？所謂淡者，其諸忠信之義乎？自漢而下，世教益衰，學者安於所習而不知反，蓋千百年於兹矣。吾師生於絶學之後，憫人心之溺而忠信之薄，首倡良知之説，思以易天下而挽回之。良知之説，倣於孟氏，而傳之子思，即《中庸》所謂獨知者是也。數十年來，此學幾遍海内，信者益衆。仲時，師之嗣子，尤海内同志所屬望，而家學將有賴焉。吾子質慧而好修，有志於學，馴其所至，知其必爲君子，必不爲小人，無疑也。此行入仕之始，世味方濃，聲色易於移人，口體耳目一溺於所好，流弊將有不可勝言者。」向者謁選之行，尚以世味染習爲懼，況今承襲圭封，衣麟腰玉，所接者貂璫貴游，所習者紛華盛麗，聲色之移人尤甚。貴不期侈，一有所溺，則人心變矣。存亡之幾，辨之在早，反之在力。吾子其務弘乃質，崇乃志，懋乃學。毋嫌逆耳之言，毋泥從欲之好。反諸獨知之良，去其所謂的然者，就其所謂闇然者，以無忘「尚絅」之意。淡薄冲素，寧過於野，無寧過於文，一洗功利浮華之習，以全其忠信。傑然如翹之在楚，一毫不爲世累之所溺。是謂善於繼述，吾師未盡之志，將有所托而傳。追惟子思子之憂，家學庶幾有光而無忝也，豈徒不失望於海内之同志而已乎！此區區四十年苦心，忠告之言，期報師恩於將來也。吾子其繹思之。爲之歌曰：

鳳闕新恩湛露濃，貂冠重襲舊時封。伯禽合致東方胙，召虎應酬南國功。憶昔真人駕箕尾，四十年來只如此。冢上誰憐築室心，山中徒抱存孤義。悠悠天壤屬何人，嬰臼傳來今幾春？霍雀强覆寒梢㲉，駕馬寧辭峻坂輪。浮雲作雨幾更變，一朝日出浮雲散。有如種火開重光，又似枯荄發新榦。元功鬱積人共冤，百道封章啟天眷。玉帶春圍蟒繡全，金書畫剖龍文半。須臾上殿拜分符，天子親呼是某孤。邊臣盡效雲臺蹟，壯士都懷麟閣圖。嗟君自是神明胄，海内望深責亦厚。洞中鴻寶世所珍，好與緘藏莫輕售。富貴中人如酒醉，淡薄由來見真味。若無道脉作根基，圭爵雖榮亦虚器。贈言此日臨岐路，回頭莫失邯羃步。一生還擬振箕裘，五陵未可誇紈袴。我忝師門一唯參，心訣傳我我傳君。良知兩字中天柄，萬古回看北斗文。

祭文

祀陽明先生文

嗚呼！道之在天下也，如脉理之在人身。脉調而身泰，脉病而身屯。茲關係誠匪尠矣，胡察脉而真見者之難其人？三五之代，政穆風淳，上有軒農之主，下皆倉扁之臣，宜其頤攝參於玄化，蒸蒸乎翊斯世而咸春。太和既降，札厲相循，異端衆岐，蛙噪簧鼓，使愚者懵懵，其莫之知者，又沉醉没溺於怪隱之妄，斯道之不絶也，岌乎若千鈞之繫於一綸。於是孔氏則誅亂賊矣，孟氏則詎楊墨矣，韓退之氏則闢老佛矣，二程、晦翁尤峻閑崇衛，而悉力以芟刈乎荆榛。彼數聖賢之於道，孰不謂其療良心於既死，續正派於將湮？而詎知先覺不作，淫邪漸煽，大中至正之矩，日以圯塞而淵淪。卓哉！先生英穎絶倫，鮮脱株局，頓悟本真，指良知以立教，揭日月於蒼旻。嗟嗟！良知誰不具之？孟氏已先陳之，胡先生再發其旨，而舉世囂囂，咸訾以爲異聞。蓋以功利之害深入於吾人，淪肌浹髓，良知蔽昏。譬之病脉者，容色體膚、起居飲食雖無變常度，而岐黄倉扁獨遠望而憂呻。彼不惟諱之不吐也，反忌良醫之憂之過，至如詆詈而相嗔。嗟嗟！先生蒿目而視，洞照厥因，喫緊反覆，寧拂衆議而不忍斯世之秕塵。故繼嘗以爲，孔氏誅亂賊，孟氏詎楊墨，韓與程朱相繼闢佛老，而先生之教，則毅然以遏絶功利砭劑乎斯民。今讀其書，味其言，大旨昭昭可覩。而議者乃以先生爲異端玄寂，既不覺其所見之胥壞，至徒以文章事業觀先生者，又何異乎井鮒而望北海之津？嗚呼，先生往矣！功利之障，日盛月新。安得鮮良知之旨者，揭之以醫斯世之沉痼，庶幾三五復作，直與之壽域而同臻？畿幼雖嚮學，長而無聞，間有論説，秖取咲於效顰。惟傾仰止以斯文，肅庇院宇，敬妥靈神，聞風而起，實賴我多士之彬彬。

祭戚南玄文

嗚呼，痛哉！吾南玄兄而遽止于是乎！去秋重陽，予與緒山訪兄于南譙。時兄以哭子之故，得轉食疾，幾殞復蘇，曰：「食飯一盂，不能對衆飯食。」予謂：「轉食疾生於憂哀鬱積，非藥石所能療。能自覺疾，當自愈。」因與論哀和之旨，及七情所傷之因。兄首頷之，意稍舒而情未繹。予與諸友群聚南譙講院，兄時雖强入會，而氣漸微矣。五日抑情而別。後念之不能忘，訊之醫工，以爲不能對衆飯食，此爲危證，益憂之不能忘。冬盡，有友從全椒來，傳兄病且愈，且喜且疑。今年仲春初，忽兄差人過浙，手書數字，附以仲子可業別簡，乃知病已亟，勢不可爲。予與妻孥相對涕洟徬徨，亟遣慶童往候全椒，隨擬促裝趨兄面訣，以寫無窮之懷。不意慶童未至，而兄即世矣。嗚呼，痛哉！自予之獲交，幾三十年。大道並驅之志，遠業相成之心，出于肺肝，均于骨肉。其間逆順好醜、出處得失之變，何異輪雲？而此心此志，未嘗一日不相應也。海内同志，孰不知之？追惟丙戌之歲，忝兄同榜，予以陽明先生在越，圖告南還。次年，兄出宰歸安，與越隣壤。余嘗與玉溪扁舟過苕溪，期兄出會。兄泥于時忌，意向雖切，而形迹稍存。余以「脚跨兩家船」戲之。兄即憣然愧悔，出頭擔當，興學育才，能聲大起。每公事過越，必謀數日之會，而情益親。及余壬辰就廷試，兄時亦以行取補吏科，乃儆居密邇，出則並馬，燕則共席，寢則聯床，日以聚友講學爲事。每大會中有所商訂，或有所指陳，兄以余能道其師説，必謬屬于予，從而贊之，以起人信心，闔闢鼓舞，一時同志多賴以興起。兄好善一念出于天性，而才足以達之。凡都下士友，有未納交于兄者，必以爲悔；凡朝廷有大建議，必咨于兄。兄亦毅然以經世爲己任。時西北多警，衆議以爲非兄不可任事，雖未及試，而意有所屬矣。兄復以仕途易于埋没，乃先後與余圖入山，爲數年合併之計。後予起告南補，兄時亦起爲都諫。因九廟火焚，陳言會疏，進賢退不肖，謬及于予，以爲可備清班顧問，不宜置之散秩。疏中多指權貴，人讐者益衆，相比翕搆，票旨揭爲僞學同黨。兄遂以此落職，而予亦乞歸。兄嘗致書于予，自謂：「以此相累，僞學之名，雖非清朝所宜有，但觀前朝，當此者何人？」復以此相勉，于去就澹如也。嗚呼！余與兄相與之迹，章章若是，海内同志，孰不信之？兄既入山，聚友講學之志益切。每歲必期余一往南譙，與諸同志爲旬日之處。或相期出遊東南，與欒谷、緒山、念菴、荆川、鹿園、一菴、石山諸君爲浹旬之會。遠或遣价，馳書論學，以證交修。凡士友往來滁嶺者，必迂途造兄之廬，以考德問業爲事。四方學者，無有遠邇，皆知兄爲箇中人也。兄身雖退，而道望益彰，才名益盛，忌而毁者亦益衆，遂一蹶不復振。世嘗爲兄氣魄未化，機權未息，世緣未忘，此在兄冷煖當自知。人不諒兄好善之志，經世之才，而區區以此求備于兄，譬之採玉者，不于其丈尺之瑜，而索其微瑕以相掩，亦已過矣。兄未第時，嘗見先師于南都；及官歸安，復拜于越。先師嘗有良知如白日之訓，兄平生學問，以此爲的。高明精瑩，得力處未知何如。若夫披雲霧以圖光復，不屑以晦霾自污，則兄之所自信，亦同志所共信于兄者也。充兄之才與志，而究其所終，於吾道豈小小補哉？而今則已矣。嗚呼！人之相知，貴相知心。知我之恩，與生我並，義亦重矣。予與兄之心事同于白日，人無不知而信之。若夫終身之相期，微言隱義之相證，語默去就之相勉，千百年上下之相望，惟予與兄所自知自信，而人或未之盡悉也。

予性本疎拙，本無所聞，亦無所用。兄謬不予鄙，意其機緣無滯，可以入悟，應迹無擾，可以廣才，每降心自貶，以爲不及。且謂予「羲皇心太多，賢愚少與別白，至爲所欺。自信太過，未免托大，傷于所恃」。拳拳規切之心，真若可以質神明而貫金石也！千里奔奠，中心若焚，空堂依依，無淚可灑。嗚呼痛哉！所幸兄冢子氣温神厚，可以和親；仲子種學好修，可以抗宗；幼子如玉，兄所鍾愛，神爽骨清，可以承志。兄之親交，無有遠邇，凡食兄之德、荷兄之教者，當能以厚自待，夾輔周旋，可以保終。當不使兄抱身後無涯之慼慼也。然則兄之神亦可以自慰矣！哀哀南玄，予復何言！

祭唐荆川墓文

嗚呼！出處，大節也；生死，大分也。出處生死而不失其正，大義也。達節辨分，惟義之安，雖由于人，實係于天。方兄之在山，人皆慕其高尚，及其被召而出也，跋前疐後，或以爲變其守，若麒驥之困于糾纏。兄之在世，人皆望其大行，及其勤事而死也，香消膏燼，或以爲喪其所有，若至寶之墜于深淵。或泥于時，才不能以盡展；或格于勢，智不能以獨全。是豈知兄救世一念根于天性，與金石而同堅？死生出處不離乎是，吾盡吾心而已，成敗利鈍，非有所計而然。鄉人皆好，未足爲擬；不善者惡，論始不偏。自古大聖大賢，尚不能盡理于衆口，彼嗷嗷者，烏足以繫乎輕重而定乎媸妍？兄之出處係污隆，生死關盛衰。倏聚倏散乃如此，實斯人之不幸，而世道之可憐。獨予于兄不能已于深惜者，夙有心盟，出乎恒情之外，日邁月征，務期造乎聖賢。胡爲乎中道舍我而逝？孑然孤立，無與共究夫此學之全。粤自辱交於兄，異形同心，往返離合者餘三十年。時唱而和，或仆而興，情無拂戾而動無拘牽。或逍遥而徜徉，或偃仰而留連。或蹈驚波，或陟危巔。或潛幽室，或訪名園。或試三山之屐，或泛五湖之船。或聯袂而並出，或枕肱而交眠。或兄爲文，予爲持筆；或予乘馬，兄爲執鞭。或横經而析義，或觀象而窺躔。或時控弦，射以角藝；或時隱几，坐而談玄。或予有小悟，兄爲之證；或兄有孤憤，予爲之宣。或探罔象，示以攝生；或觀無始，托以逃禪。千古上下，六合内外，凡載籍之所紀，耳目之所經，心思之所及，神奇臭腐，無所不語而靡所不研。朋友昆弟，情敬異施，惟予與兄率意周旋。兄爲詩文，煒然名世，謂予可學，每啟其鑰而示之筌。兄本多能，予分守拙，謂予論學頗有微長，得于宗教之傳。每予啟口，輒俛首而聽，凝神而思，若超乎象帝之先。嘗戲謂予「獨少北面四拜之禮」，予何敢當？而兄之虚受，則横渠之勇不得專美于前。嗟嗟，荆川！予不見兄，兩年于兹。兄之言在吾耳，兄之貌在吾目，兄之神在吾心，而兄之魂在吾夢。獨所謂形骸者，不可復作，已閉于夜臺之重泉。嗚呼痛哉！犧罇青黄，不願爲材。兄於精神亦大潑撒，年不能副其所志，未可專委于造化之迍邅。嗚呼痛哉！同乎萬物而復歸于無者，幻聚之形耳；其先天地而生者，寂然常在，不隨萬物而化遷。日昃月虧，天道且爾，自古聖賢，孰能逃此？要之，百年同于一蜕，而又何惜乎荆川？嗚呼！荆川已矣。葬甫期月，宿草未青，予不能忘情于一慟者，亦以相信之篤而相與之專。嗟嗟，荆川！予復何言！

祭羅念菴文

惟兄精純昭曠之學，堅凝果毅之志，宏博充裕之才，瑩睿和平之氣，學洞千古而退然不以自多，志勵萬夫而歉然不以自是。噐任天下之重，藏而若虚；才應天下之變，斂而未試。古所謂完德君子，兄非其人耶？兄感異夢而生，幼爲神靈，耻爲嬰兒之態。長聞良知之訓，信而不惑，知聖人可學而至。擢危科，陟清班，眇然不以爲榮；甘林泉，樂枯寂，脱然若無所累。起列青宫之贊，人謂道可大行，油油然漫無期必；入犯丹扆之怒，人謂禍且不測，坦坦然漠無顧忌。悟性宗而耽静默，或訾其爲禪；究神理而精攝養，或疑其爲玄。乃兄一意聖修，終始緝熙，學未嘗雜，而志未嘗貳。文章辭翰，傑然名家。世方羡其多能，顧以小技自視，等爲三昧之遊戲。辭受取舍，惟義之裁，皎然不緇于欲。身之進退，世之污隆，尤嚴于出處之際。粤自陽明夫子道倡天南，化成江右，其入于人最深。群彦影從，篤信好學，庶幾抽關而啟閟。兄挺然卓立，若楚之有翹。吾黨方恃以爲蓍蔡，胡天不慭遺，俄一疾而長逝？吾兄行在人目，言在人耳，德在人心，炯然其未嘗忘。而其不可傳者，則已蕩爲太虚，布爲列星，杳然其不可復繼矣。走也與兄，如舟之倚柁，如沉痾之待藥。嗟！予去此，其復誰語？悵隙駒之易邁，感朝露之乍晞，摧裂悲慟，不覺涕泗之交至。石洞之蓮，不榮不枯，固元神顯氣之英；而玄潭之劒，匪鐵匪石，實知鍔慧鋒之淬。絜酒瓣香，臨風陳詞。兄如有靈，尚翼于冥冥之中，俾後死者不迷于所之，庶斯文賴以未墜。

祭貢玄略文

嗟嗟！道不同不相爲謀，心相知者千里而相求。予於玄略，所謂道同而心知者，非其儔耶？玄略天性穎異，習聞烈祖南野公之忠義，承西園公過庭之訓，自幼有志於學。粤自嘉靖丙申、丁酉之歲，予與南野文莊公同官留都，玄略偕其鄉戚補之、周順之、俞允升、吴從本、梅純甫、吴伯南、張士儀、沈思畏諸友，先後謁余官邸，周旋於鷲峰、天界之間，日有所見，而朋類日親。其所得淺深，未知何如，要之，必爲君子，必不爲小人，則確然可以自信也。水西之有會，玄略實開其基。宣、歙間，士類斌斌興起者，無慮數百輩，多玄略有以啟之，居然山中教授師也。凡予赴東南青原、白鹿、冲玄、復古諸會所，玄略未嘗不相從。隨其所聞，相與辨析。朋類有疑而阻者，若有所傷，務委曲開諭，以釋其疑。其有信而悦者，不啻口出，益爲縱臾，以堅其信。古云：「自吾得某，而惡聲不入於耳；自吾得某，而門人日親。」顧予不肖，何足以擬？而在玄略，則可謂庶幾無愧焉者矣！蓋信其心而忘其迹，泥於所見而不知其所造之未至也。嗚呼痛哉！玄略以選貢授永豐湖口學訓，晉補國子學，博能以教學相長，無忝於人師。其守東平也，政教大行，親民之學，益有所試，至今有遺思焉。若玄略，可謂不負其所學矣。玄略於師門良知之旨，不徒承以知見，實能以身體之。晚年所履益深，所見益邃。曰：「性、道、教，皆天也。以其隱微，故曰不覩不聞；以其無對，故曰獨；以其未發，謂之中；以其中節，謂之和。其實一也。戒懼慎獨，全其天而已。良知虚明如天，故曰知崇；致知功夫篤厚如地，故曰禮卑。寂滅之學無意，虚無之學無情。聖人之學在誠意。誠意者，真情也。」種種舉揚，皆足以發師説之精華。見豹全體，匪直窺班；嘗鼎一臠，可以識味。同志中如吾玄略，能幾人哉？予與玄略，此生以性命相期，方圓合併相證，了此末後一着，而今已矣。嗚呼痛哉！人生如幻，其誰不知？知幻即離，死何足悲？惟其所期者遠，故所感者深。千里赴吊，有懷依依。俎敬亭之白雲，酌南湖之明月。臨風愴悽，自不能忘情於一慟耳。

佛

祭陸與中文

此箇是得力朋友也。

嗚呼！吾與中之年，而遂止於是乎哉？嗚呼！吾與中之學，而遂止於是乎哉？禀英鋭之夙根，承父兄之家學。充其志，毅然足以任重；究其才，煒然足以應變。識足以袪衆幻，見足以破群疑。藏器待用，同善於人。所謂豪傑之士，非耶？粵自哲人既萎，吾道日孤，求助四方，晚得友於與中，歸依承籍，平生心事庶幾得有所托。與中卓然自信，知予之深，操縱闔闢，一切默爲體會，不疑其所行也。搆天心書屋，啟尊師閣，萃東南志友數十輩，儲廩授餐，群居欒聚，風動一時。析六經同異之旨，闡三教顯密之機。意之所在，不言而喻；論之所及，不約而同。期於斯道，斃而後已，詎謂遽止於是而已乎？與中嘗以修悟之説求正於予。予曰：「靈知在人，本然完具。一念自反，即悟本心，無待於修。無始以來，習氣乘之，汩於嗜欲，不可不加澄滌之功。纔得見性，當下無心，藥病俱忘。修所以徵悟也。」與中聞之，若無逆於心。將以真修爲實悟，不徒才志識見之安，而藏用之智，同善之仁，超乎生死之外，爲出世大豪傑，固予與中相期之本願也。邇者遭室人之變，外侮内訌，奔潰四出，氣有所激，神亦受困，且誤于庸醫，呼吸之間，奄然長逝。嗚呼痛哉！與中之貌在吾目，言在吾耳，志在吾心，而今不可復作已。雖言之而孰聽之？雖倡之而孰和之？嗚呼痛哉！雖然，道無生死，無去來，與中則既有聞矣，夕死何憾？顧予終寡於同志之助，無以究其所托。幽明之中，相與考證，更當何如也？

祭胡東洲文 即胡清虚

此箇是得力朋友也。

嗚呼！吾東洲子而遽止於是乎？嘉靖甲寅歲，予開講新安之斗山，東洲隨衆北面執禮，爲締交之始。東洲顔如冰玉，動止閒默，與之語，恍然若有所悟，又嗒然若有所失。昔人行脚四方，求法器，東洲非其人耶？嗣是每歲即過越，聚處浹旬而返。因得交于麟陽趙君，授以館舍，携家爲久處之計，此生益以性命相許。因謂予曰：「棲之受業於先生，實劉師符玄老人啟之，將以廣教也。老人年一百餘歲，得回谷之旨，發明内要延命之術。後遇習虛子，受淨明忠孝性宗，當應代補元之任。舊有傳法弟子二十五人，爲出世之學，蓬首垢面，不復與世情相通。晚年受記東洲，爲二十六弟子，諭以世出世法，冀以流通世教，不絶世緣。」東洲既授紫雲洞譜秘傳，以妻子托於浮梁東川操君，往來吴越江廣，與四方同志相切劘，以卒所學。東洲雖得所傳，役役於世法，未得專心究竟。去年春，復僦居於越，聚處月餘，復還浮梁，與操君共結勝緣。秋初，偕近溪羅君，携其二子，同往嶺南，赴凝齋公之約。首春，弟子朱生平罡忽來報訃，云東洲九月二十一日已仙遊矣。嗚呼痛哉！吾東洲子而遽止於是乎？予與東洲有世外心期，卒然舍我而去，在東洲知有落處，不復三途業障所纏，而予則終寡同志之助也。東洲之學，得於師傳，以淨明忠教爲入門，其大要皆發明性命歸源之奧，覺幻知元，住於真常，非有邪僞之術，但世人未之盡知耳。諸弟子久荷教育，受益良多，哀痛苦切之情，實同於予。西望停雲，遥申瓣香之敬。嗚呼！幽明相隔者，形也；精魂流通，無間於幽明者，神也。形神相符，在東洲有變而不變者，常往來於太虛之中，與太虛同體，將與太虛同壽。吾黨亦可以無世情之戚戚矣！